全景插图版

中世纪欧洲

查理曼大帝时代、神圣罗马帝国兴衰、
百年战争与文艺复兴

[英] 理查·威廉·丘奇 著　李艳 译

中国画报出版社·北京

图书在版编目（CIP）数据

中世纪欧洲 /（英）理查·威廉·丘奇著；李艳译
. -- 北京：中国画报出版社，2018.7
　ISBN 978-7-5146-1633-0

　Ⅰ. ①中… Ⅱ. ①理… ②李… Ⅲ. ①欧洲—中世纪
史 Ⅳ. ①K503

中国版本图书馆CIP数据核字(2018)第159943号

中世纪欧洲

[英] 理查·威廉·丘奇 著　　李艳 译

出 版 人：于九涛
责任编辑：李　媛
责任印制：焦　洋

出版发行：中国画报出版社
地　　址：中国北京市海淀区车公庄西路33号　邮编：100048
发 行 部：010-68469781　010-68414683（传真）
总编室兼传真：010-88417359　版权部：010-88417359

开　　本：16开（710mm×1000mm）
印　　张：37.25
字　　数：434千字
版　　次：2018年8月第1版　2018年8月第1次印刷
印　　刷：三河市龙大印装有限公司
书　　号：ISBN 978-7-5146-1633-0
定　　价：168.00元

序 言

中世纪欧洲史题材宏大，想在有限的篇幅内完成，必须进行大幅压缩或删减，但这种做法看似有些鲁莽。

在我之前，许多人做过类似的尝试，如J.H.罗宾逊所著《西欧史概述》，瑞文顿出版社面向学生推出的《欧洲史纪》，克拉伦登出版社出版的教材《欧洲史》等。

撰写本书的过程中，我参阅和借鉴了许多人的著作和观点。在此，我想向他们表达最诚挚的谢意，其中包括家庭大学丛书系列中H.W.D.戴维斯先生对中世纪历史所作的精彩综述。尽管众多权威涉足这一领域，但我认为这本书可以称为"删减"类历史书籍的开拓者，尽管"删减"的做法有些冒险，但我相信是合理的。

我创作的初衷不是要罗列大量历史事实，而是希望让中世纪欧洲的历史变得鲜活、生动，让对历史一无所知的人们通过阅读此书，了解历史人物的真实生活、社会的阶级状态以及哲学家们的不同思想和固有偏见。这是一项非常艰巨的任务，由于篇幅有限，必须删减许多历史人物和事件。这样做的确有些遗憾。但遗憾的同时，我希望可以真实再现历史、激发读者的阅读兴趣。如果这本书能获得成功，我首先感谢亨利·奥斯本·泰勒先生，他的作品《中世纪思想（全二卷）》是我创作灵感的主要来源。其次，我感谢我书中提到的所有作者、著作和研究成果。没有他们，我的书难以完成，更不用说和读者见面了。

理查·威廉·丘奇

目 录

第 1 章 伟大的罗马帝国　　1

第 2 章 罗马帝国的衰落　　13

第 3 章 基督教的黎明　　29

第 4 章 君士坦丁大帝　　39

第 5 章 蛮族入侵　　55

第 6 章 法兰克人崛起　　83

第 7 章 查理曼大帝　　97

第 8 章 诺曼人入侵　　127

第 9 章 封建主义与修道主义　　157

第 10 章 授职权问题　　181

第 11 章 早期的十字军东征　　203

第 12 章 腓力二世时代的法兰西王国　　233

第 13 章 君权和教权　　255

第 14 章 中世纪的文化和教会组织　　279

录目

第15章 中世纪的信仰　297

第16章 两位明君统治下的法兰克王国　321

第17章 百年战争　341

第18章 中世纪的西班牙　383

第19章 中世纪后期的中欧和北欧　409

第20章 中世纪后期的意大利　455

第21章 东罗马帝国的灭亡　511

第22章 大航海时代　529

第23章 文艺复兴　545

专有名词中外对照　573

第1章

伟大的罗马帝国

"罗马万岁！""罗马不朽！"他们高呼口号，佩戴双头鹰徽，从欧洲北海岸到达亚洲和非洲。这些口号不仅是爱国口号，更是一种信念的表达：人类必将灭亡，个人抱负渐将消失，而罗马帝国不可战胜，亘古长存，它的名字所孕育的内涵更会永垂不朽。

在现代社会，有时提醒人们国籍还是有必要的，而罗马人从不会忘记继承罗马国籍。圣保罗要遭鞭刑时，大声宣布道："我是罗马公民。"卫队长因为刚花了一大笔钱而获得了罗马人身份，所以未经审判前，他不敢动囚犯一根手指。

无论贫穷，还是手无寸铁，罗马人都可恣意行走世界，因为任何身处险境的罗马人都可受到保护。无论是富有还是社会地位高的非罗马人，在罗马人眼中都是"蛮族"，品性低劣，声名狼藉。

伟大的拉丁诗人维吉尔①说："哦，罗马人，用罗马帝国的规则统治所有国家吧！"罗马人确实感受到了他们种族的天命。

---

① 维吉尔（前70—前19），古罗马诗人，欧洲文学史上不可替代的大家。他被公认为荷马之后最伟大的史诗诗人。他的代表作包括田园抒情诗《牧歌》十首，这是他早期的重要作品；《农事诗》四卷，发表于公元前29年；史诗《埃涅阿斯纪》十二卷，这是他晚年的重要作品。但丁、塔索、卡蒙斯、弥尔顿等诗人深受他的影响。——译者注

罗马帝国向西扩张至西班牙和高卢的大西洋——一片广阔的"黑暗海洋"，当时，人们普遍认为地球到这里突然消失不见；向东扩张到美索不达米亚平原、波斯和中亚的一些国家。古巴比伦、叙利亚、犹太人聚居的巴勒斯坦、埃及、罗马[①]、迦太基[②]都成为罗马帝国的行省。这些地方曾经的光芒因罗马帝国的辉煌而显得黯淡。

第1节 古罗马的贸易线路

地中海曾经是各方势力角逐的战场，现在成为罗马帝国的内海。满载谷物的船只从西班牙抵达埃及，供应世界中心[③]的市场。罗马帝国正如今天的英国，国内谷物种植无法满足本国人口的需要。于是，满载生活必需品的舰队与满载东方奢侈品——丝绸、珠宝、香水的帆船，从锡兰、印度到达红海之滨，然后由骆驼商队运抵亚历山大港。

除地中海外，其他贸易线路像蜘蛛网一样相互交错，形成一张巨大的陆路网，使罗马帝国的每一部分，无论远近都紧密联系，息息相关。沿途每六英里设置一个驿站，提供四十多匹马。往返于首都、携带重要消息的信差，可在任一驿站更换马匹，从而一路风驰电掣，保证消息及时送达。

历经19个世纪车流的碾压，罗马的交通道路至今还保持完好，仍在使用，可以想象当时的道路修筑得多么坚固。道路夯实坚固的秘密正是罗马缔造者的伟大之处，他秉持一个理念：任何手工制品不应只存世几年或人的一生，而应该像罗马城一样，他相信是永恒。

[①] 罗马城的缔造者罗慕路斯杀害自己的哥哥后建立的王国。——原注
[②] 地中海沿岸的商业中心。——原注
[③] 埃及当时被认为是世界中心。——译者注

亚历山大港位于埃及地中海岸,是欧洲与东方贸易的重要枢纽。绘者信息不详

罗马有著名的罗马竞技场,它目睹了无数角斗士的搏斗与死亡。让-里奥·杰罗姆绘于1872年

罗马帝国的第一任皇帝奥古斯都,宣称他接收的罗马是一座砖城,但他留下的却是一座大理石城。后世之君就像奥古斯都一样热爱建筑。罗马帝国的遗迹至今依然随处可寻——大排水沟、广场、公共浴场、庄严的柱廊……罗马有著名的罗马竞技场,它目睹了无数角斗士的搏斗与死亡;其他地方如法国南部城市尼姆的小型圆形竞技场;西班牙塞戈维亚的排水沟;英格兰的浴场,还有一个小镇以该浴场命名;罗马帝国边界矗立的高墙。这些建筑工程无一不是出自天才设计师——奥古斯都之手。奥古斯都大胆规划,为了实现自己的理想,不惜耗费巨资和人力。

参观过苏格兰和英格兰边境的人都知道哈德良长城,它高二十英尺,宽七英尺。建造该长城的目的是抵御皮克特人和苏格兰人入侵,

第1章 伟大的罗马帝国

保卫北方的领土。敌人一旦冲上城墙，就会发现面前还有布满尖矛的壕沟。驻守的士兵们以火光为信号，沿着绵延七十英里的长城，通过各个塔楼传递增援的消息。为了让这里固若金汤，罗马帝国不惜动用大量人力。

在中欧的莱茵河和多瑙河沿岸，罗马帝国修筑了同样的防御工事。这些河流的重要性毋庸置疑，它们既是罗马帝国第三条重要的贸易线路，也是连接中世纪与近代的桥梁。铁路改变了欧洲的面貌，荒芜之地变成繁荣的工业中心：铁路环绕矿区、港口，穿越隧道，遍布欧洲。世界发生了巨大的变化。人们已经很难想象世界没有铁路的样子。在罗马帝国时代，隔海的邻国之间路途遥远，交通不便。河运成为最早的交通方式。莱茵河向西北流，多瑙河向东南流；它们的流速不急不缓，适合航行，自然成为中欧的重要交通枢纽，同时是罗马帝国和蛮族之间的天然屏障。

雄伟的边界墙把莱茵河和多瑙河的源头连接起来，并在每一个易攻之处建造坚固的要塞。英明的罗马皇帝希望以此守住罗马文明，防止蛮族染指。

奥古斯都警告他的继任者，要满足于现有疆域，开疆拓土会削弱帝国的实力。数个世纪之后的人们都赞同他的观点，因为他们知道若罗马帝国不断扩张，会像橡皮筋一样突然断裂，戛然而止，而罗马帝国时代的普通人相信罗马的版图可以无限扩大。

罗马的军队自豪地宣称"罗马的旗帜永不降落"。如果有蛮族渡过多瑙河，袭击要塞的前哨，罗马军队不仅要实施相应的报复，惩罚他们，而且要征服蛮族的领地，扩大罗马的疆域。如果征服的领地是沼泽和森林，罗马人就弃之不取；如果是牧场和良田，则必取之。很多罗马人离开喧嚣拥挤的意大利，涌向这些地方建立殖民地。商人也加快了步伐。因为没有河流、山川、大海等天然屏障保护征服的土地和移民，所以罗马政府的负担无形中增加了，比如征服多瑙河北部富饶的达契亚，当时虽然显著增加了罗马的国土面积，却成为罗马未来灭亡的根源。

第 2 节 罗马帝国的政府

罗马帝国的皇帝被称为"恺撒·奥古斯都"，拥有至高无上的权力，他是军队统帅，也是正义的化身。他被奉为神明，人们必须在祭坛上屈膝下跪，为他焚香。

罗马帝国的一个巨大进步就是实行共和制。它的元老院由各家族首脑组成，对人民负责。罗马帝国时代的史学家塔西佗回忆那个时代，叹息道："那是一个愉快的时代，人们可以毫无顾忌地说出自己的想法而不用担心邻居告密，而现在家里、客栈里告密者无处不在。只要你稍不留心说错话或行为不谨慎，就会遭到揭发，被收监或判死刑。"随着罗马帝国四处征战、掠夺，独裁统治形成了。

治理一个小城市相对容易，欺骗、谋私很快就会曝光，但随着罗马帝国疆域不断扩大，政府雇用的人越来越多，一些寡廉鲜耻的政客出现了。在任期间他们大肆敛财。他们成为议员后，便不再代表人民的意愿，而是为少数富人谋利益。他们的家族成员起先在意大利任行省总督，但随着罗马帝国征战不断，其势力延伸至高卢、西班牙、埃及和小亚细亚，这些人就被派往这些地方任职。而议员和总督虽然名义上是普通公民，但实际上过着帝王般的生活，身边有成群的仆人侍奉。

令人奇怪的是，罗马人曾经如此崇尚自由，驱逐或流放压迫他

罗马帝国的元老院由各家族首脑组成,倡导言论自由。切萨雷·马卡里绘于1889年

们的君主，之后又遭到许多贵族的压榨和欺负，但事实上他们的变化比奴役他们的贵族阶级还大。

不断的征服和通婚使纯正的罗马人或拉丁人几乎绝迹。他们与健壮的日耳曼人、柔软灵活的东方人、强壮的埃及人之间的通婚日益频繁。在拥挤的罗马大街，几乎没几个人还能铭记、敬畏旧时的传统。现在，罗马代表的是武力、奢侈、文明和正义，而不再是自由和理想的化身。罗马富足强盛，欣欣向荣。人们安于自上而下的统治。根据议员的承诺和成绩，他们选出新官员。如果官员们作战失败，治下的土地歉收，没能履行承诺，充其量被免职，由另一个军事独裁者取而代之。

元老院的腐败很容易转变为独裁专制，"一人独裁好于多人独裁"，这是当时普通老百姓对屋大维独裁所持的态度。屋大维以奥古斯都的名义独揽政治和军事大权，成为第一任皇帝。如果他是一个愚蠢的人，向"罗马七丘"①炫耀自己的胜利，也许他早已成为被暗杀的对象，但他巧妙地隐藏了权力，假装自己只是国家的第一执政官。

屋大维改革了元老院，表面上提高了它的地位和尊严。奥古斯都可以不经元老院的同意发布法令或命令，但他通常以元老院的名义向公众发布法令，因为这样他不承担任何风险，而那些在普通老百姓眼中高高在上的议员们事实上只是他的傀儡。

其他执政官也任由他摆布，因为他拥有绝对的军权，由此衍生

---

① "罗马七丘"指位于罗马台伯河东侧的七座山丘，分别是帕拉蒂诺、卡皮托利诺、埃斯奎利诺、维米纳莱、奎里那莱、凯里、阿文蒂诺。根据罗马神话，这七座山丘是罗马建城之初重要的宗教与政治中心。——译者注

第1章 伟大的罗马帝国

出"最高统治者""罗马皇帝"的头衔。起先他的任期是十年，届满时他向顺从的元老院请辞，但又在一片欢呼声中连任。奥古斯都的独裁统治是罗马人的幸事。

战争期间，各行省招募的军队不再宣誓效忠总督，而是效忠奥古斯都。为了建立一支纪律严明的军队，军团的入伍登记、发放军饷、解散都以至高无上的"恺撒"名义进行。军队听从奥古斯都的命令而不是上级长官的命令。

文职政府同样实行中央集权制。各行省的总督曾经是小统治者，而现在只是罗马帝国的仆人。皇帝派人到各行省任职，亲自任命总督下面的官员，支付官员工资，官员们向皇帝述职。庞提乌斯·彼拉多说："如果你放过这个人，你就不是恺撒的朋友。"并以此威胁提比略①时期的一位犹太行省总督，让他判一个无罪的人死刑。

在遥远的行省，罗马皇帝的名字让人生畏，上述故事只是其中的一个例子。总督、军事指挥官、大法官、税收官和众多在政府中任职的官员做出判决后，都会等待皇帝的最终裁决。皇帝影响这些官员的喜怒哀乐。

用现代理念衡量，所有权力集中于一人很难催生出一个好政府，但在两千多年前，罗马人满足于皇帝的统治，只要他能保证国家的和平繁荣。至少罗马帝国早期的统治是稳固的。

除了海盗偶尔的袭扰，罗马的两支舰队在地中海巡航无须警戒。只有暴风雨才会干扰罗马的水域。驻守在叙利亚、埃及或者多瑙河、

---

① 提比略（前42—37），罗马帝国的第二位皇帝（14—37年在位）。提比略早年担任过财务官、大法官和执政官，后被奥古斯都收为养子；公元14年，奥古斯都驾崩后，经元老院一致同意，提比略登基。——译者注

罗马帝国开国之君奥古斯都

罗马帝国皇帝提比略

莱茵河沿岸的军队，一直防范蛮族入侵。罗马人不再热衷战争，几乎每个人都可能应征入伍的时代结束了。现在军人只是少数人的职业，更多的人满足于向国家缴税，过平民生活。

一些人经营庄园，一些人当官，一些人成为律师或法官，其他人经营商店、客栈或成为雇佣劳动力，而处于社会底层的人们——在市场出售的战俘和因欠债或犯罪被剥夺自由的平民则沦为奴隶。

罗马人口众多。大部分人住在公寓里。这种公寓很像现代城市中的贫民窟。他们中有的干点儿零活，有的无所事事。不过，在罗马空前繁荣的时期，政府通常向赤贫的饥饿人群发放粮食。皇帝经过大街时，人潮涌动。人们向他的马车抛撒鲜花，高声欢呼，好像他是上帝似的。作为回赠，皇帝会赏赐食物和娱乐节目。

建造竞技场是为了满足公众观看演出和比赛的需求。在罗马时代，人的生命廉价。皇帝吹嘘的罗马文明本质上是野蛮的。他把观看备受歧视的基督徒与狮子、角斗士的格斗作为消遣。"表演"前，满足皇帝这些嗜血欲望的受害者来到皇帝宝座前屈膝下跪，说："我们要赴死了，向您致敬。"皇帝点头之后，等待他们的是杀人或者被杀。皇帝的权杖没有给人们带来幸福，却换来了国家空前的繁荣、公正和秩序。

第 2 章

罗马帝国的衰落

罗马帝国正处于黄金时代。然而，即使是在最繁荣时期，社会的种种弊端仍然露出了端倪，从而最终导致罗马帝国走向衰落。独裁，即一人专制。如果独裁者不是人而是上帝，一种完美的政府组织形式就可能会出现，因为上帝可以集非凡的美德、高超的智慧和绝对的权力于一身。不幸的是，罗马帝国的皇帝们只是形形色色人类的代表：一些人，如奥古斯都，是伟大的统治者；另一些人，虽然是好人，但缺乏治国理政的才能；还有一些人过着罪恶的生活，把执政当作满足私欲的手段。例如罗马皇帝尼禄，他残暴、淫荡，杀害了同母异父的哥哥、母亲和妻子。他觊觎许多议员和平民的财产，就残忍地杀害他们，被杀者不计其数。在尼禄独裁统治期间，腐败横行，官员行贿受贿，肆意欺压百姓。最终，他在逃亡途中自杀，成为罗马帝国尤利乌斯·克劳狄王朝的最后一任皇帝。他死后，"四帝之年"出现了。这种说法源于他死后先后有四人争夺帝位。

元老院名义上拥有立君的权力，但实际上四帝的最后获胜者维斯帕先既不是罗马人，也不是他地贵族，而是来自行省的一名战士，他凭借坚忍不拔的毅力和卓越的领导才能赢得显赫的声名。他登上皇帝宝座不是由于元老院的支持，而是因为拥有拥护他的军队。现在，军队意识到其所拥有的能力。从此,手握利剑的军队才是拥立或罢黜皇帝的真正力量,尤其是罗马近卫军,其权力就是维持罗马的秩序。这一点逐渐被认同,从而给罗马政府带来灾难性的后果。经常出现在某个战役中获胜的将军会想起维斯帕先的例子,并"痴迷"于这样的想法:我也许会成为下一个恺撒。随着个人野心的膨胀,将军们会向军队许诺,如果他们戴上罗马皇帝的皇冠,军队就会得到相应的回报,这已经成为一种交易。士兵们不再忠心耿耿,开始变得傲慢、贪婪,伴随而来的是士气低落。

　　元老院希望通过法律破解皇位继承的困境。法律规定皇帝要在有生之年指定继承人,继承人立刻被拥为恺撒,成为政府第二执政者,

维持罗马秩序的近卫军

第 2 章 罗马帝国的衰落

继承人的肖像被印在钱币上，被整个罗马帝国的人所知晓。皇帝死后，继任者的帝位会立刻得到承认。罗马希望建立的制度，用今天英国人的话说就是——"国王永远不死"。

元老院的努力虽然在一定程度上避免了内战，但是没能消除其他阻碍政府繁荣发展的有害因素，其中之一就是皇室的花费。皇帝不仅要在财富上超越最富有的大臣，还要斥巨资建立忠诚的近卫军，此外还要让罗马居民享用免费的粮食和奢华的娱乐。

奢华的程度日益严重，罗马人不再崇尚先辈朴实的生活，朴实的生活只存在于书本中。他们反而以奴役东方人为时尚。皇帝与大臣们渐渐疏远。皇宫前厅挤满了行贿跑官的官员。在这种不健康的氛围中，猜忌和阴谋像野草一样疯长，钱就像筛子滤沙一样从皇帝的指尖滑下，一会儿跑到这个宠臣的口袋，一会儿跑到另一个宠臣的口袋。

只要二十四小时没有赐予侍臣贵重礼物，提图斯皇帝就会说"我失去了一天"。他的侍臣随时准备下跪，为他的慷慨而大声欢呼"人类的宠儿"。提图斯虽然在位仅两年，却耗尽了所有的财富，但贪婪之人对此也许会得出不同的结论。

奢侈像瘟疫一样在罗马蔓延，贵族纷纷效仿皇室。皇帝被侍臣围绕，贵族也有门客，门客每日早晨谦恭地等候在门阶前，侍奉贵族去广场和公共浴场。门客可能是无所事事的绅士、没落的贵族子弟、专写奉承诗句的职业诗人以及知名角斗士。他们在罗马受欢迎的程度就像英国今天的网球和足球明星。门客们只有一个愿望：从恁主那里获得东西，可能是钱财，可能是垂涎的职位，最不济也是一张宴会的请柬。

第1节 罗马的庄园

随着帝国的日益强盛,贵族议员们的财富也不断增加。他们购置的大量地产,被称为"庄园"。庄园就是一个微型王国。在这片土地上,主人拥有绝对的权力。他们的事务一般交由管家处理。管家由受主人青睐、已获自由的奴隶担任,而小军官辅助管家。土地上的居民一般是小型农场主,他们要交纳租金或提供不同的服务以获得居住权;最底层的是大量的奴隶,他们充当家仆、面包师、鞋匠和牧羊人。

罗马"庄园"最显著的特点是完全独立。居民的生活必需品如食物和衣服,都可自给自足。犯了罪的人由主人或管家来判决,如果是主人做出的判决,就很难有上诉的机会。如果小农场主苛刻、自私,那些活着的罪犯的境遇就会更悲惨。

公元4世纪,议员的平均收入相当于现在的六万英镑,在当时是相当可观的。奥里利乌斯·西玛克是那个时代年轻议员中的典型,他拥有十五座乡间庄园,遍布意大利各地,在罗马和郊区有三座连栋房。奥里利乌斯·西玛克的目标是成为罗马的执政官,这是城市的最高职位之一。为了赢得百姓的认可,他和他的父亲组织了多种公众游艺活动。他们耗资九万英镑,从非洲运来狮子和鳄鱼,购买苏格兰狗、西班牙的特种马,俘虏日耳曼战士,把他们训练成为角斗士,驱使他们在竞技场表演。

通过这位年轻议员的书信得知,他想成为执政官不是为了成为有益于国家的人,而是完全出于私利,获得梦寐以求的荣誉。这种现象在他那个阶层相当普遍。他们视野狭隘,缺乏公共精神,愚钝无知，没有意识到他们的行为正在使罗马走向灭亡。

比贵族腐败更致命的是中产阶级的没落，他们是社会的中坚力量。5 世纪，马赛的一位公民说："罗马公民的身份曾经让人如此珍视，甚至需要花大价钱才能得到，但现在人们不再趋之若鹜，甚至有些厌恶。"

第 2 节 罗马帝国的税收

圣保罗时期罗马帝国的变化可以追溯到奥里利乌斯·西玛克耗费巨资，从非洲运来狮子和鳄鱼、从西班牙运来特种马的时期。罗马帝国的财富逐渐被耗尽，只有不断增加赋税才能填充国库。因此，税收规模大幅提高。

罗马税收的主要来源是土地税。拥有大量地产的议员本应成为主要缴税者，但不幸的是，这个任务交给了当地的市政厅和库里亚[①]完成。如果征收的赋税达不到国库的要求，库里亚有义务加入市政厅，弥补短缺的税收。

对中产阶级的库里亚而言，他们陷入了一个困境，库里亚的名分如泰山般压在他们头上，而且他们的儿子到十八岁时也必须接受这个荣誉，背上沉重的负担。确定地主贵族们的应缴税额是一回事，从他们手里拿到钱是另一回事。当今英国，如果纳税者拒绝缴税会受到惩罚，而在罗马帝国，受到惩罚的是收税员。

[①] 库里亚起源于公元前 11 世纪到公元前 6 世纪的王政时代。每个库里亚包括十个氏族。当时，罗马共有三十个库里亚。库里亚大会是古罗马的公民大会之一。——译者注

议员因为拥有财富和权力，在与库里亚的较量中轻松胜出，获得免税资格或行贿中央政府派遣的检察官，赦免他们的逃税罪行。朝廷腐败横行，整个社会上行下效。

库里亚面临毁灭，他们试图寻找其他出路：最富有的人希望获得议员职衔；无法企及权力的人则不惜一切代价，通过征收重税大肆聚财，所以当时流行这样一句话："有多少库里亚就有多少强盗。"

中产阶级中地位更低的一些人无力支付应缴税款，只能向他人强征，他们想尽办法剥离库里亚的身份，企图逃脱帝国政府编织的这张困住他们的大网。他们中的一些人就近寻求地主的保护，成为"庄园"的食客，另外一些人则非法参军，还有一些人卖身为奴，因为至少主人会保证他们的衣食。

为了生存和复仇，更多的人出于无奈，铤而走险去抢劫。他们加入到犯罪团体或逃跑的奴隶当中，滋扰公路，伏击抢劫旅行者，把抢劫来的东西带到深山中或堡垒里分赃。通过欺骗和暴力，他们库里亚的身份渐渐消失了，而其他库里亚的负担更重了。

奴隶制度的普及加剧了社会的罪恶，除了对奴隶主和奴隶的性格产生负面影响，还带来了其他经济问题，比如强迫奴隶和自由劳动者共同劳动，奴隶很容易就把自由劳动者挤出市场，因为奴隶更廉价，奴隶主不需要支付奴隶薪水，可任意延长他们的劳动时间，自行决定奴隶的食宿条件。从这一点来说，雇用奴隶更方便，因为奴隶无论多么厌恶自己的工作和工作条件，都无法逃离。富有的奴隶主操控着商业和贸易，他们贱卖掉自由劳动力，奴隶越来越多，自由劳力越来越少。

在罗马和其他大城市，自由劳动者也像贵族阶层一样腐败，追求奢华和享乐，他们无意于推动税收改革和废除奴隶制，只希望得

罗马奴隶交易市场上,奴隶主竞相贱买中意的奴隶。让-里奥·杰罗姆绘于1884年

到更多的免费粮食和更频繁的公共娱乐和表演。

奢华的王室、腐败的政府、奴隶制度、阶级谋私，这些成为罗马帝国走向衰落的主要因素，但腐化是一个渐进的过程，就像酸腐蚀铁一样。尽管公众有所诟病，但不是所有的库里亚都是强盗，不是所有的纳税人都处在饥饿的边缘，不是所有的食客都怯懦可怜，很多奴隶主还会释放或帮助奴隶，奴隶也愿意为主人赴死。社会的弊害在于罗马公民对邪恶视而不见，只要没有触动他们的利益，他们就拒绝激进的社会改良。更可悲的是，大部分人认为罗马曾经的辉煌会庇佑现在的罗马，人们"对罗马的信任毁坏了广阔的未来"。

狭隘的视野摧毁了很多国家，罗马并没有完全意识到自己的弱点暴露在了被他们鄙视的"蛮族"面前，而蛮族已经开始叩击罗马帝国的大门了。

我们知道"蛮族"仅仅是一个绰号，在罗马帝国早期是指没有得到公民身份的那些民族。

当时，最强大的"蛮族"是日耳曼人，他们定居在多瑙河北部、莱茵河西部广袤的森林和山地中，他们体型健硕高大，长着金黄色的头发、凶暴的蓝眼睛，他们主要的任务就是打仗，闲暇时间打猎、赌博。

第3节 塔西佗的《日耳曼尼亚志》

塔西佗是公元1世纪罗马著名的历史学家。他的著作《日耳曼尼亚志》中是这样描述日耳曼人的：他们原始、愚昧、生活简单，鄙视罗马人的生活陋习。

塔西佗说，日耳曼人的部落不是集中在四周筑墙的城郭中，而是散布在广阔田野里。他们以放牧和耕种为生,牧场是公共资源。土地每年定额分配给居民。数个村庄形成一个州。数个州形成一个国家。国家的首领通常是国王,但有时只有重要的酋帅[①]才会得到最高尊重。

酋帅主持小型议会,处理国家不太重要的事,大事须交由更大的部落会议讨论,征求公众的意见。皎洁的月光下,年轻人围坐在篝火旁,倾听有经验人的意见。如果大家对他的观点很满意,就挥动武器表示同意。

议会选出地方法官,负责各州和村落的执法。与罗马复杂的法律条文相比,部落的法律很原始,无须专业律师解读。如果一个人背叛了村民,投降敌人,就会被吊死在附近的树上,让所有人都知道叛逃的后果;如果他因怯敌逃离战场,则用树枝编织成的囚笼将他套住,投入偏远的沼泽中淹死,让人们尽快忘掉耻辱;如果他出于愤怒误杀或误伤了邻居,则要交纳赔偿金,一半给受害者的家属,一半给国家,如果当事人对判决不满意,受伤者的家属可以实施同样的报复,但这样做肯定会遭到反对,因为会造成更多的流血,结下世仇,就像后来科西嘉人的仇杀,代代相传。

家族仇杀不会给日耳曼人带来荣誉。幼年时,日耳曼人就期盼获得同族亲戚赠予的盾与剑,因为从这一刻开始,他们就长大成人了,承担起男人的责任和危险,和同伴们一起投奔部落伟大的首领,成为侍从,跟随酋帅愉快地出征打仗。

他们犹如古代的斯巴达人,出征前高呼:"带着你的盾牌回来,不然就战死沙场!"

---

① 相当于公爵。——原注

塔西佗说："在战场上，酋帅不如他人勇敢，是酋帅的耻辱；如果酋帅战死，而自己却从战场上生还，这就是毕生的羞辱了。"

这些就可以解释为什么鲁莽、散居的日耳曼人可以数次攻破纪律严明的罗马方阵。日耳曼妇女同男子一样刚毅，她们带来或接收的彩礼不是饰品或漂亮的衣物，而是战马、长矛或宝剑。

为了防止妇女在婚后放弃追求高贵生活的想法和逃避战争危险的心理，在成婚前夕，家人就谆谆教导她应与丈夫共劳苦、同患难，在太平时期与丈夫一同享福，遇到战争与他共渡危难。

"蛮族"妇女纯洁、勤劳、全心全意照顾丈夫和孩子。她们非常爱国，在战争中宁可男人牺牲也不愿他们后退。在塔西佗看来，与这些"蛮族"妇女相比，罗马帝国的妇女背信弃义、无所事事、寻欢作乐，应该受到谴责。日耳曼人可能粗野，军队纪律不甚严明，甚至贵族也缺乏教养，但他们勇敢、热情、忠诚，最重要的是他们明辨是非，不会漠视邪恶。

可能在塔西佗时代，罗马人对塔西佗的观点只是一笑了之，因为对他们而言，日耳曼人仅仅是骁勇善战而已。当日耳曼人战败，戴着沉重的枷锁走在获胜者的战车后面，日耳曼战俘高大的身躯更增添了获胜队伍的荣耀。然而，数个世纪过去了，彼此的交往改变了人们的态度，相互的鄙视和仇恨渐渐消失了。

幼时即被罗马人俘获的日耳曼人，一直生活在罗马人的家庭中。对奴隶主而言，这是一笔财富。他们在被囚禁的土地上长大，成为罗马公民。边界沿线的部落也逐渐开化，用原始产品和皮毛在就近的市场交换罗马人的奢侈品和享用品。日耳曼人对罗马的仇恨渐渐被羡慕所代替。罗马的伟大激发了"蛮族"的想象力，他们第一次意识到政府的有序管理有可能带来和平稳定，部落效忠的政权不仅

骁勇善战的日耳曼人

来自佛兰德斯的法兰克人

第 2 章 罗马帝国的衰落

应该会打仗，更要懂得如何治理国家。

罗马皇帝愿意依据标准招募新力量，使之成为附属或联盟：来自佛兰德斯的法兰克人就遵照罗马帝国的命令，把"蛮族"同伴从莱茵河左岸驱逐回去；金发的阿勒曼尼人和撒克逊人归顺了恺撒，在美索不达米亚平原和干旱的非洲沙漠效力。从附属力量变成罗马正规军很容易，因为随着罗马帝国疆域的日益拓展，罗马军团每年需要招募的人也越来越多。

之前谈到，罗马军团拥兵自重，掌握着皇帝的废立，但令人惊讶的是，很多人并不愿意当兵，因为普通士兵没有受贿和侵占财产的机会，而成为职业军人却有很多弊端。

只有很少一部分士兵可以驻守南部大城市。罗马又有自己的近卫军，因此大多数军团在多瑙河和莱茵河边界驻防，更差的是在寒冷而多雾的伦敦驻防，士兵们把自己关在约克或切斯特的要塞里。今天的英国军人对在遥远的国度服役，如在埃及或印度，感到无所谓，有些人甚至很高兴，因为可以领略异域国家的风情。但罗马的士兵，正如他们说的那样，如果离开了意大利的家乡，他们的一生就算结束了，因为军队最短服役期是十六年，最长二十五年。当时，交通落后，如果想要离开军团，他们就得像奴隶逃离政府一样，这几乎是不可能的，所以他们注定一生中最好的年华都要奉献给国家。

军人及其家属因为不断变换驻防据点，对家的记忆日渐模糊，只记得所攻占的地方。当他们老了，在战火中长大的儿子又会应召入伍，军人职业就像种姓制度一样，父传子承，代代相传。

因为缺乏共同利益，军人对普通市民没有多少好感，还鄙视他们不知如何使用武器；而普通市民认为军人粗鲁无知，他们忘记了没有军人的保护，所有的贸易和享乐都是空谈。然而，政府不去想方设法消除彼此的隔阂，相反，因为害怕失去纳税人，政府不允许库里亚入伍，于是这种隔阂加剧了。更多的法兰克人、日耳曼人、哥特人被招募入伍，补充到罗马军团中，他们善战、勇敢、忠诚。

同样，如果意大利的土地无人耕种，皇帝会派"蛮族"定居，开垦土地，建设家园。起初，邻居们可能对他们充满猜疑，但后来彼此通婚，"蛮族"的孩子开始接受罗马人的生活习惯，他们的后代还有可能进入市政委员会，有的甚至会成为执政官。

第4节 蛮族入侵

有人认为罗马帝国灭亡的原因是蛮族的入侵——一群鄙视罗马的奢侈与腐败的原始部落在公元5世纪横扫阿尔卑斯山，把整个意大利北部变成一片荒芜——这绝非事实。蛮族，无论是奴隶、商人、士兵或殖民者，对罗马的和平入侵，是一个持续不断的过程。这一过程始于罗马帝国初期。蛮族变得日益强大。从公元2世纪到3世纪，他们屡次进犯罗马边境。罗马帝国没有进行有效的抵抗。公元5世纪，蛮族入侵达到高潮，西罗马帝国灭亡。罗马部分军队由半开化的蛮族士兵组成。与罗马帝国早期纪律严明、训练有素的军队相比，他们不太值得信任，因为他们的外族血统使他们随时都有可能违背誓言，归依同族的队伍。

蛮族袭击罗马军团、进犯边境的主要原因是他们垂涎罗马人的财富，而不是因为鄙视罗马人的奢侈生活。如果因为好战，阿勒曼尼人袭击他们的撒克逊邻居比攻打罗马军团更方便，但他们却不辞劳苦，侵犯西班牙、高卢南部、意大利平原，希望找到富裕的城市和成群的牛羊。"掠夺"是他们最早的战斗口号，但到了3世纪，

东部的匈奴人一路南下,追杀日耳曼人

迫于四周其他部落的压力，他们开始加强防范。

蛮族的这次运动被称为"欧洲民族大迁徙"，这个过程就像从山洞流淌出的小溪一样，缓慢而坚定。北部的哥特人、东部的匈奴人和汪达尔人数量巨大，一路南下到达日耳曼南部，把日耳曼人驱赶至边界。日耳曼人先到多瑙河，后到阿尔卑斯山和莱茵河。

意大利和高卢不仅是掠夺者的天堂，更成为学习过部分罗马文化的蛮族的难民营。其他蛮族部落肆意践踏妇女和儿童，所到之处烧杀抢掠，血流成河。正是他们的到来，光明的罗马进入到"黑暗时代"。

第3章

基督教的黎明

奥古斯都成为罗马的皇帝时,耶稣还没诞生。除了犹太人信仰万能真神"耶和华",罗马帝国疆域内的大部分民族信仰不同的神。据民间传说,这些神同在祭坛焚香的饮食男女没什么区别,唯一不同的是神是永生的,因为他们依循内心的热情和愿望去追求成功。

罗马的神"朱庇特"和希腊的神"宙斯"一样,经常被描述为"众神之主和人类之王",但朱庇特并不是公正的裁决者和统治者,在涉及他的神话中,他都以残忍、不忠、报复心强的形象出现。"朱诺",也就是希腊神话中的"赫拉""天界的神后",善妒、易怒。尤利西斯,一个坚毅勇敢的英雄,在从特洛伊返回故土的途中,遭到朱诺不断的恶意刁难。众神的信使墨丘利只是一个狡黠的小偷。

大部分有见识的希腊人和罗马人都知道,这些古老的神话只是原始祖先们编造的故事,用来解释神秘的自然现象,如火、雷电、地震。然而,这种形式的信仰在历史上起到了非常重要的作用,它所描述的爱国主义不应被彻底遗忘。因此,皇帝被上升到了众神的位置。罗马公民,无论内心信仰与否,都去祭坛焚香祭祀朱庇特、朱诺或奥古斯都,以表明对国家的忠诚。

人类发现,什么信仰都没有是不可能的,因为人们在不停地寻找各种理论,用来解释高于他们的自然界,用来辨别是非。早在公元前4世纪到公元前3世纪,希腊哲学家就已经开始讨论人类灵魂问题,其中一些哲学家制定了美好生活的准则。

伊壁鸠鲁认为,人的生命只有一次,所以必须以追求最多的快乐为人生目标。这个学说给很多只想为自己而活的人提供了机会,但伊壁鸠鲁本人过着简单、几近苦行僧的生活。他明确提出快乐是他的目标,但不能因为追求快乐而失去理智、高贵和正义。自我放纵的人往往因为损害了健康和性格,无法实现快乐的目标,最终以痛苦结束一生。

另一位希腊哲学家芝诺在雅典集会广场的廊苑前教他的第一位弟子,他的追随者被称为"斯多葛派"。芝诺认为,人的命运由上

左:哲学家伊壁鸠鲁;右:哲学家芝诺

第 3 章 基督教的黎明

天决定，只有让自己变得冷酷麻木，直至漠视命运，才可以找到真正的幸福。死亡、痛苦、失去朋友、不得志，这些所有的不幸，斯多葛派信徒必须平静面对，不要恐惧、痛苦或冲动。刺杀尤利乌斯·恺撒的主谋布鲁特斯就信奉斯多葛派。在莎士比亚的悲剧中，得知深爱的妻子波西娅自杀时，布鲁特斯表现得很克制。

伊壁鸠鲁和芝诺的教义为罗马帝国的人们提出了奋斗的理想，却没有让人看到美好的、无尽的幸福希望。古老神话中的"地狱"，是冥河环绕的一片阴凉之地，阴森黑暗，门口守着一只三头怪兽——地狱看门狗，防止灵魂再次逃到明亮的阳光之地。

对所有思索未来的人来说，异教是悲哀的教派，这正是基督教受到热烈拥戴的原因之一。圣保罗来到雅典，发现祭坛上供奉着"无名之神"。这表明人们对旧时的信仰是不赞成的，正在为内心的疑虑和怀疑寻找答案。圣保罗试图告诉希腊人，他宣扬的基督就是他们要寻找的神，但人们觉得他的思想很荒谬，一个被钉在十字架上受辱而死的犹太农民竟然是神圣的。

第 1 节 早期的基督教

早期基督教信徒并非是像雅典人那样有教养的人，而是一些贫穷、无知的人。对他们而言，基督教义就是四海之内皆兄弟和不分阶级和国界的普世之爱。基督教吸引人之处不仅在于它许诺的永生和幸福，还在于它建立了衡量对错的确定的标准。犹太教制定了"十诫"作为生活准则，但犹太人从未试图劝服他人遵守这些准则，反倒小心提防非犹太教徒。而基督徒接受的教诲是"往普天下去，传福音给万民听"。即使是奴隶，在他确立了新的信仰后，就会讲给

布鲁特斯的妻子波西娅自杀

圣保罗来到雅典传播基督教义

邻居听。当这些奇谈怪论传到男女主人耳朵里时，主人就会琢磨这个人虔诚信仰的东西也许是真的。

在野蛮时代，统治世界的基本是武力。基督教对妇女和痛恨暴力的高层次男人很有吸引力。敏锐之人会发现，基督教受青睐的原因之一是早期基督徒的生活——温顺、平和、坚定不移。一方面基督徒遭受侮辱时懦弱容忍，另一方面他们耐心宽容，勇敢面对折磨和死亡而不放弃信仰。基督教的牺牲者告诉世界，他们的信仰里没有吝啬和沮丧。

令人奇怪的是，基督徒的行为平和、善意，却会遭到迫害。基督告诉他的信徒"恺撒的物当还给恺撒"，基督教的力量不在于反叛，而在于顺从平民政府，这是真的。然而，按时纳税、遵守本省法律的基督徒发现，很难与异教徒和平共处。像犹太人一样，基督徒们不能敬拜异教徒心中的神，不能去供奉朱庇特和奥古斯都的祭坛焚香，不能在异教徒的宴席上洒酒祭祀神明，不能在公共庆祝场合把月桂枝挂在门上表达对达芙妮女神的敬意。

因为忽视日常的风俗习惯，所以基督徒成为非基督徒邻居们猜疑和讨厌的对象。心怀恶意的人到处讹传，说基督徒的平和是为了掩盖他们的罪恶，其他人点头或耳语表示赞同。这种说法后来演变成谣言，说"谋杀新生儿是基督教仪式的一部分"，并传遍了整个罗马帝国。

如果基督徒很顺从，帝国政府也许会为他们正名，给他们提供保护，但基督徒们拒绝信仰其他神，所以帝国政府并不信任他们。皇帝们放松了管制，准备允许犹太和基督的神位列入他们的神明之中。罗马人无法理解基督徒排斥朱庇特和朱诺的观念，他们的信仰里没有"除了我以外，你不可有别的神"这样的戒律，所以犹太人

第 3 章 基督教的黎明

尼禄时期的罗马大火

和基督徒被指责缺乏爱国主义精神。因此,当政府触犯众怒时,犹太人和基督徒就成为替罪羊。

在尼禄统治时期,罗马发生了重大火灾,罗马城一半被烧为废墟。尼禄残忍、奢靡、不得人心,他害怕自己要为这场灾难承担责任,就宣布有证据表明,这场大火是基督徒策划的。于是,对基督徒的第一次严重迫害开始了。

第 2 节 对基督徒的迫害

我们在塔西佗的历史日志中找到了以下记述:"尼禄把所有恶行都强加在基督徒身上,残酷地迫害他们。他们忍受侮辱和嘲笑,在痛苦折磨中死去。一些人被钉死在十字架上；另一些人被缝在野兽皮里，置于狂犬之前；还有一些人被涂抹上可燃材料，作为火把，照亮黑夜。尼禄的花园是这些惨景上演的固定场所，这里同时举行赛马，如果皇帝出席，将是莫大的荣耀。"

塔西佗本人是异教徒，对基督徒怀有敌意，但他承认，这种残忍激发了他的同情心。然而，在不同皇帝统治时期，对基督徒的迫害一直存在，尽管有些皇帝是明君、好人。

出身于西班牙行省的罗马皇帝图拉真写道："这些人[1]不应该被搜查，但如果被举报或定罪，则应该受到惩罚。"

马库斯·奥勒利乌斯宣称，那些承认自己是基督徒的人应该被活活打死。在他统治时期，在罗马帝国的每个地方，基督徒们因为自己的信仰而惨遭折磨和杀害。地方法官对他们的考验几乎是相同的，被告必须在皇帝的塑像前面供奉酒和香，辱骂基督的名字。

这些末代皇帝们的动机和尼禄不一样，不是由于天性残忍，或要寻找替罪羊，而是真的害怕这个人数和财富都在稳步增长的教派，会对普通民众到神殿敬拜构成威胁，因为这与国民生活息息相关。

在图拉真时代，比提尼亚总督写信给皇帝抱怨，随着基督教义的广泛传播，现在花在购买祭祀野兽上的钱很少。他还说："基督教不仅在城市渗透、蔓延，在乡村也一样。"

皇帝和地方法官一开始非常自信，他们相信如果实施严厉的惩罚，基督教就会崩溃瓦解，但事实正好相反，基督教征服了欧洲，罗马帝国灭亡了。

---

[1] 指基督徒。——原注

尼禄把所有恶行都强加在基督徒身上,残酷地迫害他们。他们忍受侮辱和嘲笑,在痛苦折磨中死去。一些人被钉死在十字架上;另一些人被缝在野兽皮里,置于狂犬之前;还有一些人被涂抹上可燃材料,作为火把,照亮黑夜。

在基督教早期历史上，信徒们觉得有必要把政府的某些形式引入教会。后来，当基督教从一个国家传到另一个国家，该国各行省的基督徒们都会选出一位有影响力、有学识的人掌管这一地区的宗教事务，他们被称为"主教"，来源于希腊词语 Episcopus，意思是"监督者"。传统观点认为，圣彼得是罗马教会的第一任主教。在尼禄统治时期，圣彼得因为忠于基督教而被钉死在十字架上。

为了协助主教，基督教还任命了数量众多的"神父"，神父之下是"执事"，负责一些小事。雇用的第一批执事负责向穷人分发教会富有成员捐出的救济物，虽然早期收到的救济品数量有限，但处在各个阶层的不顾嘲笑和危险接受了基督教信仰的人都会捐出一些物品。教会的收入开始增长，主教成为重要人物。

现在皇帝和地方法官认识到，他们的前任们对基督徒实施迫害会对政府产生不利的影响，甚至引发危险，因此，他们开始请教并尊敬这些市民们非常信任的人。最终，公元 4 世纪登上皇帝宝座的这位皇帝不再用仇恨和恐惧看待基督教，而把它当作有价值的盟友，投以友好的目光，这和他的异教徒父亲很不一样，他就是君士坦丁大帝。

第4章

君士坦丁大帝

君士坦丁大帝出生时，罗马帝国分裂为东西罗马帝国，他的父亲君士坦提乌斯一世统治着西班牙、高卢和不列颠。306年，君士坦提乌斯一世在约克驾崩，他的大儿子君士坦丁继位。这位新皇帝年仅二十一岁，自幼在军中长大，他英俊、勇敢、有才华。他率领的军队纪律严明，他深受士兵爱戴。

在他统治的几年中，他与他的姐夫——当时的罗马皇帝马克森提乌斯发生了争吵。君士坦丁决心越过阿尔卑斯山，把皇帝从宝座上赶下来。这个任务很艰巨，因为罗马的军队既有精挑细选出的罗马近卫军，又有西西里人、摩尔人、迦太基人组成的军团，人数是他的军队的四倍。但君士坦丁一旦下定决心，就不会犹豫。他知道对手缺乏军事经验，而且罗马宫廷的腐败和奢靡也削弱了自身的精力和勇气。

据说，君士坦丁相信上帝就在他身边，因为当他准备在意大利平原与强大的对手交战时，看见天空中闪耀的十字架，下面写着"这是你克敌的迹象"。他马上下令命军队把十字架放在盾牌上，举着绣有同样标志的军旗进攻，结果大获全胜。罗马军队慌乱逃跑，马克森提乌斯被杀，君士坦丁几乎没有遇到任何抵抗，长驱直入首都。

罗马建造了一个刻有他名字的拱门来庆祝这个胜利。

现在君士坦丁成为整个西欧的主人。几年后,经过与东罗马皇帝李锡尼乌斯的激战,君士坦丁成功统一罗马帝国各行省,成为罗马帝国唯一的君主。

第1节 君士坦丁大帝时期的罗马帝国

对基督徒来说,这是个欢乐的时刻,尽管君士坦丁直到临死前才受洗,但在他统治时期,他非常同情基督教,竭尽所能去帮助基督徒。君士坦丁大帝利用他的影响力阻止了角斗士表演,废除了十

左:东罗马皇帝李锡尼乌斯;右:君士坦丁大帝

字架钉死的酷刑，改善了奴隶的境况。作为皇帝，尽管他保留了大祭司长的职位，但他尽量避免参加异教徒仪式或神殿敬拜活动。

他挚爱的母亲海伦娜王后是一位基督徒。有一个古老的传说记述她去圣地朝拜，找到了耶稣受死的十字架，并带回来十字架上的一些木头。

海伦娜王后去圣地朝拜，找到了耶稣受死的十字架

第2节 基督教的壮大

在君士坦丁征服罗马后不久,他就发布了著名的"米兰赦令",宣布罗马帝国人人有信教自由,无论是犹太教徒、基督徒或其他异教徒。基督徒不再被当作罪犯,而是享有所有民权的合法公民,恢复基督徒被侵占的做礼拜和朝圣的地方。

后来,君士坦丁对基督教的兴趣日益浓厚。他抛弃偏见,给予基督徒特别的恩惠。他不仅没收寺庙的部分财物送给教会,同时还从财政收入中划拨出一部分钱给教会。他还试图免除牧师的税,允许主教干预民事法庭。

很多措施并不明智。当基督教受到打压或与其他宗教地位相等时,基督教吸引的是那些真正信仰基督教义的人。但当基督教占有物质优势时,那些野心勃勃的人马上看到其中的利益,信仰新的宗教是他们得到皇室恩惠、取得成功的捷径。因此,虚假的元素就会渗透进教会。

此外,很难保证教会人员甚至虔诚的基督徒不滥用特权。4世纪时,基督徒已经忘记宽容的含义,经常使用强制手段对付反对他们的人,无论是异教徒还是其他教派的教徒。在基督教早期历史中,教会饱受争议,因为大部分教义是通过"传统"或口口相传的形式流传下来的,所以对耶稣所说的话或隐晦的教义存在争议。最后,教会决定收集"天主教"的主要教义和"普世"信仰,形成人们可以学习和背诵的教义形式。"使徒信经"由此诞生了。

尽管如此,对教义解释的争论从未停止。4世纪初,三位一体教义中对圣父和圣子确切关系的描述引发了埃及教会长老阿里乌和亚历山大行省主教之间的争吵,后者宣布阿里乌否认基督的神性。

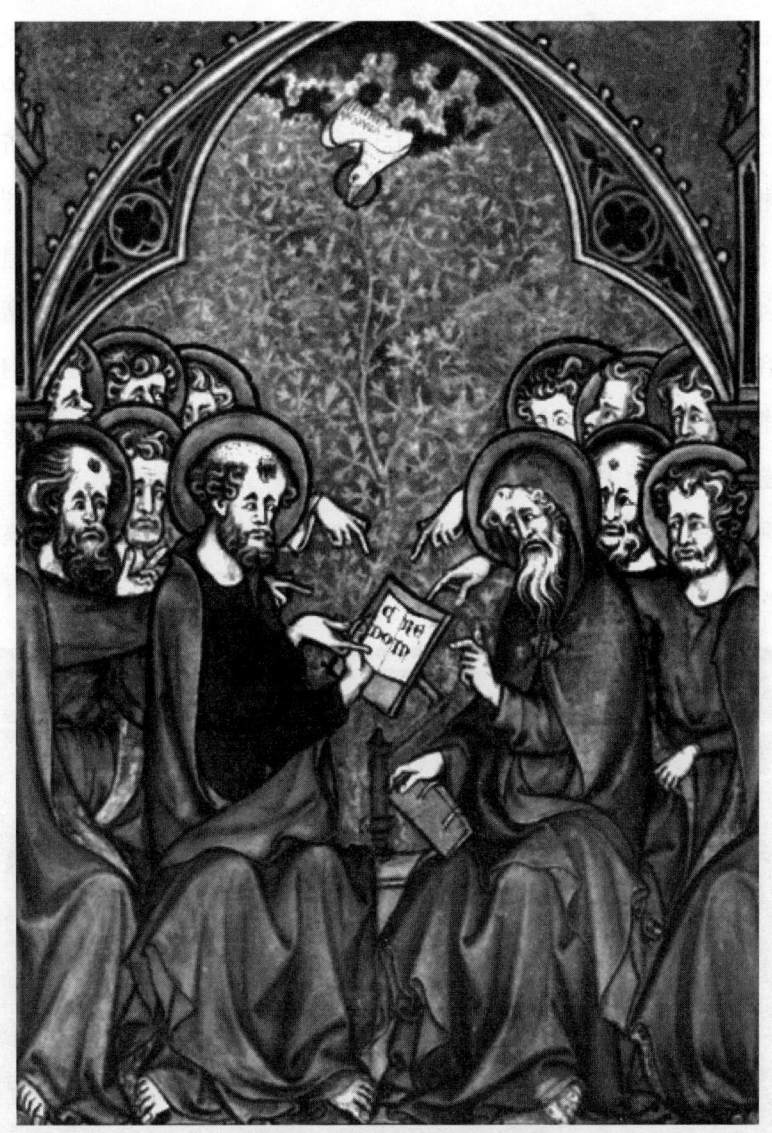

教会收集"天主教"的主要教义和"普世"信仰,形成人们可以学习和背诵的教义形式。"使徒信经"由此诞生

虔诚的教徒各站一边,争吵愈演愈烈,最后上诉至皇帝,请他裁决。

君士坦丁大帝不愿干涉。他说:"他们要求我判决,但我希望基督来决断,多么无畏的疯狂!"然而,他发现,如果要维护教会的秩序,就必须采取一些措施。因此,他决定召集帝国境内所有主教和牧师在尼西亚举行会议,共商大事。会期漫长,争吵激烈。有一个名叫亚大纳西的埃及执事能言善辩,判决反对阿里乌,但阿里乌拒绝承认会议做出的判决,称该判决为邪说、不合法。出席会议的大部分主教都属于东正教派,他们起草了新的教义表达他们的观点。教义以会议地点命名为"尼西亚信经"。它的修订版现在还在基督教世界的天主教堂广泛吟诵。

阿里乌尽管在会议上没有取得成功,但他的观点赢得了皇帝的青睐。皇帝试图说服教廷让阿里乌重回教会。皇帝本以为他有能力

君士坦丁大帝召集帝国境内所有主教
和牧师在尼西亚举行会议,共商大事

第4章 君士坦丁大帝

解决教会事务,但他的建议却遭到拒绝,皇帝震怒,动用武力让阿里乌在新建城市——君士坦丁堡的教会任职。东正教主教很快被关押、隔离,由此引发的骚乱一直到阿里乌死后才结束。

然而,教会的分裂一直在持续,彼此的怨恨对未来的欧洲产生了深远的影响。不同种族本来可以成为朋友,现在却障碍重重。像东正教一样,阿里乌教派也具有传教士精神,半开化的哥特人和汪达尔人部落从牧师那里学习了新的信仰。当哥特主教在尼西亚参加会议时,另一位曾在君士坦丁堡学习过拉丁语、希腊语和希伯来语,名叫乌尔斐拉斯的哥特人把大部分圣经翻译成他的母语。这是首部知名的教会圣经。它的原稿已经丢失。一个世纪后,它的抄写本收藏在乌普萨拉博物馆,用银色和金色哥特文书写在紫色羊皮纸上。

哥特人对他们的圣经怀有深深的敬畏,游牧时也放在身上,战

富有传教士精神的阿里乌教派

前会查阅圣经。汪达尔人也被阿里乌派教化，他们认为自己是真正的基督徒，但东正教不喜欢他们，斥之为异端，等同于异教徒。

第3节 早期的修道主义

君士坦丁大帝本人是个狂热主义者。成为阿里乌的拥护者后，君士坦丁大帝就开始迫害亚历山大行省的主教亚大纳西，把他流放到罗马。据说，一开始，罗马人都嘲笑亚大纳西，因为和他一起的还有两个戴着兜帽和斗篷的埃及修道士。当时，尽管东正教接受修道主义一段时间了，但西欧却对其知之甚少。

对抱有崇高理想的早期基督徒来说，周围的世界是邪恶的，所以无法过上基督式的生活。他们认为应该远离残酷、充满物质诱惑的环境，只有进行禁食祷告，才能亲近上帝，进入天堂。有时，一些人会去荒凉的地方，像隐士一样独居在山洞里，几个月甚至几年不与人交流。另外一些人则不必这么孤单，他们遵从特殊律条，与修道士共同生活，在早晚固定的时间吟诵礼拜圣歌，其余时间工作、祷告或学习《圣经》。

在我们看来，他们的很多苦修行为很荒谬，例如我们不会赞成坐柱者西蒙不管刮风下雨日晒，都蹲伏在高柱上，直到四肢麻木、萎缩，以此度过自己一生最美好的时光。然而，修道士、隐士都是那个时代基督教的有力见证人，只是他们并未真正领会基督的教义。"愿意跟从我的人，背起他的十字架跟我走。"众多的无知信徒第一次明白了基督的牺牲精神。当看到一些熟识的人舍弃了世俗愿景和天伦之乐，过着永生不适的生活，他们知道这是神的恩惠而非诅咒。早期教会的重要神职人员被称为"教父"，他们大多数是修道士。

坐柱者西蒙不管刮风下雨日晒,都蹲伏在高柱上,直到四肢麻木、萎缩,以此度过自己一生最美好的时光

第4节 教父

圣格里高利和圣巴西尔就是其中两位。4世纪时，他们同在雅典大学学习。圣巴西尔在小亚细亚创建了隐修院。他的圣名吸引了众多信徒。他不靠花言巧语，也不许诺安逸舒适，因为修道士只被允许吃少量食物，且每日需做祷告和繁重的体力活。阿里乌教派憎恨圣巴西尔是东正教派，曾威胁说要没收他的财产，折磨他，处死他。这位隐士平静地回答道："我唯一的财产就是一件破烂的斗篷和一些书籍，我在世间不过是朝圣，我的身体很虚弱，任何折磨都足以让我毙命，死是一种解脱。"他年仅五十岁就辞世了，但他不是死于敌人之手，而是每日的苦修和贫困耗尽了他的生命。他留下了许多书信和神学著作，阐明了他那个时代的诸多宗教问题。

圣格里高利曾与圣巴西尔和其他修道士同住在小亚细亚，但他意志不够坚韧，无法遵守隐修院过于严苛的戒律，事实上，他说，如果不是圣巴西尔善良的母亲，他可能已经死于饥饿。后来，他返回家乡，被任命为牧师。他比圣巴西尔更温和，是一位多产的诗人和雄辩的传道士。

另一位天主教"教父"圣安布罗斯是米兰的主教，当地居民敬重他的坚强无畏，推选他为主教，尽管这并非他所愿。他曾毫不犹豫地用教会的财产，甚至熔化一些祭坛神器去救赎那些在"蛮族"入侵时被俘虏的基督徒，他说："教会的金和银不是用来储藏的，是造福于人的。"

圣安布罗斯性情急躁，精力充沛，是一位天生的领袖，但他无法容忍那些持不同意见者。当时，米兰的基督徒焚烧了犹太教堂。狄奥多西皇帝命令基督徒帮助重建教堂。圣安布罗斯告诉基督徒不

第 4 章 君士坦丁大帝

要理会皇帝的命令,他说:"我也会焚烧犹太教会堂,这样做只是对犹太教徒和异教徒对天主教的掠夺和破坏行为的小小报复。"这不是耶稣基督的精神,这是中世纪教会的精神。

另一位比圣安布罗斯影响力更大的教父是 5 世纪的修道士圣杰罗姆。他因将《圣经》翻译成拉丁文而被后人铭记,这本被称为"拉丁文圣经"的书是罗马天主教会至今仍承认的版本。

圣杰罗姆出生在意大利,但他非常严格地遵守着东方教会而非西方教会的苦行主义。青年时期,他过着放纵的生活,但后来突然

左:圣安布罗斯;右:圣杰罗姆

悔悟，隐居于沙漠，用饥饿和苦行磨炼自己。他坚信这是通往天堂唯一的路。回到罗马后，他继续宣扬禁欲主义，力劝人们不要结婚，结婚是一种罪。他担心如果人们满足和享受家庭生活，就会忘记上帝。

许多地位显赫的家庭，尤其是妇女，都深受圣杰罗姆的影响，但这么偏激的观点不会真正被人们接受。他期望被选为罗马主教，但树敌太多，被迫再次回到沙漠。他的虔诚不容怀疑，但他的人生观和现代诸多虔诚的基督徒一样扭曲。他相信人性的本质和尘世是邪恶的，只有压制享乐的欲望，灵魂才能得到救赎。

几个世纪后，阿西西的圣弗朗西斯给他的追随者们讲授人性的美和价值。

第5节 君士坦丁堡的建设

在罗马帝国建立之前，君士坦丁堡是希腊的一座移民城市，称拜占庭。这座城市建造在金角湾的岬角上，岬角被内海环绕，水深浪静，抵挡住了地中海的急流，形成一个绝好的天然港湾，整个城区宛如一座天造地设的要塞，固若金汤，扼守通往亚洲狭长的达达尼尔海峡，辖黑海入口，港口众多，成为当时以及现在俄国南部玉米和谷物的集散地。

君士坦丁大帝建都时就清楚拜占庭的地理优势。君士坦丁大帝出生在巴尔干半岛，大半生都在亚洲军中服役，后在不列颠称帝，统治他的第一个王国——高卢。意大利几乎没有在他复杂的传奇人生中留下痕迹，罗马的名字也不会让他热血沸腾。在他心中，罗马就是一座位于帝国边缘的腐朽城镇，既无港口，也无特殊的陆路军事价值，而且阿尔卑斯山还阻碍了往来信息的传递。拜占庭靠近多

第 4 章 君士坦丁大帝

金角湾的岬角被内海环绕,抵挡住了地中海的急流,形成一个绝好的天然港湾

瑙河河口,易守难攻,因为优越的地理位置而成为军事上监视北方边境、瞭望东方的中心。

拜占庭原有的城墙并不能满足君士坦丁大帝的野心。于是,他亲手设计城墙,圈定城市的标界。宫中的随从都唉声叹气道,"足够大了""从未有哪座皇城这么大"。但君士坦丁大帝回答道:"我还会继续,直到这个看不见的守护神来到我面前才会停止。"

直至拜占庭城外的七座山被连接起来,完全裹住了新都,皇帝这才心满意足。之后,他开始在城内大兴土木,建造了许多伟大的建筑,如大理石广场和浴场、大理石皇宫和柱廊。一座新都——君士坦丁堡出现了。它规模宏大,豪华壮丽,在欧洲历史上扮演着非常重要的角色。旧城墙之外的新市场上矗立着一座"黄金城门",

它原是小修道院内的一根大理石柱，上刻有豪言："世界的中心点"。里面屹立着君士坦丁大帝和他母亲海伦娜的雕像。此外，他还从罗马和希腊的一些城市掠夺了许多雕像装饰新都。

330年5月，君士坦丁堡举行庄严神圣的落成仪式。整个帝国都沉浸在节日气氛中，庆祝这一盛事，但狂欢者们并没有意识到这将改变帝国的命运进程。新都城虽因得天独厚的战略位置矗立一千多年，但它却以牺牲罗马为代价，彻底割裂了东西罗马帝国的利益。

尽管罗马人仰慕希腊的艺术和非凡的智慧，但从未信任过希腊人。到4世纪，希腊夺走了本应属于征服者的荣耀，更加剧了这种不信任。罗马现在既无皇帝，也无高层官员。官员们在新都城忙着扩大胜利的战果。罗马只能树立新的偶像。军事辉煌的象征消失了，而基督教的信仰通过使徒和圣经的传播，为人们提供新的理想。

罗马主教宣称，献祭仪式上神赐予的礼物，经圣彼得和依次连续的按头礼传递给了他们，"你是彼得，我要把我的教会建造在这磐石上……凡你们在地上所捆绑的，在天上也要捆绑；凡你们在地上所释放的，在天上也要释放。"这些话表明基督似乎赋予使徒完全控制人类灵魂的权力。于是，罗马的基督徒就产生了疑问，圣彼得"捆绑或释放"的权力没有传承给他的继任者吗？如果有，他们的"神父"教皇毫无疑问就是基督教界的第一主教，因为没有其他使徒被基督赋予这样的权力。

这种推理是一闪而过的灵光，还是所有基督徒都愿意接受的理论，就不得而知了。从圣彼得开始的历任教皇都被认为只是罗马教会的主教、罗马帝国重要城市教会的"监督者"。他们受信徒的热爱和尊重，不是因为他们具有神圣的权力，而是因为他们不以个人或教派利益为重，一直秉持公正、宽容、四海一家的原则。

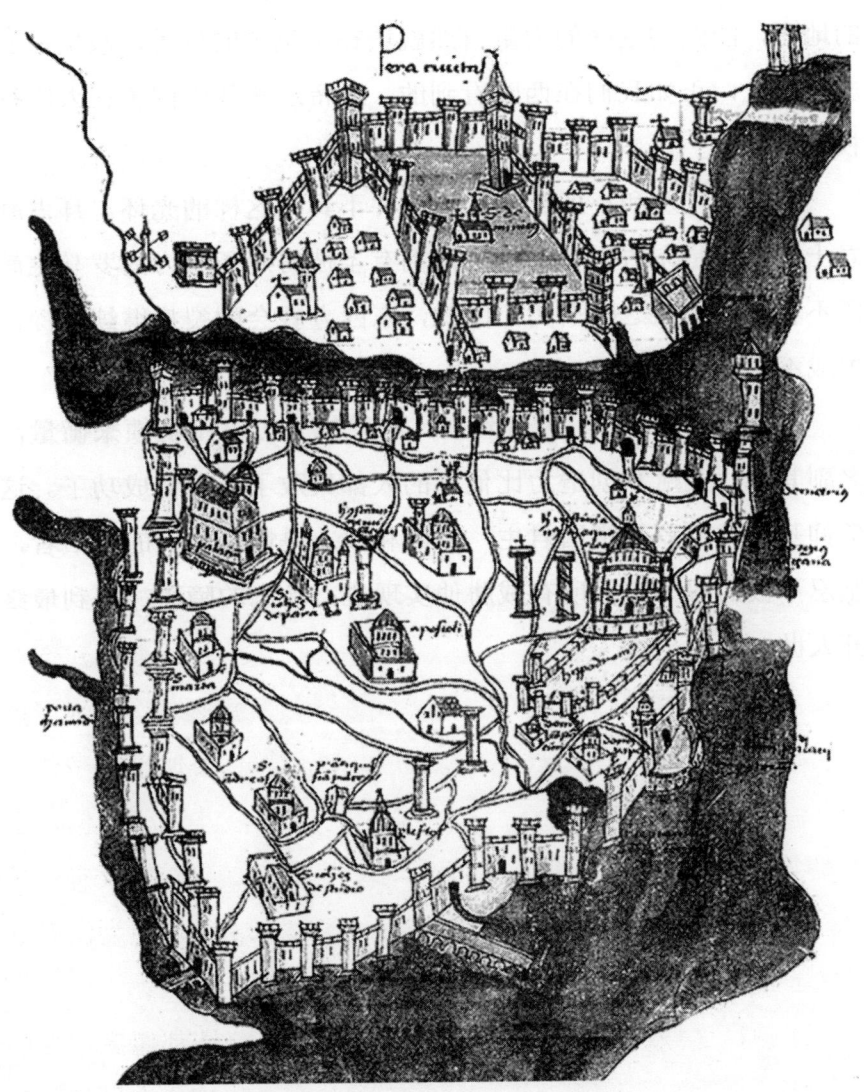

君士坦丁大帝亲手设计城墙，圈定城市的标界，建成新都君士坦丁堡

如果一个罗马人遭抢劫、瘟疫和饥荒，或者受到敌人的威胁，都可向罗马主教请求提供帮助和保护。当皇帝和议员都在遥不可及的地方，能做到这些的力量自然就填补了皇帝的位置，教皇在罗马应运而生，正如我们在西欧看到的，上帝逐渐代表国王在人间行使权力。

希腊、埃及和小亚细亚的教会并不具有这样的光环。拜占庭即君士坦丁堡是东方世界的轴心，拥有圣彼得赐予权力的罗马主教，既不权威，又缺乏吸引力。因此，东西方教会的裂痕继续加深，发展成不可逾越的鸿沟。

337年，君士坦丁大帝驾崩，如果伟大可以用功绩来衡量，他名副其实。天赋和创造力比他高的人都失败了，但他成功了。这位信仰基督教的罗马帝国君主，臣民和敌人畏惧和敬仰的统治者，以坚忍不拔的毅力摧毁所有威胁他实现雄心壮志的障碍，直到最终离开人世。

第5章
蛮族入侵

君士坦丁大帝没有尽力去维持一个统一的罗马帝国,而是按照自己的意志把帝国一分为二,分别分给他的三个儿子和两个外甥。在他执政末期,一系列谋杀和内战毁灭了他的家族。他的两个儿子瓦伦特和瓦伦斯出身低贱,但骁勇善战,被同时立为皇帝。瓦伦斯统治君士坦丁堡,他的哥哥瓦伦特统治米兰。正是在他们统治期间,帝国遭受了有史以来最沉重的打击。

我们之前提到的哥特人是个半开化的蛮族部落,受罗马的影响,皈依基督教的阿里乌教派。他们其中的一个部落西哥特人定居在多瑙河北部,与罗马帝国的关系还算友好,但匈奴人打破了这种和平。匈奴人在亚洲平原上消失,突然横扫欧洲。一位哥特作家这样描述匈奴人,"他们的脸不能称为脸,没有脸的形状,肤色黝黑,充满褶皱,长着两个小点一样的眼睛。身材矮小但柔韧灵活,肩宽,善骑,可以隐藏在凶猛野兽的身躯之下。"

据说,这些"怪物"骑着长鬃小马,把妇女儿童踩在脚下,好食人肉。无论这些描述是否真实,他们的名字已经令文明世界胆战心惊。西哥特人与匈奴人交战几次后,被逼到了多瑙河边缘,只好恳请罗马皇帝允许他们躲避在罗马的要塞中。

瓦伦斯皇帝对这样的请求有些犹豫不决。他的领地突然涌来了整个西哥特部落，危险是显而易见的。但如果拒绝西哥特人的请求，逼急了他们，他们就会强行渡河进入罗马，这结果他能承受吗？

一位当代作家写道："众多的西哥特人逃离了凶残野蛮的匈奴人，二十多万名西哥特战士、妇女、儿童站在多瑙河河岸大声恸哭，伸出双手承诺，只要罗马帝国赐予他们福音，他们会成为帝国忠诚的盟友。"

瓦伦斯勉强答应了。很快，大量难民也涌入达契亚行省。真正的麻烦才刚刚开始。难民需要大量食物，而当地居民的食物也不充裕。别无他法，瓦伦斯只得下令进口玉米。负责执行命令的官员非常贪婪，囤积了大量粮食，以高价少量卖出，饿得半死的难民拿出仅有的微薄积蓄去购买粮食。难民愤怒、抱怨，不堪重负，最终揭竿而起。

西哥特人在达契亚行省的悲惨遭遇是罗马历史上最糟糕的一页，但罗马很快就受到了惩罚。怀疑和仇恨带来的痛苦像火苗一样迅速蔓延。罗马军团的蛮族逃兵联合蛮族力量和逃跑的奴隶，很快发展成为一支强大的军队。瓦伦斯被迫采取措施保卫皇权，在阿德里安堡与西哥特人交战，罗马军队溃败，瓦伦斯皇帝战死。罗马军队损失约四万人。

第1节 狄奥多西皇帝

之前，帝国雄鹰从未败给蛮族人。西哥特人没有被胜利冲昏头脑，对所取得的成功保持着警觉。来到高大的君士坦丁堡城墙前时，他们失去了进攻的勇气，北撤至色雷斯，想与瓦伦斯的继任者狄奥多西和解，要回多瑙河南部的那片土地，但狄奥多西不同意，他增

第 5 章 蛮族入侵

派了最强大的兵力。

"爱好和平，与哥特人和平共处"，狄奥多西把这个品质传承给他的子孙后代。在他统治时期，西哥特人和其他北方部落都受到他的恩惠。

哥特族人的一位老酋长阿森纳瑞克在君士坦丁堡拜访狄奥多西时，受到富丽堂皇的皇宫的震撼。他感叹道："现在我终于看到我经常听到，但不相信的场景。毫无疑问，君士坦丁堡的皇帝就是世界的上帝。谁反抗他都是犯罪。"

通过与哥特人和希腊人结盟，狄奥多西暂时达到了目的。在新盟军的支持下，他打败了罗马的皇帝，征服意大利。临终之前，他把君士坦丁堡和东罗马封给大儿子阿卡迪乌斯——一位年仅十八岁的青年；把罗马城和西罗马封给年仅十一岁的小儿子霍诺里乌斯。狄奥多西相信蛮族的力量，他把外甥女嫁给汪达尔人的一位酋长斯提里科。这样一来，他就可以充当酋长的顾问，指挥酋长的军队。

在英明的摄政王的辅佐下，整个国家都在耐心等待年幼的君主长大，但不幸的是，霍诺里乌斯在成长的过程中没有显示出丝毫男子汉的气概，他不喜欢骑射，却对饲养公鸡、母鸡表现出浓厚的兴趣，这是他每日的快乐之所在。他对罗马既无情感，也无敬畏，最后选择定居在亚得里亚海附近的拉文纳，那是王国最安全的要塞，他在那里签发命令，派兵保护边界，发布傲慢的对敌宣言。

只要斯提里科一直表现软弱，就没人会注意他。但汪达尔人高大健壮，精力充沛，胆量超群，斯提里科随时面临危险。

狄奥多西一直与西哥特人为友，但在他死之后，西哥特人开始违背联盟的誓言。阿卡迪乌斯和他的弟弟一样无能，"他很少说话，看起来无精打采，就像快睡着了似的。"蛮族不仇恨他，但也不喜欢、

雷诺里乌斯在成长的过程中没有显示出丝毫男子汉的气概，他不喜欢骑射，却对饲养公鸡、母鸡表现出浓厚的兴趣

不惧怕他。西哥特人选出了自己的国王阿拉里克，他是一位闻名遐迩的将军。此时，他们开始思考新的征服和掠夺。

第2节 西哥特人的入侵

洗劫君士坦丁堡的建议被搁置了，那些高耸的城墙在大海的映衬下显得坚不可摧。同时，西哥特人讨论，有没有其他很富有却不堪一击的城市？在喋喋不休的争吵声中，西哥特人开始了他们的第一次行军，目标是亚得里亚海东部沿海城市伊利里库姆，接下来是肥沃的意大利平原。

作为敌对双方的统帅，阿拉里克和斯提里科棋逢对手，不分高下。多年来历经数次艰苦的战斗和围攻，汪达尔人赶走了哥特人，然而死亡迫使斯提里科放弃挑战，罗马最终沦陷不是因为敌人手中的长剑，而是背叛的利器。

霍诺里乌斯缺乏很多优秀的品质，包括感恩，军队获胜他并不高兴。狡猾的朝臣想大发国难财，就对霍诺里乌斯说斯提里科一直觊觎他的皇位，时刻想谋害他。猜疑和恐惧使这位胆小的皇帝寝食难安，似乎如果不除掉这位英勇善战的军队统帅，他的内心将永远不会安宁，最后他下令处死斯提里科。于是，意大利落入阿拉里克的西哥特人之手。

横扫阿尔卑斯山后，西哥特人最后在罗马的大门前停下了。

罗马使臣大胆向城外喊话道："我们人数众多，准备应战。"

"密草比稀草更容易割。"阿拉里克回答道。

使臣改掉了傲慢的语气，询问求和的条件。他得到的回答是："你们所有的金银财宝。"

使臣惊呼道:"那给我们留下什么?"

"你们的灵魂。"西哥特人嘲笑地反驳道。

双方经过讨价还价,西哥特人得到想要的东西后同意北撤。但410年夏天,他们再次返回,罗马只微弱抵抗就打开了大门,敌人欢呼着拥入街道,但阿拉里克不是嗜杀成性的匈奴人。他命令军队尊重生命,不要抢夺教会和供奉在祭坛上的金银器皿。

阿拉里克只花了几天时间就把城市洗劫一空,然后打算继续南

西哥特人拦河筑坝,挖了很深的河床作陵基,接着建陵,然后把阿拉里克的尸体放入,最后将河水引入旧河道中。英雄得以深埋水底,免遭敌人的侮辱

第 5 章 蛮族入侵

进，侵略非洲。军队要开拔时，他病死了。他的驾崩是西哥特人的巨大损失。西哥特人放弃了继续打仗的想法。阿拉里克作为国民英雄被全民悼念。因为西哥特人无法忍受有一天敌人会亵渎阿拉里克的陵寝，所以他们在附近拦河筑坝，挖了很深的河床作陵基，接着建陵，然后把他的尸体放入，最后将河水引入旧河道中。于是，英雄被深埋水底，免遭敌人的侮辱。

对文明世界产生深远影响的罗马惨遭劫掠，年轻的皇帝霍诺里

阿拉里克率西哥特人涌入罗马城的街道

乌斯并不在意，他给自己最心爱的母鸡取名罗马。当憔悴的信使带着消息跪在他面前，气喘吁吁地说："陛下，罗马灭亡了！"霍诺里乌斯只是皱了一下眉头，然后回答道："不可能，我今天早晨才喂过她。"

圣杰罗姆在伯利恒的一所小屋隐居，听到"永恒之城"的命运也惊呆了，他说"世界灭亡了"，"没有不生锈的工艺品，没有不流逝的岁月，但罗马是永恒的！"谁能相信，她的辉煌有一天会陨落。

每个人都会问这个问题，罗马为什么会衰败？今天我们知道罗马的腐败已经持续几个世纪，只是当时的人们并不清楚。一些人开始低声抱怨，说奥林匹斯的上古之神愤怒了，因为他们的宗教被抛弃了。人们相信基督可以拯救世界，但基督拿什么去拯救罗马？

基督教没过多久就找到了可以捍卫其事业的人——奥古斯丁，他是一位非洲的修道士，在中世纪他被认为是最伟大的教父。奥古斯丁的父亲是位异教徒，母亲是基督徒。奥古斯丁幼时狂野不羁，几年后在迦太基学习，但他生性懒散，无心学习，决定去罗马。经过米兰时，他因为好奇而聆听了圣杰罗姆的布道，并深受影响。奥古斯丁悄悄忏悔自己虚度的年华，欣然接受了神的指示，而之前母亲莫妮卡给他传福音时他却非常排斥。很快，奥古斯丁就皈依基督教并受洗。后来，他成为希波的主教。希波离迦太基不远。

很难用几句话形容奥古斯丁。同圣杰罗姆和其他早期的"教父"一样，奥古斯丁无法容忍异端邪说。邪说宣扬，凡人的爱和世间最简单的快乐就是粗心者落入魔鬼设置的陷阱，这是那个时期广为流传的观点。要反对这些邪说，就必须用火一样的热情信仰上帝，为基督教服务。

第 5 章 蛮族入侵

一位当代作家曾这样描述奥古斯丁:"作为那个时代最杰出的人物,他总结过去,提炼观点,融合自己的想法,提出新的统一形式和思想,使之持续焕发活力……最伟大的灵魂,最伟大的思想,思想跟随灵魂,灵魂指引思想——这就是奥古斯丁。"

奥古斯丁是那个时代最有智慧的人,他全心全意热爱上帝,希望全世界和他一同信仰上帝,他布道、工作、写作都为了这个目的。他的著作《忏悔录》描述了他的青年时代和对过去的忏悔,但他最著名的著作是《上帝之城》。

奥古斯丁写作的目的是希望全世界和他一同信仰上帝

他驳斥了那些宣称罗马衰亡是因为忽视异教神灵的观点,罗马存在过,但从未也永远不会永恒,因为永恒的王国只有一个,那就是"上帝之城",在上帝之城的统治下,人类从一开始就得到神的眷顾,相比上帝之城的辉煌,人类鼓吹的王国、文化、文明都必将消陨,只有上帝是永恒的。奥古斯丁用他的雄辩和推理能力从历史的角度证明神的旨意是重要的、可信的。

第3节 汪达尔人的入侵

《上帝之城》作者的信仰经受了严峻的考验,因为在他去世之时,世界正面临荒芜和恐惧。人们看不到美好和希望。罗马任由蛮族践踏。非洲基督教发展受到束缚,并快速衰落。新的侵略者——汪达尔人也是日耳曼人的一支。斯提里科从莱茵河撤回军队去抵挡西哥特人进攻意大利时,汪达尔人乘机突破防守薄弱的边境进入高卢,翻过比利牛斯山,然后继续南进。

西班牙是罗马最富有的行省,除了矿藏丰富、粮食充裕,还盛产作家和诗人。在商业繁荣发展的同时,西班牙和它的近邻一样,也滋生了腐败和厌战情绪。因此,汪达尔人没遇到什么抵抗就开始肆意抢劫和掠夺。汪达尔人没有就此止步、安定下来。继续掠夺的欲望和其他蛮族部落紧随其后的压力迫使他们跨过直布罗陀海峡,按既定路线沿非洲东海岸行进。他们在西班牙留下的唯一痕迹就是西班牙最美丽的省的名字——安达卢西亚。

当时,汪达尔人的国王是金塞里克,他不仅征服了北非大部分滨海地区,还建立了一支舰队,横行地中海。和哥特人一样,汪达尔人也皈依了基督教,但他们信仰阿里乌派,排斥东正教。

奥古斯丁驳斥那些宣称罗马衰亡是因为忽视异教神灵的观点

尽管他们不像对手那样血腥、残忍，但他们所经之处都被洗劫一空，留下一片荒芜，所以后人用"汪达尔人"来形容肆意破坏他人财物的行为。

"匈奴人"的名声更坏。5世纪上半叶，在首领阿提拉的率领下，匈奴人成功横跨欧洲。阿提拉被称为"上帝之鞭"。他的铁骑所经之处，寸草不留。匈奴人矮胖丑陋，鼻子扁平，皮肤黝黑，双眼深陷。他们生气时会用力翻滚，令人生畏。他们的首领不仅喜欢恫吓敌人，而且喜欢恫吓下属的部落头领。阿提拉对同情、温柔、文明这样的词汇一无所知，甚至憎恶这些字眼。他的军队占领了城市，城里的老人、妇女、牧师和儿童都没有逃脱他的屠刀。

阿提拉的野心是使全世界的人听到"阿提拉"的名字都会战栗，但能多大程度地实现这个目标则是对他的军队的极大考验。当匈奴人到达高卢边界，阿提拉发现对手在恐惧之下集结了一支充满仇恨、

阿提拉率领军队翻过阿尔卑斯山，横扫亚得里亚海西北富饶的国家意大利

第 5 章 蛮族入侵

人数众多、英勇无畏的军队,誓死保卫自己的家园,里面不只有"外省人"——定居在高卢的罗马籍后裔,还有弗兰克斯人、勃艮第人和其他部落的人,如汪达尔人,他们在罗马卫戍部队削减和撤退时被迫跨过莱茵河,来到高卢。他们对匈奴人的怒火熊熊燃烧,经过沙隆之战,他们甚至把匈奴人全部赶出了西欧。

尽管失败动摇了阿提拉的决心,但他阴险狡诈,一心想报复,就把目光转向了意大利。他率领军队翻过阿尔卑斯山,到达亚得里亚海西北富饶的国家——意大利。意大利人只做微弱的抵抗就敞开了城门,城里所有的宫殿、沐浴场、露天剧场都被夷为平地,曾经富有的城市消失了,只剩下一片废墟。

阿提拉无意之中也做了一件好事。阿奎利亚人为了躲避凶残的敌人,逃到了亚得里亚海滨的一片充满沼泽的荒凉半岛。经过数百年的经营,他们在这里建立起了一座新城——威尼斯,后来被称为

阿奎利亚曾经也是一座极富盛名的城市,但远不及威尼斯辉煌

"亚得里亚海女皇"。阿奎利亚曾经也是一座极富盛名的城市，但远不及威尼斯辉煌。威尼斯这座建于中世纪的城市四周层峦叠嶂、沼泽密布，非常安全，吸引了许多航海企业。

阿提拉从亚得里亚行省到达罗马，但他并未掠劫罗马，据说是因为在沙隆战役中打败他的高卢军队还尾随其后，要切断他回撤阿尔卑斯山的路线，于是他同意按照教皇拟定的条款达成临时协议。据临时协议描述，匈奴人被穿着牧师长袍的利奥一世震慑，为利奥一世镇定自若的态度所折服，同意和解。心怀感激的人们用"伟大"形容利奥一世教皇，他实至名归。

阿提拉离开罗马后，向北行进，但很快就死于醉酒狂欢之中，这个恶名远扬、大肆掠夺的王国很快就土崩瓦解了。匈奴人或者与其他部落的军队融合，或者各自为营，打一些零碎小仗。

第 4 节 汪达尔人洗劫罗马

罗马曾被西哥特人劫掠，在阿提拉手中逃过一劫，但对它的考验并未结束。汪达尔人国王金塞里克已在迦太基立足，只是等待劫掠罗马——这座举世闻名的财富宝库的机会。金塞里克的舰队彻底切断了埃及到意大利的运粮路线，封锁了台伯河口。由于连年饥荒和战乱，罗马实力锐减，很快就求和。

教皇利奥一世再次作为调解人来到敌人军营，但信仰阿里乌教派的汪达尔人与异教徒匈奴人大不相同，非常顽固。他们说，可以放弃大屠杀，但其他条件免谈。汪达尔人对罗马进行了两个星期的无情劫掠后，金塞里克乘船走了，除了带走数以千计的俘虏外，还将能搬走的财宝和艺术品一扫而空。400 年前，提图斯皇帝抢劫耶路撒冷时，把黄金祭台、犹太人神殿的烛台带回罗马，现在，罗马之前抢劫的果实都化为乌有了。

西罗马帝国的皇帝们没能挽救自己的都城，自然在军中威名扫地。据说，"罗慕路斯"创建了罗马帝国，但另一个英俊、年轻的"罗慕路斯"小皇帝终结了罗马帝国，这位皇帝被人们戏称为"无助的罗慕路斯·奥古斯都"或"小奥古斯都"。

小皇帝被废黜的借口是他拒绝把意大利的土地赠予罗马雇佣军的重要成员——日耳曼军队。日耳曼军队的头领奥多亚赛逼皇帝退位。皇室在公众心目中尊严扫地。奥多亚赛没有索要梦寐以求的荣誉，而是把王冠和紫袍送给了君士坦丁堡的皇帝。罗慕路斯·奥古斯都写道："我们不必也不愿再继承意大利皇位……一位君主就足以统治和保护东西罗马帝国。"

幸运的是，这位君主弱小，微不足道，没有人想要杀害他，他依靠国家财政在地中海的城堡中度过余生，而奥多亚赛以"总督"的头衔和政治家特有的智慧统治了意大利十四年。

第5节 东哥特人入侵

接下来两次越过阿尔卑斯山的入侵彻底毁灭了罗马帝国恢复和统一的希望。第一次是遭东哥特人入侵。东哥特人与西哥特人是同族，他们从亚洲返回时遇到匈奴人。当时正值阿提拉驾崩，于是东哥特人逃过一劫。在狄奥多里克的率领下，东哥特人建立了独立王国，并一直在与之结盟的东罗马边境滋事。

狄奥多里克曾在君士坦丁堡接受教育，尽管他勇敢好战，但他的追随者并不热衷战争。因此，狄奥多里克认为，把东哥特人迁徙

匈奴人被穿着牧师长袍的利奥一世震慑,为利奥一世镇定自若的态度所折服,同意和解

汪达尔人对罗马进行了两个星期的无情劫掠,除了带走数以千计的俘虏外,还将能搬走的财宝和艺术品一扫而空

到新的广袤土地上，也许可以激发他们的猜忌和仇恨。于是，他向皇帝芝诺请求作为统帅前往意大利攻打奥多亚赛。他写道："请允许我率领士兵征服独裁者，如果我输了，你只是少了一个奢侈、爱惹麻烦的朋友，但如果托陛下的福，我赢了，我会以你的名义统治意大利，给你带来荣耀。"

芝诺没有力量阻止奥多亚塞获得"总督"头衔，也不喜欢这位胆敢逼皇帝退位的"蛮族暴发户"，同时他也不希望不安分的东哥特人离君士坦丁堡太近，因此他非常支持狄奥多里克的建议，盼望东哥特人赶快离开。如果两个蛮族相互残杀，对帝国而言，有百利而无一害。于是，在芝诺皇帝的支持下，狄奥多里克开始了他的伟大征程。

狄奥多里克带领着士兵、部落所有妇女儿童以及财产出发了。经过几次战斗后，他成功击败并杀掉对手。罗马视他为皇帝派来的代表，高兴地打开了大门，但狄奥多里克却更倾向定都拉文纳。于是，他住在拉文纳，亲自种植果园。

尽管狄奥多里克按照自己的方式治理国家，但他还是希望能赢得新臣民的信任和好感：他对外宣布效忠皇帝，给皇帝写信语气很谦恭；他发行的货币上刻有帝国邮票的票样；他经常听取罗马元老院的意见，虽然元老院早已没有实权，但在政府中毕竟还占有一席之地；打算把第三块意大利土地赠给东哥特人时，他允许罗马官员参与分配。

狄奥多里克还保留了意大利的法律和风俗习惯，并强迫东哥特人遵守，但国防由他的军队来负责。虽然他致力于民族团结，但两个民族始终难以融合，因为它们之间矗立着宗教信仰的障碍：东哥特人信仰阿里乌教。尽管狄奥多里克对不同的信仰采取包容的态度，

第 5 章 蛮族入侵

但天主教教徒总是怀疑他的意图。

一次，反犹太教的骚乱发生了，几座犹太教堂被焚毁。狄奥多里克命令肇事者东正教教徒捐钱重建教堂，但东正教教徒拒绝遵守命令。当抗命的元凶当街遭鞭刑时，公众对哥特国王的愤怒达到极点。随着狄奥多里克年龄的增长，他的性格也发生了变化，变得沉默而残暴。在他统治后期，他处死了一名叫波依提乌的罗马元老院议员。波依提乌曾是狄奥多里克最青睐的顾问，但作为议员，他竟敢公开为狄奥多里克已定罪的人辩护。

波依提乌不仅是一位无畏的斗士，还是一位伟大的学者。在充满黑暗和恐怖的侵略时期，他高举古典文化的火炬，翻译了亚里士多德的许多著作，撰写了逻辑、算术、几何、天文学方面的论文，痛击了阿里乌教派对《尼西亚信经》的攻击。他最后一部著作也是其最有名的一部著作《哲学的慰藉》，一千多年来一直深受人们的喜欢。波依提乌写这本书时，最痛苦的死亡方式正悄悄逼近他，他的前额被绳索紧紧地束缚，然后行刑者用棍棒猛击他。命运之神对这位哲学家太残忍了，他死于酷刑之下。狄奥多里克比他多活了两年。临终前，狄奥多里克痛苦地忏悔，自责对波依提乌使用的酷刑太残忍了。

狄奥多里克统治末期，他被称为"暴君"名副其实，但我们也要记住他全盛时期的辉煌，"在西罗马帝国，没有人不尊敬他"。通过家族联姻，他与勃艮第人、西哥特人、汪达尔人、法兰克人结盟。毫无疑问，他是那个时代所有蛮族中最伟大的领袖。如果他的继任者有他一点点的政治家素养，就算东哥特人和意大利人宗教信仰不同，也许可以统一，成为一个国家，但不幸的是，二十年后他建立的王国消失了。

狄奥多里克的王位由他的孙子继承,但他的孙子只活了几年就驾崩了,之后王位又传给了他的外甥。这个外甥既不高贵,又缺乏政治家的风度。与这个弱小的王朝统治者形成鲜明对比的是君士坦丁堡的统治者查士丁尼皇帝,他拥有那个时代所需的超强的能力和坚韧的毅力,去实现自己的政治抱负。

第6节 查士丁尼皇帝

查士丁尼出生于农民家庭,但他接受过良好的教育。他不仅对法律和金融有浓厚的兴趣,而且对神学、音乐和建筑也很感兴趣。他对臣民的态度严肃而友好,但他没有同情心,不能赢得大众的好感。有些大臣赞叹他的勤勉,但另一些大臣认为他是不需要休息的恶魔,否则怎么可能经常通宵达旦地工作。一位作家写道:"没人记得他年轻的模样。"但这位严肃的皇帝为了爱情与一位漂亮的女演员狄奥多拉结婚,并不顾公众的反对,立她为后。一位历史学家这样描述狄奥多拉:"她的美难以用语言描述,难以用艺术再现。但狄奥多拉不是一个玩偶,在政府中有着举足轻重的地位,甚至连鄙视她的人都倾倒于她的高贵。"

查士丁尼对建筑表现出极大的热情。他斥巨资兴建桥梁、浴场、城堡和宫殿。那个时期,最著名的建筑是圣索菲亚大教堂,被称为"神圣的智慧教堂"。后来,君士坦丁堡落入土耳其人手中,圣索菲亚大教堂变成了清真寺。

然而,查士丁尼被人们所铭记,不应该因为圣索菲亚大教堂。他最大的功绩是主持编纂了《罗马民法大全》,让他的臣民们了解什么是真正的罗马法律。《罗马民法大全》包括三个部分:法典,

狄奥多拉不是一个玩偶,在政府中有着举足轻重的地位,甚至连鄙视她的人都倾倒于她的高贵

君士坦丁堡落入土耳其人手中后，
圣索菲亚大教堂变成了清真寺

汇集了各个时期皇帝颁布的律令；学说汇纂，知名律师做出的判决；新律，罗马法律的解释原则。一位现代作家写道："历经十三个世纪，它仍然是一座无与伦比的法学知识宝藏。"在整个中世纪，人们都通过借鉴它得到灵感，譬如基于《罗马民法大全》，教会律师编纂了教会法，赋予教皇统治教会的权力。

查士丁尼在编纂《罗马民法大全》的同时，还致力于推动世界的进步。但为了实现他的军事抱负，成为像狄奥多西和君士坦丁一样的皇帝，统治整个欧洲，他耗尽国库，加重税收。此外，他连年讨伐波斯帝国，并派遣贝利萨留将军率陆军或指挥舰队征讨北非的汪达尔人。查士丁尼取得了巨大的成功，帝国的疆域扩张到整个北非以及西班牙南部，整个地中海被纳入了帝国的版图中。接着，他又决定推翻懦弱的狄奥多里克王朝的后裔，恢复对意大利的真正统治。

这个任务很艰巨，因为我们知道意大利人不喜欢希腊人，哥特人为获得独立而英勇斗争，经过十九次战役，最终，555年，查士丁尼的一位亚美尼亚裔头领纳西斯成功击溃蛮族，在拉文纳建立政权，出任"总督"，控制了整个意大利半岛。

第7节 伦巴底人的入侵

纳西斯的胜利在很大程度上得益于日耳曼部落的一支——伦巴底人，他们的名称源于他们的居住地。伦巴底人也是罗马帝国的一分子，从易北河沿岸迁徙到多瑙河流域。在多瑙河流域，他们四处寻找战机，释放多余能量。因此，在查士丁尼统治时期，他们参与了包括入侵意大利的许多战役，希望能从中获利。

纳西斯取得胜利后,支付给伦巴底人大笔钱财,想让他们迅速离开,但伦巴底人喜欢上了意大利温暖宜人的气候和爬出墙外的葡萄藤蔓,开始嫌弃自己荒凉贫瘠的家园。因此,他们一直滞留在意大利,直到他们惧怕的纳西斯死去。之后,伦巴底人在国王阿尔博因的领导下,翻越阿尔卑斯山脉,攻占意大利北部。他们既没有遭

伦巴底人在国王阿尔博因的领导下翻越阿尔卑斯山脉,攻占意大利北部,定都帕维亚

第 5 章　蛮族入侵

到东哥特人的回击，也没有遇到罗马军队的抵抗，因为这两支军队正在僵持对峙。伦巴底人在伦巴底行省成功建立了政权，之后定都帕维亚，而罗马帝国仍然控制着海岸线两侧以及拉文纳、那不勒斯、罗马和其他一些城镇。

伦巴底人入侵是蛮族最后一次入侵意大利，也是影响最深远的一次。他们统治意大利长达两百年，尽管他们是异教徒，而且经常严厉惩罚意大利人，但并没有阻止民族融合的进程。在更高的文明被征服时，日耳曼人学会信仰上帝，忘记了自己的语言，接纳了周围的风俗和习惯；而意大利人在与伦巴底人斗争的过程中，也变得善于打仗，勇于作战。到 8 世纪时，民族融合完成。

伦巴底人入侵的另一个有趣而重要的后果是，蛮族人与希腊人长期斗争阻碍了政府的正常发展。虽然伦巴底人在意大利的各个城镇和行省处于主导地位，但他们的政策和想法会遭到意大利人的反对。拉文纳的总督声称他以君士坦丁堡皇帝的名义在意大利半岛征收赋税，治理国家，但实际上，他只控制着城市周边地带，伦巴底人切断了他与希腊官员的联系。他本来可以与海上或沿海重要城市如那不勒斯，通过海路联系，但联系松散，这些地方已经渐渐脱离他的控制。而在罗马，不仅议员参与政府管理，而且教皇已经超越政府官员，成为基督教公民的保护者和施助者。

第 8 节　教皇格里高利一世

我们知道，当匈奴人兵临罗马城下时，利奥一世劝服阿提拉撤兵。后来，利奥一世再次临危受命去说服汪达尔人金塞里克放弃对罗马的掠夺，虽然失败了，但正是这样的行为使教皇超越其他统治者，得到了人民的普遍认可。590年，格里高利一世担任教皇。他超越前任所有教皇，奠定了教皇权威的基础。

在成为罗马教皇之前，格里高利是一位贫穷的中年隐修士，接济穷人，过着禁食和忏悔的苦修生活。现在英格兰人应该感谢他，因为他对当时罗马奴隶市场中的金发盎格鲁人产生了兴趣，"他们有着'天使般'的脸庞，他们应该是天使派来的使者"，在这番评论之后，他请求到这些奴隶的来源地北部岛屿去传教，却被派驻君士坦丁堡。之后的几年里，他对英格兰一直念念不忘。成为教皇后，他派圣奥古斯丁赴英格兰传教，使异教徒肯特国王皈依基督教。

据说，"格里高利一世是一位传教教皇"。他热衷于传教，他的所有著作都是关于神学的，并深受希波主教圣奥古斯丁的影响，展现了对信仰的澎湃热情和执着追求。格里高利一世除了帮助英格兰皈依基督教，还成功说服伦巴底国王皈依基督教，并赢得了国王的友谊。在他任教皇期间，西班牙的阿里乌教派与天主教派关系缓和。

难怪罗马人在与入侵者的连年战争中，不仅把这些调节者当作精神领袖，也当作世俗领袖。当罗马人忍饥挨饿时，难道不是教会接济他们食物吗？当敌人兵临城下时，难道不是教会组织士兵进行抵抗，并派特使与敌人周旋，保卫城市吗？罗马人没有从拉文纳总督那里得到任何实质的帮助，拉文纳总督只会谈论君士坦丁堡的辉煌。因此，罗马人认为，君士坦丁堡事实上很孱弱，根本靠不住。格里高利一世担任教皇期间，他摆脱拉文纳总督的控制，实现教会独立，他的继任者也一直遵循这一政策。

伦巴底王国分裂为数个公爵领地，每个领地都有各自的都城。因此，在中世纪早期，意大利成为一个"城市集群"国家。邻邦之

格里高利一世是一位传教教皇,他不仅执着追求自己的信仰,而且热衷于传教

间相互忌妒，为了利益钩心斗角，这种区域影响力至今还存在。譬如，一个英国人或法国人会先说自己是哪个国家的人，然后才会说是哪个地方的人，而意大利人则不同，他们会自然而然地说"我是罗马人""那不勒斯人"或"佛罗伦萨人"。只有记住这个不同，才能正确解读意大利的历史。

第6章

法兰克人崛起

我们在前面引述了历史学家塔西佗对日耳曼部落的描述,他告诉高卢人,除非罗马帝国的军队能把日耳曼人挡在莱茵河外,否则日耳曼人就会用"荒凉偏僻的森林和沼泽来交换富饶肥沃的高卢"。他说:"对你们来说,罗马帝国的衰落是致命的,你们将会被掩埋在巨大建筑物的废墟中。"

这些预言性的警告后来都被验证了。汪达尔人、西哥特人、勃艮第人、匈奴人、法兰克人强行跨过莱茵河,扫荡葡萄园和玉米地,没有遇到任何抵抗。如果人们胆敢抵抗,他们就纵火焚烧城镇和要塞。汪达尔人继续远征西班牙和北非。对他们而言,高卢像流星一样一闪而过。匈奴人在沙隆之战中受到重挫,浑身带血去了意大利。而西哥特人、勃艮第人和法兰克人则于5到6世纪在高卢建立了强大王国。

西哥特人的伟大首领阿拉里克驾崩后,他的妹夫阿萨尔夫受到拥戴,成为国王。新国王没有继续进攻意大利南部,而是与霍诺里乌斯皇帝和解,娶了皇帝的妹妹。在罗马人眼中,阿萨尔夫成了半个皇族人。

阿萨尔夫坦言:"我曾经渴望消除罗马人的痕迹,在废墟上建立哥特人的统治,但我渐渐意识到要维护和治理好国家,法律是必不可少的……从那一刻起,我对辉煌和抱负有了不同的理解。我衷心希望未来的人们能看到一个陌生人的优点,并心怀感激。这个陌生人没有用哥特人手中的剑去颠覆罗马帝国,而是用它恢复和维持罗马帝国的繁荣。"

阿萨尔夫渐渐意识到要维护和治理好国家,法律是必不可少的,从那时起,他对辉煌和抱负有了不同的理解

第6章 法兰克人崛起

基于这样的情怀和祝福,阿萨尔夫愿意放弃意大利。经过短暂斗争后,他在高卢南部建立西哥特王国,疆域从地中海延伸到比斯开湾。后世之君继续扩张。最后,西哥特王国的领土囊括了整个阿基塔尼亚行省和比利牛斯山南北坡,定都图卢兹。

日耳曼人的另一支——勃艮第人在罗纳河沿岸建立了一个中型国家。多年与罗马人的交往,令他们的举止和思想改变了。他们的统治没有遭到高卢人的强烈反抗,所以他们也尊重高卢的法律和风俗。然而,勃艮第人和西哥特人都信仰阿里乌教派,而征服者和被征服者之间致命的宗教障碍决定了最终统治整个高卢地区不是这两个部落的任何一个,而是第三支日耳曼人萨利安-法兰克人,他们的好运得益于他们的宗教信仰。

第1节 法兰克人

法兰克人身材高大,金发,四肢柔软灵活,起源于日耳曼,后来定居于现在的比利时。他们继承祖先信奉的沃登神和日耳曼其他异教神。萨利安法律的一个重要部分是反映出很多日耳曼的风俗习惯。塔西佗对此也有描述。

国王不由人民选举产生,墨洛温王朝实行世袭制,但妇女不可继承王位,即使是墨洛温家族成员也不例外;王子不可剪发,因为飘动的长发是王室成员的标志。尽管国王拥有新特权,但旧时的平等精神并未完全消失,每年举行一次的自由民集合已经演变为阅兵仪式,但征兵打仗需获得本人同意。当战争结束,取得胜利,大部分战利品不是进贡给国王,而是通过抽签的方式分配给大家。

萨利安法律的另一个重要部分是惩罚暴力行为:实施暴力者必

须缴纳罚金。暴力行为包括：射毒箭，即使没有射中目标；伤害他人头部；削掉他人鼻子或大脚趾；最严重的是食指受伤，因为那样受害人就无法拉弓射箭了。

这个法律条款遵循的原则和罗马法律不同。罗马法律制定一套权利标准，如果不遵守就会获罪。因此，一个罗马公民如果谋杀或伤害邻居就会受到法律惩罚，因为犯了国法；而法兰克人如果遇到同样的案子，部落法官会判处缴纳罚金，过错方给受害者或受害者家属支付赔偿金，因为犯罪者不需要平息国家的怒气，而是要消除受害方的怨恨。

因此，从王室贵族到最底层的自由民，依据等级和生命的价值不同，每个法兰克人都有对应的赎罪金。离开比利时继续前进、进攻、征服高卢北部时，法兰克人给罗马臣民也估算了赎罪金，但只有他们的一半，一个法兰克自由民的赎罪金是两百金币，而罗马人只要一百金币。

6世纪初，法兰克人在高卢建立了稳固的政权，部落重要事务已经全部交由国王身边的贵族进行管理，因此出现了"宫相"这样的头衔。起初，宫相只是管家，后来成为"无冕之王"；"总管"是王室管家；"司令"掌管马匹；"内侍"侍奉国王起居。

第2节 法兰克国王克洛维

墨洛温王朝最有名的国王是克洛维，他选巴黎作为法兰克王国的首都。他和他的子民虽然是异教徒，但同高卢北部的罗马居民，尤其是天主教牧师相处友好。劫掠苏瓦松镇时，克洛维竭力保护教堂里的金银器皿，尤其是兰斯主教圣雷米非常珍视的精美绝伦的花

第 6 章 法兰克人崛起

瓶。他对士兵们说:"把它放在我的战利品中。"他打算事后再把花瓶还给主教。但一个士兵很无礼地回答道:"只有抽签之后才能知道它是不是属于你。"说完,士兵就用斧子把花瓶砸成了碎片。

克洛维当时按捺住愤怒,但他并没有忘记这件事。一年后检阅军队时,他看见了那个忤逆的士兵。他走向前,从士兵手中拿过武器,扔到地上说:"你不配佩戴武器。"士兵蹲下去捡武器,克洛维高举战斧,砍向士兵的头,说:"这样做是为了苏瓦松的花瓶!"

克洛维迎娶了勃艮第国王的外甥女。她是一位信仰基督教的公主,叫克洛蒂尔达。在妻子的要求下,他允许大儿子受洗,但在很长一段时间里,他自己拒绝皈依基督教。在一次战斗中,他和军队被敌人紧紧压制。战士们见状要逃,他大喊一声"耶稣基督,克洛蒂尔达说你是上帝的儿子……我现在虔诚地请求你的帮助,我承诺如果你帮助我战胜敌人……我就皈依你,接受你的洗礼,因为我祈求了我们的神,但他们没有帮助我。"

克洛维迎娶了勃艮第国王的外甥女克洛蒂尔达

很快，形势就发生了逆转。克洛维指挥法兰克联军大获全胜。克洛维没有忘记承诺。他与三千将士同往兰斯受洗。雷米主教对受洗的国王说："低下你的头，从今以后，珍惜你已经焚毁的，焚毁你之前珍惜的。"

皈依基督教后，克洛维并没有意识到他改变了整个民族的未来。对他个人而言，他只不过是兑现了与上帝的交易，他个人没有任何改变，仍然通过武力和背叛一如既往地实现自己的抱负，他的执着

克洛维在兰斯受洗，皈依基督教

第6章 法兰克人崛起

使他成为法兰克人的最高统治者。对付法兰克人的另一支里普利安人时,他秘密唆使里普利安人首领之子夺权。年轻的王子克洛德里克果然杀死父亲,夺取了王权。

夺取王权后,克洛德里克昏了头,兴高采烈地给克洛维写信:"我的父亲死了,他的财产现在是我的了,派你的人到这里来,我将把你喜欢的财宝送给你。"

萨利安人的使臣如约而至,克洛德里克向他们秘密展示了自己的财富。他把手伸进金库去摸金子,使臣们请求他把胳膊再伸进去一些,以便让他们知道他的财富有多巨大,他弯腰伸胳膊时,一个使臣从后面给克洛德里致命一击,然后使臣们就逃跑了。父子相继死于背叛,而克洛维却矢口否认此事与他有关,装作完全不知情。

"克洛德里克杀死了自己的父亲,而他又不知被谁所杀,我完全不赞成家人之间相互残杀,因为这是违法的。但既然事情已经发生,我给你们提个建议,我愿意接受你们为臣民,给予你们保护。"

里普利安人群龙无首,而他们又同其他蛮族一样崇尚胜利,相信克洛维会带领他们夺取胜利,因此他们举起盾牌,高呼万岁。

"每天上帝帮助克洛维挫败敌人,扩大领地,因为克洛维虔诚信奉上帝,做上帝喜欢的事情,"主教图尔的格里高利这样描述克洛维发动的战争。他对背叛和谋杀抛出这样的言论,着实令人惊奇,但他这样说绝不是谄媚王室,而是一个牧师的职责所在。他只坚持正确的事,后来甚至不惜冒着生命危险反对其他法兰克国王。但蛮族只会动粗,不理解这种职责。蛮族认为战胜邻居是智慧的表现,谋杀是很平常的事,既无须兴奋,也无须做出说明。如果犯罪事实清楚,支付偿命金就可以了。希望经过几个世纪的基督教的文明洗礼,凶残的蛮族能够接受基督教的真谛:追求真理、坚守正义、宽容仁慈。

高卢的罗马人已经别无所求，随时准备忍受侵略者的残酷暴行。因此，只要统治者们能表现出一点点教养，罗马人都感到欢欣鼓舞，而在基督教历经多年迫害后，克洛维提出要对天主教教堂予以保护时，罗马人就对克洛维的缺点视而不见了。

在高卢北部立足后，克洛维决定攻打南部的西哥特人。"在高卢看到阿里乌教徒，我很不舒服，"他对随从说，"让我们在上帝的帮助下，征服这些异教徒，夺取他们的领土。"

克洛维可能真心讨厌异教，但出于政治考虑他却必须接纳它，因为无论他和他的战士走到哪里攻打勃艮第人和西哥特人，都需要寻求罗马东正教教徒的帮助。对东正教教徒而言，克洛维恢复了消失的罗马帝国的某些荣耀，让天主教继续生存，并获得新的胜利。

在普瓦捷附近经过激烈交战，克洛维击败西哥特人，把他们逐出阿基坦。西哥特人的领土只剩下地中海沿岸狭长地带和比利牛斯山的一侧。克洛维还与勃艮第人交战，虽未能征服勃艮第王国，但使勃艮第称臣。四十五岁驾崩时，他已经征服高卢四分之三的土地，被征服的土地上永久刻上了征服者的名字。

克洛维的继任者继续他的侵略政策，到公元7世纪初达戈贝尔国王统治时期达到顶峰。达戈贝尔被称为"法兰克的所罗门王"，如犹太人的所罗门王一样，以智慧和财富闻名于世。达戈贝尔不满足统治莱茵河西岸的高卢地区，于是进入德意志，与撒克逊人和弗里斯兰人开战，最终迫使他们进贡。他的帝国从大西洋一直延伸到波西米亚山脉。当君士坦丁堡的皇帝寻求与法兰克人联盟时，一直没有归顺法兰克王国的布瑞坦尼公爵前来宣誓效忠。

那个时代的一位历史学家这样评价达戈贝尔，"他憎恨背叛和

第 6 章 法兰克人崛起

叛乱,把王权紧紧握在手中,像只狮子,随时准备进攻煽动叛乱的人"。

另一段记录描述了他在私访时,如何秉承公正,完全不偏袒残暴的地主的事情,"他的裁决令主教和大人物恐惧,却令穷人开心"。

在战事纷乱的年代,社会因达戈贝尔的统治而呈现繁荣景象,但在他驾崩之前,繁荣已渐衰落。奢侈腐蚀了这位伟大君主的思想和身体。这位"法兰克的所罗门王"后半生生活放纵,意志懈怠。他的继任者再未达到他的高度。

墨洛温王朝的最后几位统治者都被称为"懒王",他们既无天赋,也无雄才,大多数在未成年就夭折,面容苍老如年迈之人,国家实权落入宫相之手。在一些重要的场合,国王仍会乘坐粗糙的牛车前往集会地与臣民见面,但仪式一结束,就返回王室庄园,变成微不足道的人了。"除了具有长发和长胡须的王室成员标志外,国王有名无实。他们坐在宝座上假装处理朝政,实际上只是傀儡而已,掌握实权的是宫相。"

奢侈腐蚀了达戈贝尔的思想和身体,
致使他后半生生活放纵,意志懈怠

第3节 加洛林王朝

墨洛温王朝在法兰克只保留虚名的情形继续存在，最后终于被迅速崛起并篡权的加洛林王朝打破。默兹河和莱茵河下游之间的高卢地区被称为奥地利，加洛林家族的首领世代担任这里的"宫相"，负责管理王室领地，即监督法律的执行，管理土地耕种，替国王征收农业税。

这些工作听起来似乎不重要，实际并非如此，因为中世纪早期绝大多数人都住在乡下。罗马帝国进入衰落期后，忽视道路建设，而运粮船队又经常沉没在地中海。于是，欧洲各地之间粮食和货物的运输问题变得日益严重。工商业发展停滞不前，城市不再是人口密集的中心，只是人们遭到敌人攻击时的避难所。人们更愿意生活在乡村，种植玉米和大麦，饲养牛羊。如果庄稼歉收或牛羊病死，饥荒就来了。

宫相必须尽量确保王室领地不受恶劣天气、狼和不法之徒的侵害，因为法兰克国王与臣民们的生存都依靠庄稼和牲畜，而不是依靠商业和制造业。到7世纪末，宫相们已经不满足通过管理当地事务获得利益，他们的权力扩大至整个法兰克。他们借国王之名行事。王位空缺两年后，他们不费吹灰之力篡夺了王位，而且没有遭到法兰克人的反对，这是因为治理国家、征服外族还得依靠他们。

加洛林家族的"铁锤"查理·马特是一位英勇无比的战士，一位历史学家称他为"大力神"。"常胜将军……战胜了无数的公爵、国王、部落和野蛮国家。起来反抗他的斯拉夫人、弗里斯兰人、西班牙人、撒拉逊人都以失败告终。"

第6章 法兰克人崛起

正是查理·马特才使法兰克免遭撒拉逊人的奴役。撒拉逊人是阿拉伯人的一支,从非洲跨过直布罗陀海峡,迅速征服了西班牙四分之三的领土。非洲总督给哈里发的信中这样描述他们战胜西哥特国王罗德里戈所取得的第一次伟大胜利,"哦,指挥官,这次征服不同以往,各国就像参加审判日的集会一样。"

胜利让撒拉逊人得意忘形,先知穆罕默德的追随者撒拉逊人认为,他们一定会把基督徒组成的军队追得四处逃散;他们横扫比利牛斯山地区,接二连三攻下地中海沿岸的要塞。遭到入侵前,查理·马特与阿基坦公爵争吵不休,但之后他们很快成为朋友,并在普瓦捷联合作战,抵挡撒拉逊人的进攻。战斗非常惨烈,近三十万撒拉

查理·马特与阿基坦公爵在普瓦捷
联合作战,抵挡撒拉逊人的进攻

逊人倒在"如冰山般坚毅"的法兰克士兵的脚下。数字虽然有些夸大，但战争取得了胜利，迫使撒拉逊人的残余军队迅速向比利牛斯山撤退，使欧洲的基督教幸免于难。如果不是战争形势发生逆转，摩尔人可能在未来数年耗费巨大精力保卫西班牙。当时，虽然撒拉逊人以凶猛残暴闻名于世，但他们进攻高卢的最初目的是抢劫，而非定居。

取得胜利的首要功臣"宫相"自然成为整个基督教世界的英雄。教皇当时正在竭力抵御伦巴底人入侵罗马，派人向查理·马特求援，但查理·马特知道与撒拉逊人作战已经大伤元气，不敢应允参战。

第4节 法兰克国王丕平

几年之后，查理·马特的儿子"矮子"丕平继位。丕平如他的绰号一样，身材矮小。但他强健有力，一斧子下去能砍掉狮子的头。他精力充沛，聪明能干。他发现，帮助教皇抵抗伦巴底人有利可图，于是派使到罗马询问能否获得国王名下的一块土地。当时的法兰克国王只有虚名，而无实权，教皇急于取悦丕平，谨慎地回答道："拥有权力的人理应拥有与之相符的头衔。"

这正是宫相期待和希望的，之后的故事在《旧法兰克编年史》751年中都有记载，"这年，罗马教皇为丕平举行了加冕仪式，在苏瓦松给他涂上了圣油膏……丕平按照法兰克习俗正式登基，成为法兰克国王，而徒有虚名的国王希尔德里克被关进了修道院。"

墨洛温王朝的最后一个国王消失于修道院，加洛林王朝的丕平从此成为法兰克真正的统治者。在教皇的帮助下，他实现了自己的夙愿，但很快就得为偿还欠教皇的债付出代价。

在上一章，我们讲述了伦巴底人入侵意大利产生的影响。日耳

第 6 章 法兰克人崛起

曼人对意大利半岛的影响非常深入，只有希腊沿海地区被认为是东罗马帝国。虽然罗马理论上也属于这一地区，但实际上教皇对东罗马帝国干涉教会事务和对伦巴底人入侵一样憎恨，希望能摆脱东罗马帝国的束缚。

愿望得到满足后，丕平就把精力转向教皇的事务。伦巴底人窃任拉文纳总督后，丕平召集军队，翻越阿尔卑斯山，向伦巴底王国首都帕维亚进发。敌人闻风丧胆，几乎没有进行抵抗就同意了丕平提出的条件。

法兰克国王丕平，他虽身材矮小，却强健有力、聪明能干

从法律上讲，丕平应该马上把总督之职还给东罗马帝国，但他认为没必要讨好君士坦丁堡。他更愿意取悦罗马，因此就要求伦巴底人把总督一职交给教皇斯蒂芬二世。伦巴底人答应了。但在他返回之际，伦巴底人又开始骚扰罗马周边地区，切断食物供应，抢劫教堂。

第5节 教皇的世俗权力

丕平听到这个消息非常生气，他再次返回意大利。伦巴底人不得不信守承诺，使罗马教会获得了第一块领土，并通过正式的条约明确了领土的确切范围和教皇的权利，这是中世纪历史上的大事件，因为它意味着从此以后，教皇不仅是基督教的精神领袖，更是拥有公认领土和收入的意大利政治领袖，管理俗世事务。教皇不信任意大利半岛上的任何一位统治者，担心他们强大后会夺取他的领土，但遇到困难时，他仍然需要利用精神力量去应对世俗事务。因此，在后面的欧洲历史中，教皇常常使用他的精神力量和世俗权力去解决问题。

丕平虽然精明，但并没有意识到捐赠土地会埋下隐患。有感于他的慷慨大方，教皇赐他"贵族"头衔。丕平和他的军队缴获许多战利品后，离开意大利，返回本国，很快参与到打击撒拉逊人和日耳曼叛乱部落的各种战役中，直到他768年离世。

第7章

查理曼大帝

"矮子"丕平驾崩之前,把法兰克王国一分为二,交给他的两个儿子——二十六岁的查理曼和他的弟弟卡洛曼统治,但他们关系不好,所以均分土地无助于改善关系。卡洛曼没有政治家的潜质,脾气暴躁,忌妒心强,很容易受周围人的蛊惑。他听信谗言说他哥哥一直觊觎他的财产,甚至有可能杀了他,但这些猜忌毫无根据。尽管这样,卡洛曼总是想方设法阻挠哥哥提出的计划。三年后,卡洛曼死了,大家都松了一口气。

也许上帝真的赐福给查理曼。这时,一位修道士写信给他,结尾直言不讳地说道:"第五条,也是最重要的一条,上帝已经将你的兄弟从尘世中带走。"

查理曼大帝是中世纪早期最引人注目的人物。他身材高大魁梧,长着鹰钩鼻,生气时眼睛像狮子一样闪着怒光,无人敢直视。他力大无穷,精力充沛,武艺精湛。他能徒手把四个马掌锁在一起,能把一个全副武装的战士提到他的肩膀上,能一拳将马和骑手打翻在地。

查理曼大帝非常愿意遵守古老的传统,经常穿着法兰克亚麻的束腰外衣,绑带交叉绑腿,身穿及脚长外套。"这些破布有什么用?"

他指着短斗篷轻蔑地反问身边的大臣,"睡觉时,它能盖住我吗?骑马上路时,它能挡风遮雨吗?"

这种质问显示出查理曼大帝的个性。查理曼大帝制订出许多领土扩张和国家改革的方案。他改革的心情迫切。旧制度还没废除,新方案已经开始实施,但他绝不是不切实际的梦想家,而是一位头脑冷静、讲求实际的实干家。

查理曼大帝。他不是不切实际的梦想家,
而是一位头脑冷静、讲求实际的实干家

第 7 章 查理曼大帝

第 1 节 罗兰之歌

具有讽刺意味的是,令查理曼大帝闻名于世的不是他的丰功伟绩,而是中世纪最伟大的史诗——《罗兰之歌》。《罗兰之歌》讲述了查理曼大帝和圣骑士的故事,其流行程度和辉煌成就甚至超过了《亚瑟王和圆桌骑士》。历史事实是这样的:一些心怀不满的埃米尔①秘密请求查理曼大帝远征西班牙,进攻哥多华的哈里发。查理曼大帝翻越比利牛斯山,攻陷几个城镇后被迫撤退。返回途中翻越大山时,负责殿后的军队被加斯科涅的山地人包围,尸横遍野,查理曼大帝和残部艰难逃脱。

这首创作于 11 世纪的史诗具有很大的传说成分。查理曼大帝是史诗的主要人物,他有很多"圣骑士",即著名的骑士,包括他形影不离的朋友奥利弗和罗兰。据说,在西班牙建立了无数功绩后,由于叛徒出卖,查理曼大帝被迫向法兰西山区撤退。主力翻越山顶时,负责殿后的罗兰发现隆塞斯瓦列斯山口有加斯科涅人重兵埋伏。虽然号角就挂在他身边,但他不屑吹号求援,而是拔出宝剑"杜朗达尔"勇敢地与敌人战斗。

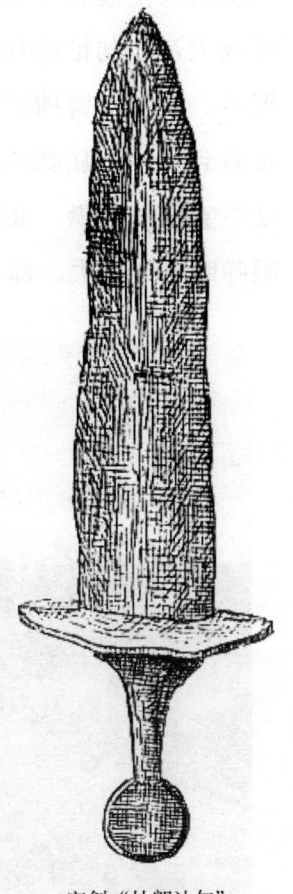

宝剑"杜朗达尔"

---

① 埃米尔是伊斯兰教国家对上层统治者、王公、军事长官的尊称。——译者注

法兰克人勇敢反击,加斯科涅人节节败退。就在这时,三万撒拉逊人来援,战局发生了大逆转,奥利弗战死,罗兰负伤倒地。罗兰把宝剑"杜朗达尔"折成两半,因为没人配用这把无与伦比的宝剑,之后他把号角放在嘴边,用尽最后的力气吹响。查理曼大帝在八英里外的军营里听到号角声,不安地问"这是不是罗兰在吹号?"叛变的大臣没有如实回答。直到奄奄一息的斥候进来报告战事,查理曼大帝才匆忙赶往战场。他在敌军尸横遍野的战场找到了圣骑士罗兰。罗兰双臂摊开,躺在地上,旁边放着折断的宝剑。查理曼大帝看到罗兰,屈膝跪下,难过地哭了起来:"哦,我得力的助手,法兰克人的骄傲,正义之剑……我怎么会让你在这里死去?我怎能眼睁睁看你死去,却不与你一同赴死?"最后查理曼大帝抑制悲痛,

罗兰负伤倒地,他身旁的"杜朗达尔"和号角清晰可见

重新积聚力量，带着复仇的烈火，猛攻在隆塞斯瓦列斯杀害基督徒的加斯科涅人和撒拉逊人。

《罗兰之歌》是法国文学史的经典之作。虽然它不是历史著作，但记述了很多历史事实。生活在9世纪早期的查理曼大帝是诗人在两百多年之后描述的人物，查理曼大帝是基督教的核心人物，是基督教战胜穆斯林和异教徒公认的领袖。盎格鲁－撒克逊修道士、宫廷学者阿尔昆写道："正是你取得的成功保护了基督教，捍卫了天主教的信仰，传播了正义的法则。"

第2节 伦巴底人的入侵

为了抵御伦巴底人的入侵，教皇们打算求援。他们把目光转向了"矮子"丕平和查理曼。查理曼继位后，希望能与伦巴底国王迪迪尔友好相处，因为他娶了迪迪尔的女儿。但教皇诅咒这场联姻道："你不知道伦巴底人的孩子都是麻风病人，他们是从民族之林中被赶走的吗？天堂没有他们的一席之地，他们会与魔鬼接受'永恒之火'的炙烤！"

查理曼大帝并未理会教皇的谴责，继续我行我素。但他很快就厌倦了这位相貌平平、身体虚弱的伦巴底妻子，和她离婚就可以娶到漂亮的德意志公主了。这当然是对迪迪尔国王的极大侮辱。后来，迪迪尔视法兰克王为敌人，两国之间的嫌隙再也无法弥合了。

在教皇眼里，伦巴底人真的应该受到诅咒。在格里高利教皇时代，天主教进入鼎盛时期。天主教堂是意大利最漂亮的建筑，修道院以学识渊博而闻名，帕维亚成为学生和学者集聚的中心。伦巴底人的罪恶不在于他们的异端邪说，而在于他们国家所处的地理位置。

伦巴底王国不仅包括北部的伦巴底，还包括南部的斯波莱托公国。教皇的领地像一堵巨墙挡在了拉文纳和西地中海之间。伦巴底人一直虎视眈眈，想要攻城掠地。教皇也紧紧地盯着他们，意欲赶走这些危险的邻居。但教皇心里很清楚，没有阿尔卑斯山那边的帮助，这一想法是无法实现的。

查理曼大帝在弟弟死后不久，被说服进攻意大利，帮助教皇实现夙愿。他在日内瓦举行的一年一度的"梅菲尔德"大阅兵上，提出作战目标，士兵们高声欢呼，表示同意。

这是一支浩浩荡荡、气吞山河的军队。每个法兰克人都要求参加集会，为战争做准备。富人们骑战马，穿铠甲，戴头盔，佩戴宝剑和匕首；穷人徒步前行，身背弓箭；其他人手拿长矛和盾牌；最低等的人只手持镰刀或木棒。王室领地的地主必须带上他们所有的自由民，如果想要获得参战豁免权，就必须支付罚金，但罚金数额惊人，几乎无人可以负担得起。

大军列队前行时，紧随其后的是无数的行李车和带皮质遮阳篷的马车，车上装载着足够三个月使用的粮草、额外的衣物和武器。大家都希望在回程的途中，马车会装满战利品。

伦巴底人已经融入奢靡舒适的城市生活，再也不是勇猛的战士了。因此，查理曼大帝没有遇到有效的抵抗。迪迪尔率军在阿尔卑斯山西口进行一番徒劳的抵抗之后，逃到帕维亚。接着，他增强帕维亚的兵力，加强防守，而把其余地方拱手相让。

后来，历史学家描绘了迪迪尔当时的情景，他蹲伏在城市的一座高塔上，浑身颤抖地等待"可怕的查理曼"到来，旁边站着奥特哥，他是法兰克公爵，卡洛曼曾经的追随者，一位同样憎恨查理曼大帝的人。"查理曼的大军来了吗？"迪迪尔不停地问。首先是长长的

第 7 章 查理曼大帝

行李车在平原上蜿蜒而过，接着是平民的队伍，紧随其后的是主教、修道士和神职人员的队伍。每次奥特哥的回答都是："不，还没有。"

迪迪尔开始讨厌日光。他哽咽着说："我们下去，藏在地下，远离可怕的敌人。"奥特哥也很害怕，因为他知道可怕的查理曼发怒时的威力。奥特哥得意之时，经常出入宫廷。他说："当你看到无数的长矛举起，无数的黑铁砸向城墙，你就知道查理曼来了。"就像乌云在西方升起，挡住了白昼的光芒，大地一片漆黑。查理曼大帝的大军终于来了，举起的长矛使受困的城市变得比黑夜还黑。钢铁巨人查理曼大帝现身了，他头戴铁头盔，身披铁铠甲，佩戴铁胸甲和肩甲，左手握铁匕首……连战马也是铁青色的。查理曼大帝的意志坚如磐石。他前后左右的骑士也是同样的装扮。于是，平原和空地到处都是铁，在太阳的照耀下闪闪发光。"这就是你想见到的人。" 奥特哥对迪迪尔说。然后，他像个死人般消失了。

尽管加洛林王朝军队的画面气势磅礴，但法兰克人还是花了六个月才攻陷帕维亚，迪迪尔最后投降，被关进了修道院。查理曼大帝宣布自己是新领地的国王。围城之时，查理曼大帝把破城的任务交给了几位勇将，自己前往罗马。在罗马，他受到盛情款待。市民们手拿橄榄枝涌向城门迎接他，高声欢呼"尊贵的客人""教会的守护者"。他下马徒步穿过街道，来到罗马天主教堂。他和普通朝圣者一样，跪着爬上台阶，等台阶最上方的教皇扶他起身，和他拥抱。唱诗班响起了欢呼声，传来了"奉主之名而来，主将赐福于你"的喊声。

几天之后，查理曼大帝在丕平的教会捐赠书上盖上印章，文件被封存在教皇的档案室中，但此后不久，关于领土部分的文件却消失不见了。

包围帕维亚后,查理曼来到罗马觐见教皇

第 3 节 君士坦丁的捐赠

与此同时,教廷起草了另一份文件,即所谓的"君士坦丁的捐赠"。文件称罗马帝国的第一位基督教皇帝把罗马帝国的西半部赐给了教皇。几个世纪后,人们才知道这份文件是伪造的,但在相当长的一段时间里,人们都信以为真。教皇的权力逐步扩大。在处理世俗事务上,我们不知道查理曼大帝赋予教皇多大的权力,但在他统治期间,他与教皇在处理意大利事务上的态度应该是主仆关系,而不是相反,只有在讨论精神层面的问题时,他才愿意顺从教皇的意志。

第 7 章 查理曼大帝

攻克帕维亚后,查理曼大帝把伦巴底交给他的一个儿子统治,然后回国去了。但不久之后,新麻烦又出现了,他再次返回意大利,原因是教皇利奥三世很不受罗马和周边国家的欢迎,贵族们总是制造骚乱反抗教皇政府。一天,利奥三世在宗教游行队伍的最前头骑马穿过街道时,一群武装分子从街道边冲出来,把他拖出游行队伍,拉下马,暴打至半死,更有甚者,将他挖了双眼,割了舌头,但后来都奇迹般地恢复了。

教皇利奥三世

利奥三世浑身颤抖着来到查理曼大帝的面前。查理曼大帝此行的目的就是恢复罗马的秩序。如果袭击教皇只是简单的报复行为,那么处理起来毫无困难,因为他身后有强大的法兰克军队。但利奥三世的敌人马上进行了指控,宣称他们的行为是正当的。因此,查理曼大帝陷入了两难境地,一方面他是一个诚实的人,会认真聆听双方的观点,另一方面,尽管他对教廷很尊重,但不可能无视身居高位的人的卑劣行径,尤其像利奥三世这样野心勃勃的政治家。

查理曼大帝觉得自己有责任把事情处理到底,但要依据什么法律,法兰克国王甚至是意大利国王才可以审讯和盘问教皇?

解决这个问题的方法就是在东罗马帝国首都君士坦丁堡审判教皇,就像古时候罗马帝国皇帝对圣保罗做出的最终裁决那样。但自从"矮子"丕平把拉文纳总督的职位给了教皇而不是拜占庭的皇帝后,法兰克与东罗马帝国的关系就变得日益紧张,现在已经处于崩溃的边缘。当时,东罗马皇帝君士坦丁六世尚未成年,他的母亲伊琳娜太后篡了位。女皇把他扔进地牢,弄瞎了他的双眼。因此,西罗马不想接受这种女人的审判。

　　于是,查理曼大帝不得不承担起审判的责任。认真核实证据后,他宣布指控教皇的罪名不成立。教皇彻底赢得了胜利。但查理曼大帝是一位有远见卓识的政治家。他知道教皇的权力基础薄弱,教皇迫不得已向一位世俗君主请求伸张正义的举动,势必会降低教皇在世人眼中的权威。一旦法兰克人离开罗马,他不敢保证教皇不会再次受到攻击。教皇没有公认的权力基础执行自己的意愿,只能受政敌摆布。

　　800年圣诞日,圣彼得大教堂上演了戏剧性的一幕,利奥三世终于找到了摆脱困境的办法。利奥三世身着华丽的礼服站在高高的圣坛前。圣坛的拱形入口上悬挂着一千支蜡烛。查理曼大帝和他的儿子们跪在光线昏暗的教堂中。祭祀仪式临近结束时,利奥三世手持金色王冠,走向他们,然后把王冠戴在了查理曼大帝的头上,教堂立刻响起欢呼声,就像从前罗马皇帝即位时的情景一样。利奥三世高声说道:"查理曼奥古斯都,上帝加冕的皇帝,一位伟大而性情温和的君主,愿他永生,常胜不败!"法兰克史学家评论道:"从那时起,君士坦丁堡的东罗马帝国就不复存在了。"

第4节　西罗马帝国的建立

　　利奥三世通过给查理曼大帝涂圣油、加冕的仪式,不仅强化了教皇的权力和尊严,还取悦了罗马民众。历经三个世纪后,罗马又重新有了皇帝。查理曼大帝对他的新身份有些迟疑,不愿接受,因

利奥三世身着华丽的礼服站在高高的圣坛前,把金色王冠戴在了查理曼大帝的头上

为即使没有和君士坦丁堡起纷争，本国的麻烦也足以让他筋疲力尽。但事情出人意料，东罗马帝国由于忙于揭露和反对伊琳娜女皇，无暇顾及西罗马发生的变故。后来，伊琳娜女皇的继任者尼塞福鲁斯一世同意承认查理曼大帝的称帝，但需以割让他们垂涎已久的东亚德里亚海的部分土地作为交换条件。

其他国家也急着向新皇帝表示敬意，纷纷写信祝贺，其中包括来自巴格达的哈里发哈伦·拉希德寻求结盟的信。哈伦·拉希德统治着强大帝国，疆域从波斯延伸至埃及，从埃及沿北非海岸线直达直布罗陀海峡。一次，他送给查理曼大帝一个精妙的水钟作为礼物，钟表敲响12下，很多窗户就会打开，弹出全副武装的骑兵前后移动。更让西罗马人惊讶的是，圈养在亚琛王宫里郁郁寡欢的大象九年来一直享受着至高无上的荣耀，当人们正要带着它远征北方的日耳曼部落时，它却死了，这个故事被记载在国史中。

比哈伦·拉希德更不幸的是那些向查理曼大帝示好，想要寻求他的保护的统治者们。他们希望利用查理曼大帝的影响力，让遭到流放的韦塞克斯和诺森伯兰的国王们恢复权力。耶路撒冷主教写给查理曼大帝一封信，请求他从异教徒手中拯救这座基督教城市，随信还附上了一面旗帜和圣墓教堂①的钥匙。尽管查理曼大帝被这个请求打动，但他知道他无力打这场战争，只能将之搁置，因为如果帝国境内的异教徒没有被征服，凶悍的撒克逊人是否会挑衅法兰克的主权，嘲笑法兰克人的信仰？

撒克逊人生活在莱茵河和易北河之间的丘陵地带，8世纪末，其他日耳曼部落，如法兰克人和巴伐利亚人，都已经接受基督教文

---

① 耶稣奉安之地。——译者注

明的洗礼时，撒克逊人仍然坚守旧信仰，崇拜自然之神，向居住在树林和喷泉中的精灵献祭。他们崇拜的对象是掩藏在森林深处的一棵大树，祭司宣称整个天堂就依附在大树之上。这株圣树叫"伊尔明苏尔"（Irminsul），被称为"万物的支柱"，是团结撒克逊各部落的纽带。敌人出现在他们的土地上时，他们就会聚集在部落首领身旁，共同抗敌；和平时期，他们会纯粹因为好战而彼此争斗。

第 5 节 圣博尼费斯

罗马帝国分裂、实力下降时，一部分撒克逊人来到大不列颠岛并定居下来。这些移民的后裔中有一些是基督教牧师，他们决定把

圣树"伊尔明苏尔"

福音带到日耳曼的异教徒部落,为仍生活在精神黑暗之中的部落带去光明。其中,最著名的传教士是圣博尼费斯,拉丁语为圣温尼福

撒克逊人的后裔中有一些是基督教牧师,他们决定把福音带到日耳曼的异教徒部落,为仍生活在精神黑暗之中的部落带去光明。其中,最著名的传教士是圣博尼费斯

第7章 查理曼大帝

瑞斯，意思是"带来和平的人"。

查理·马特还是法兰克公爵的时候，圣博尼费斯来到日耳曼，在各地游历，传播基督福音，说服皈依基督教的人建造教堂和修道院。他向罗马教廷陈述了他所做的事情，然后教皇任命他为主教，到巴伐利亚公国传教。后来，随着影响力的扩大，他的身边聚集了大量信徒。他不仅在一些教区建造了教堂，还在美因茨建立了大主教辖区。因此，早在德意志建国前，教会就拥有了政府组织形式，管辖各省的教会。

只有在德意志北部和东部偏远地区，异教仍然占据着主导地位。在完成教皇的愿望，帮助法兰克实施教会改革后，圣博尼费斯决心最后一搏，完成去北方传教的心愿。当时，他已经六十五岁，但没有什么困难和危险能让他退缩。他和几个教徒启程前往弗里斯兰，准备向居住在那里的野蛮的异教部落传道。他还没有开始传道，就受到攻击。他没有自卫，结果不幸遇难。

"德意志的使徒"走了，随之而逝的是上帝带给德意志的福音。基督教要传播到北方部落，需要通过暴力和长剑，而不是温和的影响力。查理曼大帝笃信天主教，坚决捍卫他的信仰，他认为，愚蠢和固执使人们对基督教的真理视而不见。如果有必要，他决心用武力推进天主教的传播。

而撒克逊人如果在战斗中失利，会臣服一段时间，承诺给法兰克人进贡，建造教堂，但本质还是异教徒。机会终于来了。撒克逊人得知法兰克的大军都驻扎在意大利和西班牙边境，就越过边界，驱逐或杀死很多传教士。查理曼大帝知道，如果不征服撒克逊人，他的帝国就得不到安宁，但这个任务远比预料的艰巨，他花了整整三十八年才宣告征服成功。

圣博尼费斯和几个教徒启程前往弗里斯兰,准备向居住在那里的野蛮的异教部落传道。他还没有开始传道,就受到攻击。他没有自卫,结果不幸遇难

第 7 节 征服撒克逊人

艾因哈德是查理曼大帝时期的一位学者，写过查理曼大帝的传记，他说："要不是撒克逊人背信弃义，他们早就被征服了，他们向国王投降，接受投降条件，然后再次叛乱。他们究竟失信多少次，已经数不清。"艾因哈德说，查理曼大帝的办法是，只要叛乱，就必须受到惩罚。于是，他马上率大军平叛。一次战役中，查理曼大帝的军队抵达圣树伊尔明苏尔所在的森林，放火烧毁了圣树。撒克逊人非常沮丧，之后马上聚集在一位叫威肯特的酋长的麾下。我们对威肯特的了解不多，只知道他英勇无比，多年来一直没有向敌人投降，因此，他最后应该能够赢得胜利。

查理曼大帝被不断的反抗彻底激怒了。他采用一切手段推进目标。有时，他用贿赂的手段让部落首领们背叛，但更常采用的是残忍手段，以此震慑敌人。四千五百名曾经发动叛乱的撒克逊人被法兰克人砍头或逮捕。被俘的撒克逊人哀求道，是已经逃到丹麦的威肯特唆使他们叛乱的。"威肯特不在这里，你们必须替他受罚。"查理曼大帝无情地回答。所有人被就地正法。

此外，查理曼大帝还把数百个撒克逊家庭迁到法兰克王国的中心地带，史学家们称之为"大聚居区"。他在这里建立了法兰克卫戍部队，派传教士到被征服地区建造教堂，迫使当地居民皈依基督教。

异教徒撒克逊人经常躲藏在附近森林和沼泽里，突袭奉命去传教的主教和牧师。传教士们不得不赶紧逃跑。一些传教士缺乏圣博尼费斯的勇气，当危险降临时，就会犹豫要不要返回。其中，最胆小的一位传教士在查理曼大帝面前哭诉道："我应该怎么办？"查

一次战役中,查理曼大帝的军队抵达圣树
伊尔明苏尔所在的森林,放火烧毁了圣树

理曼大帝严厉地回答道:"返回你的教区。"

查理曼大帝期望教会的神职人员像部队的军官一样顺从、忠诚,他知道传教士的工作必须得到他的有力支持。

"任何一个没有受洗的撒克逊人藏起来,躲避受洗,让他去死。"

"如果有人因为蔑视基督教而轻视大斋节的斋戒,让他去死。"

"所有人,无论贵族、自由民,还是农奴,都要把他财产和劳力的十分之一交给教会和牧师。"

这些法律表明查理曼大帝本质上还是个半野蛮人,他用更残酷的野蛮手段来镇压异教徒的野蛮行为。威肯特虽然非常勇敢,但最终还是被迫投降,接受洗礼。法兰克逐步征服了撒克逊人。

巴伐利亚公国皈依基督教多年,所以没有顽强抵抗。巴伐利亚

查理曼大帝用更残酷的手段来镇压异教徒的野蛮行为。威肯特虽然非常勇敢,但最终还是被迫投降

第7章 查理曼大帝

和撒克逊臣服法兰克后,查理曼大帝不仅是名义上的君主,实际上他统治的帝国包括了现在的法国、荷兰、比利时、德国和意大利大部分地区。后来,他放弃了一些征服的地方,而遭受蹂躏最多的德意志成为他对外战争的最大功绩。

> 他扫除了黑暗的阴霾,
> 让我们寻找到了光明。

这是9世纪一位撒克逊修道士写的诗,这表明撒克逊人的痛苦已经消失。一位现代作家写道:"显然,几代撒克逊人都忠诚于他们的信仰。"

如果忽略了查理曼大帝对待撒克逊人的残酷行径,那么与查理曼大帝有关的故事就不真实;如果仅仅把他描述成一位战士,用野蛮的方式无情地消灭所有反对他的人,这也不公平。他不仅是一位征服者,还是帝国的缔造者。对法兰克人的祖先而言,战争并不是目的,而是保卫国家的方式。

查理曼大帝沿边境修筑的要塞,在敌人的领土上建造的教堂,这些都是他的威慑和恐吓政策的一部分。他在各地兴建的道路和桥梁,构筑起帝国四通八达的交通网络,成为文明传播的通道。这些道路不仅改善了交通环境,还促进了各地的贸易和交流。王宫成为周边各国的司法中心,修道院成为传播知识和宗教的中心。以上这些都是他的罗马帝国梦的一部分,他要重塑罗马帝国昔日的高贵和威严。

查理曼大帝计划建造一条连接莱茵河和多瑙河的运河,从而贯通东西水路。在他那个时期,这个工程已经进入施工阶段,但直到现代才完成。查理曼大帝拥有完成宏伟工程的远见和进取心，但由于缺乏资金和劳力，工程最终搁浅。查理曼大帝不像以前的罗马皇帝，他无处征税，只能依靠私有土地的税收，而这样的税收经常以"种类形式"缴纳，即不以货币的形式，而是依据承租人的意愿，缴纳一定数量的牛、牛奶、谷物或燕麦。他仔细记录了王室庄园里的母鸡数量和鸡蛋数量。然而，这些以"种类形式"缴纳的税费，只能满足王宫的日常开支。

法兰克人所欠的主要"债务"不是经济上的，而是军事上的。根据法律规定，每个自由民都有耕种的义务。但随着帝国领土的扩大，这一政策就变得不合时宜，必须进行一定程度的修改。修改之后法律规定，如果一个人拥有的土地少于一定数量，可与其他人合并，根据合并后土地的面积，出相应的人服兵役，剩下的人则继续在家耕作。

第 8 节 查理曼大帝的宫廷

查理曼大帝急切地希望从各区征得大量劳力实施他的工程计划，但该想法遭到强烈反对。地主认为，法律只规定他们修筑附近的道路和桥梁，如果陛下征用佃户，可能会把他们从阿奎尼派到巴伐利亚，或从奥地利派到伦巴底。在巨大的反对声浪中，很多工程因为缺乏劳动力而不得不突然停工。然而，装饰着从拉文纳运来的圆柱和马赛克的王宫和教堂，最终在亚琛建成，这里成了查理曼大帝的主要居所。

这种被查理曼大帝称为"新罗马"的生活非常简朴。查理曼大帝是一位真正的法兰克人，讨厌一切不必要的炫耀和仪式。每年春

第7章 查理曼大帝

秋两季集会上,重要贵族和官员讨论政务时,他会亲自接待他们,感谢他们赠送的礼物。他在人群中穿梭,与这个人开玩笑,问那个人问题。而在君士坦丁堡宫廷,这种做法是绝不能接受的。

君臣之间轻松交流的氛围充分展示了查理曼大帝的个人魅力。士兵、教会人员、官员和自由民一样,不再觉得他是高高在上的君主、难以接近的皇帝,而是和他们一样,也有普通人的优点和缺点。

有时,查理曼大帝会突然发脾气,但马上会搞个恶作剧让气氛重新变得轻松。据史学家记录,一次,查理曼大帝说服一位犹太人卖给一位爱慕虚荣的主教一个涂了色的老鼠,骗主教说老鼠是从朱迪亚带回来的。起先,主教想低于三块钱买下,但犹太人说钱太少了,就假装不愿意。最后,主教同意支付一蒲式耳银。查理曼大帝听说后,召所有的主教到宫廷,兴高采烈地喊道:"让我看看谁买了一只老鼠!"我们相信这个故事肯定传遍了全国的大街小巷,傲慢的教会也会遭到人们的耻笑。

查理曼大帝还喜欢向遇到的人提一些艰深的问题,包括教皇本人。他并不是心怀恶意,想让他们难堪,而是真心求教。他时刻保持清醒的头脑,对所遇之事抱有浓厚的兴趣。他鄙视邋遢或知识贫乏的人,期望主教成为神学的权威,官员通晓政府管理,学者拥有良好的科学素养。

勤奋是赢得查理曼大帝赏识的最可靠的途径,他不允许自己和所有的官员偷懒。即使睡觉时他也会把书写材料放在枕头底下,以便醒来或思考时随时记录。一次,他参观他创办的宫廷学校,发现出身卑微的孩子利用一切机会学习,而贵族子弟鄙视书本知识,浪费了时间,荒废了学业。他赞扬了认真读书的人,然后呵斥其他人道:"你们仗着自己的家世和财富,无视我的命令,不努力提高自身的修为，不潜心钻研学问，而是纵情享乐，无所事事……我不在意你们的出身……记住，除非你们能认真学习，弥补之前的疏忽，否则你们永远不可能从我的手中得到任何好处。"

第9节 查理曼大帝的政府

贵族和地主曾与查理曼大帝并肩参加过最艰苦的战争，他们现在大多身居要职，而且依据他们的爵位的高低[①]，统治着帝国内面积大小不同的省。

很多伯爵私自扣留本省三分之一的贡赋和租金，不上交国王。有些贵族更厚颜无耻，不顾当地居民的利益，增加扣留的比例。贵族们掌管当地法庭，负责司法管理、征缴税款、建造道路和桥梁。实际上，他们就是土皇帝，欺压百姓，无视王室利益，满足私欲。

墨洛温王朝曾试图限制伯爵和其他省级官员的权力，偶尔派密使去调查这些省的情况，对发现滥用权力的情况进行整治。查理曼大帝把这种做法纳入常规监察体系。在年度集会上，他任命"钦差"到各地巡查，每年至少四次。"钦差"向他报告巡查的情况。"钦差"所到之处，伯爵和子爵都会暂时有所收敛。"钦差"可以坐在法庭上，倾听当地百姓申诉冤屈。如果"钦差"坚持改革，伯爵们必须执行，还要为受指控的罪行赎罪。

这里有一段关于贵族暴行的记录：

伊斯特里亚是亚得里亚海东部的一个行省，当地一位

[①] 依次为伯爵、子爵。——原注

第7章 查理曼大帝

男子长期遭受主人约翰尼斯的欺压，在"钦差"的过问下，事情最终水落石出：约翰尼斯把自己土地上的佃户当作农奴卖给他的儿子和女儿；强迫佃农建造房屋，派遣他们到遥远的威尼斯和拉文纳干活；他把公共土地据为己有，并从边界带回斯拉夫人为其耕作；他还抢夺佃户的马匹和钱财，借口说皇帝征用，分文不给。当地人哭喊着说："如果皇帝帮助我们，我们就得救了，如果不帮我们，我们生不如死。"

以上记录可以看出查理曼大帝已经成为百姓反抗贵族暴政的救世主，从这个意义上来说，他的政府可称为"大众政府"。从前，法兰克是在大众集会时制定法律，但现在只是召集贵族集会，审批通过法律条文。

国家的"法典"以查理曼大帝最信任的钦差提出的建议为基础，具体法令交由主要贵族讨论，然后在大会上宣读，进行集体表决，但这毫无意义，因为很少有人表示反对。

除了颁布诏书和制定法典外，查理曼大帝还命令收集所有旧部落的法令，如法兰克人的萨利克法、文字传承的法典、口头传承的法典，然后修改和更新这些法律，这是一项实用而有意义的工作。但查理曼大帝还不能像查士丁尼一世一样被称为"伟大的立法者"，因为他急于维护法律的正义。法典的制定很仓促且不完善。他还没弄清楚罪恶的根源，就急于铲除它，因此通过了很多相关的法律，但只触及了罪恶的表象，造成多重指令、彼此矛盾的混乱状况。

有时，"钦差"也不可靠，在巡视期间收受地主的贿赂，因此，需要更多的机制和新的法律来监督他们。在那个落后的年代，如果制定出完善的法律很难，那么实施起来就更困难，因为贵族为了保护自己的利益，通常会抵触，或者阻碍法律的实施；而广大民众愚昧无知，无法承担实施法律的责任，只有少数在宫廷学校接受过教育的人成为可信赖的"伯爵"或王室管家。

然而，人们模糊地认为，现在的政府是维护国家繁荣最理想的形式。史学家们说："无人在他面前哭诉，相信他就是正义的化身。"在法兰克的每一个教堂里，那些没有奉召随查理曼大帝而战的人都会为他的安全祈祷，祈祷他的大军征服野蛮人。

与赢得战争胜利相比，查理曼大帝更在意的是他最喜欢的一本书：《上帝之城》。圣奥古斯丁在书中描述了完美君主的形象，他们手中拿着上帝赐予的权杖，征服敌人，引领被征服者获得更多的知识和更大的繁荣。

第 10 节 查理曼大帝和教会

查理曼大帝相信自己被赋予了监护天主教会的权力，不仅要阻止异教的渗入，还要防止教会内部传播错误教义，从而导致邪恶生活滋生。举行宗教仪式时，他在教皇面前放低身段，跪爬圣彼得台阶，但在其他场合，他用主人对仆人的语气对教皇说话，提出他的想法，并期望得到遵循，而作为回报，他也会以武力保护教会不受侵扰。

"愿教会领袖能得到国王的正确统治，愿国王得到万能的神的正确统治！"阿尔昆的这个祷告也许表达了皇帝的想法，而教皇利奥三世更愿意把罗马天主教会和皇帝的关系说成母亲和忠诚的儿子的关系，言外之意就是，皇帝作为儿子应该顺从母亲。但查理曼大帝并不认可该观点，从而导致后来君权和教权之间的冲突。

第 7 章 查理曼大帝

在自己的领土上,查理曼大帝和以前的法兰克国王一样,对教会拥有最高统治权。他任命主教,并经常令他们担任"钦差",协助政府管理。然而,教会是一块"独立区域",有别于其他地方的是,其收入主要来源于主教辖区的教廷的支持和一般信徒捐赠的十一税。在神职人员参加年度集会时,皇帝有意安排他们与贵族和自由民分开。如果主教把异教徒或罪犯驱逐出教会,皇帝的法庭一定要执行这个判决,因此教会拥有许多权力,甚至是特权。查理曼大帝认为,享有特权的人必须承担相应的责任。

从前,查理·马特和圣博尼费斯一直致力于提高法兰克教会的品质,查理曼大帝也继承了该使命,经常巡视男修道院和女修道院,看他们是否在高墙内严格遵守教会的戒律。

普通教区的神职人员也受到严格的监督。依据罗马教会的法律,他们不可以结婚、参与任何世俗事务、进酒馆、携带武器、打猎,而是要自我约束,以身作则,为教区的居民树立良好的榜样。

"工作出色比知识更重要,"查理曼大帝在写给主教和修道院院长的信中建议道,"但没有知识,工作不可能出色。"依据这一思想,查理曼大帝要求每个教区都要建立学校,附近的男孩都有机会接受普通的基础教育。宫廷成为研究学问的中心。他本人对各科知识都很感兴趣,从圣经到数学,再到遥远国度的传说,他都做过深入研究。吃饭时,他喜欢让人读历史。《查理曼大帝传》的作者艾因哈德告诉我们,查理曼大帝虽不会书写,但他精通拉丁语,粗通希腊语。

他非常渴望成为罗马帝国的第一任皇帝——奥古斯都那样的人。他身边聚集了欧洲最有学问的人。他还热切欢迎外国学者进入政府,为他所用。在帝国收留的人当中,有一个叫阿尔昆的诺森伯兰人,称自己是"地球上的流浪者",因为当初是丹麦人的入侵迫使阿尔昆离开了自己的祖国。

阿尔昆住在法兰克宫廷,组建了我们之前提到的宫廷学校,自己编写识字课本教学生。他的影响力迅速扩大,很快成为皇帝的重要智囊,激励皇帝施展他的宏图大志,而皇帝也热情地投入工作。

第 11 节 查理曼大帝的性格

正如火山般的能量,赋予了多面性格的查理曼大帝魅力。我们首先认为他是一名战士、传奇的主角、建造帝国的政治家;其次他是人民的监护人,维护公平正义的国王。但当我们回忆起涂色老鼠,他简单、孩子气的性格就展现出来了。"伟大的查理曼"不是圣人,是领导法兰克人战斗的粗野战士,既残酷又善良,脾气暴躁,热爱运动,危急时刻坚强如铁,对待女人柔情似水。他是一位纵容孩子的父亲,于是女儿的诡计成为宫廷的丑闻。与他的居家形象形成鲜明对比的是,他还是一位学者、神学家、阿尔昆的朋友,认为"如果没有知识,工作就不可能出色"的人。

历史上,很多著名人物与查理曼大帝齐名或超越他,如一些政治家或立法者,学问更深的学者,举止更文雅的王宫贵族,但很少甚至没有人像他一样目标多样,单纯依靠人格力量就取得惊人的成就。画家和史学家都喜欢描绘他的雄才大略,但事实上,在他漫长的统治时期,他一直保持着年轻人的激情和活力。在亚琛的浴场中,他像孩子般纵情游泳,到山上狩猎野猪,拟定法典,向主教发号施令,处理任何事情都会竭尽全力,工作的强度远超常人。

幸运的是,查理曼大帝拥有法兰克人的健壮体魄。814 年驾崩

查理曼大帝。他不是圣人,是领导法兰克人战斗的粗野战士,既残酷又善良,脾气暴躁,热爱运动,危急时刻坚强如铁,对待女人柔情似水

时他已是一位高龄老人，因此，人们认为他不是普通人。据说，两百年后他的陵寝被打开，人们发现他如活人般端坐在宝座上，雪白的头发上戴着王冠，手中紧握着宝剑。

"上帝把一切恩惠赐予查理曼大帝，他与世界共存。"几个世纪过去了，这种说法还在民间流传，时间会证明一切。

第8章

诺曼人入侵

查理曼大帝驾崩时,他建立的帝国幅员已经非常辽阔,从丹麦一直延伸到比利牛斯山和罗马南部的斯波莱托公国,西起大西洋,东至波罗的海、波西米亚和达尔马提亚海岸①。查理曼大帝试图实现古罗马的理想,把文明的欧洲置于一人统治之下。但他很清楚,他奠定的基础很薄弱,是他强悍的性格把欧洲各地凝聚在一起,如果他不在了,一切也将不复存在。如果没有他卓越超凡的才能和赫赫声名,帝国很有可能崩溃。因此,他不想留下一个统一的帝国,由一个儿子继承,而是打算把帝国分给三个儿子。但其中两个儿子都先他离世,于是他的想法彻底破灭了,唯一的幸存者,路易最终继承了整个帝国。

新皇帝路易的身材与父亲相似,但缺乏父亲的远见卓识。路易性情温和,但很残酷,好猜忌。例如,在对待他的侄子——意大利国王伯纳德的事情上,路易总认为伯纳德要密谋推翻他的统治。路易召这位年轻人到宫廷来,伯纳德有些犹豫,害怕有诈。路易让伯纳德信任的皇后传话,并保证他的安全。伯纳德不得已,最终同意

---

① 今克罗地亚附近。——译者注

前往。但伯纳德一到达就被逮捕，扔进了地牢，他的眼睛被残忍地挖掉，最终毙命。不久，皇后也死了，路易非常爱她，因此认为上帝因为他食言而惩罚他。为了忏悔，他在宗教仪式上表现得更加虔诚，他的臣民都叫他"虔诚者路易"。

路易和他的父亲一样，随时聆听被压迫者的心声，并通过法律改善他们的境遇。路易统治的前十六年中，加洛林王朝没有面临任何危险，似乎相当稳固，但繁荣与和平突然就在可怕的内战中灰飞烟灭了，犹如乌云遮住了太阳的光芒。

为了忏悔，路易在宗教仪式上表现得更加虔诚

第 8 章 诺曼人入侵

虔诚者路易和第一任妻子育有三子。他效仿查理曼大帝的做法，指定长子洛塔尔为王位继承人，把国土分别给了三个儿子。但路易与第二个妻子结婚后，又生下一个小儿子查理，于是麻烦来了。第四个儿子是老皇帝的心肝宝贝，他很乐意赐给这个儿子更大的封地，这样就得牺牲其他儿子的利益，而其他儿子认为查理是闯入者，非常憎恨他，不想让他得到任何东西。

查理六岁的时候，虔诚者路易坚持把现在的瑞士和德国的一部分分给查理。查理的三个哥哥听说后，先是密谋反叛，最后公开叛乱。

虔诚者路易

接下来的十年是虔诚者路易最不光彩的十年。虔诚者路易和皇后两次被关进监狱,受尽凌辱。儿子们每次释放他后,软弱无能的他都会就地原谅他们,然后儿子们再次发动叛乱。

840年,虔诚者路易驾崩时,纷争的种子已经四处播撒。他的继承人公开表示,除了个人野心,他们什么都不在乎。洛塔尔承袭帝号,获得的封地位于法兰克王国的中部,从莱茵河河口一直延伸

虔诚者路易驾崩后,洛塔尔继位,承袭帝号

第 8 章 诺曼人入侵

到意大利,据有两个都城——亚琛和罗马;东部是现在的德国,由他的弟弟路易统治;西部是现在的法国,由"秃头查理"统治——这个最遭嫉恨的小儿子最终继承了丰厚的遗产。

虔诚者路易驾崩后,"秃头查理"统治法兰克王国的西部,继承了丰厚的遗产

第 1 节 斯特拉斯堡誓词

这种划分很有趣，因为它表明欧洲的两个民族从帝国时代就出现了融合。842 年，路易与查理兄弟二人在斯特拉斯堡会晤，决定结盟，共同反对洛塔尔。路易和贵族们用德语宣誓，而查理和他的追随者则操着类似于现在法语的浪漫语言宣誓。他们这样做的目的是让双方的军队清楚君主的意图。斯特拉斯堡誓词是民族发展的见证，表明不同的民族语言已完全不同。

很快，兄弟三人就签署了《凡尔登条约》，承认查理曼帝国划分为三部分，西部后来发展成法国，东部后来发展成德国，有争议的中部领土归洛塔林王朝。中世纪时，洛塔林王朝的领土面积不断缩小，最后相当于现在的洛林省，而洛林省成为引发战争和麻烦的根源。

追溯《凡尔登条约》签署之后的历史细节有些令人乏味，一位历史学家把这段历史描述为"令人头晕目眩、难以理解、单调、混乱的现象出现了，背叛没有节制，贪婪没有底线。没有一个儿子顺从或忠于父亲，兄弟离间，叔叔不宽容侄子。命运不停地变化，各方关系不停地变化，彼此之间没有信任，互相撒谎，彼此伤害。"

881 年，东法兰克王国的君主"胖子查理"[①]，在侄子和叔叔这些对手相继去世后，因斯特拉斯堡誓词而名声大噪，成功统一查理曼大帝时期的疆域。但几年之后，他身体变得虚弱，无力控制庞大帝国，不久就被废黜，死于康斯坦茨湖岛上的监狱，加洛林王朝最后闪耀世界的光芒也随之消逝了。"秃头查理"的后裔几代人居无

---

① 路易驾崩后，传位于儿子"胖子查理"。——译者注

第 8 章 诺曼人入侵

定所,遭到贵族们的鄙视和威胁,如墨洛温王朝一样,他们完全无力抵抗诺曼人的入侵。从 8 世纪开始,到 9 世纪和 10 世纪之交,哥特人、匈奴人和汪达尔人不断入侵罗马帝国,破坏了欧洲的文明和贸易。

查理曼大帝时期,人们就能在法国海岸看到诺曼人的长船。据史学家的记录,睿智的国王查理曼大帝看到这些长船说:"这些船没有装载货物,他们是凶残的敌人。"接着,他痛苦地叹息道:"知道我为什么流泪?我不怕他们伤害我,我难过的是,在我有生之年,他们竟已如此靠近海岸。当我预想未来,我感到更加悲伤,因为他们将会给我的子孙和人民带来无穷的灾难。"

诺曼人,从他们的名字可以猜出,来自荒凉、积雪常年覆盖的斯堪的纳维亚半岛和丹麦海岸,弱者在这样的气候条件下很难生存。

查理曼大帝时期,人们就能在法国海岸看到诺曼人的长船

这个族群的人身材高大，体格健壮，耐寒，不喜欢坐在火边，而喜欢让清凉的海风吹拂脸庞。对他们而言，生存是永恒的斗争主题，是他们为之奋斗的理想，直至他们获得舒适安定的生活。

诺曼人或称"维京人"，分为三个等级：奴隶、农民和贵族。

"奴隶皮肤黝黑，手上都是裂纹，指关节弯曲，手指粗壮，相貌丑陋，后背宽阔，脚跟很长；他们每日辛勤劳作，背着一捆柴疲惫地回家，孩子们帮忙架起篱笆，施肥，照看猪羊，挖泥煤。农民皮肤泛红，眼睛不停地转动，主要从事宰牛、打犁、建木头房子、造手推车。贵族长着黄头发，面色红润，目光锐利，他们的活动主要是造盾牌、拉弓、掷标枪、投长矛、骑马、掷骰子、击剑和游泳，他们的任务是发动战争，血染沙场，战胜对手。"

"挑起战争"是维京人的生存目标。他们的神"奥丁"和"托尔"都是战神。在闪电中，战神互相击杀，移动盾牌时，雷声隆隆。在维京人看来，活得舒服长久，最后死在床上，既不光荣也不快乐。斯堪的纳维亚的瓦尔哈拉神殿没有穆斯林臆想的天堂，穆斯林的天堂里阳光普照花园，花园结满果实，鲜花盛开，人在劳顿后休息时，有天堂女神陪伴。维京人不需要休息，而是不断积蓄力量，勇猛杀敌。在维京人的天堂，白天进行永恒之战，夜晚坐享盛宴，勇士的伤口奇迹般地愈合了，夸耀他们的勇猛行为，第二天继续英勇战斗。

第 2 节 诺曼人的突袭

诺曼人的长船有着巨大的船首，船首往往塑着猛兽或恶魔的头，船上乘坐的是厌倦了掷骰子和标枪的维京"伯爵"，或因犯错被国王流放的伯爵。他们的舰队横扫北海。一些船开到冰岛或更遥远的

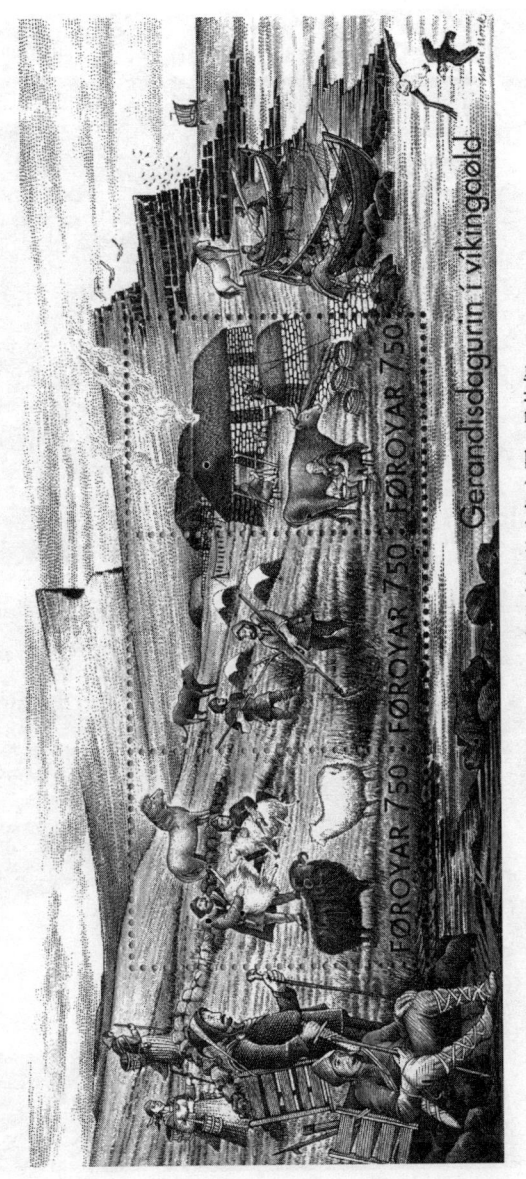

对维京人而言,生存是永恒的斗争主题,是他们为之奋斗的理想,直至他们获得舒适安定的生活

斯堪的纳维亚的瓦尔哈拉神殿是维京人的天堂，勇士们夜晚在那里坐享盛宴

"奥丁"（右）和"托尔"（左）都是维京人的战神

格陵兰岛和北美去探险。一些船去烧毁爱尔兰沿岸的修道院。还有一些船袭击东法兰克王国北部、西法兰克王国和英格兰。他们最初的目标只是掠夺。与匈奴人不同的是,他们并不鄙视文明社会的奢华。只有接受文明,他们才会变"柔和"。后来,诺曼人发现进攻没有遇到什么抵抗,就开始在当地建造房屋,譬如,英格兰东部沿海地区就成为丹麦人聚集的殖民地。

盎格鲁－撒克逊的历史学家说:"855年,异教徒第一次在谢佩岛过冬。"

第3节 阿尔弗雷德大帝

在之后的五十年里,侵略者似乎要像盎格鲁－撒克逊祖先消灭英格兰原住民和罗马征服者一样彻底清除盎格鲁－撒克逊人,但他们并未得逞,失败的主要原因是他们遇到了英格兰最著名的国王,韦塞克斯王国的王子,阿尔弗雷德大帝。韦塞克斯王国大部位于泰晤士河南岸。849年,阿尔弗雷德出生在伯克郡的旺塔奇镇。他自小就生长在战乱和危险的环境中。从幼年时起,在哥哥们的帮助下,他长期抗击丹麦人,但仍然无法阻止丹麦人入侵。阿尔弗雷德登上王位后,英格兰获得暂时的安宁。他开始组建舰队,改革军队,但几年后,敌人再次越过边境。在敌人优势兵力的压迫下,阿尔弗雷德率部去萨默赛特的沼泽地逃难。阿尔弗雷德在阿塞尔内修筑要塞,并招募了许多英格兰勇士,与敌人最后决一死战。丹麦军队溃败。他的敌人——古瑟罗姆国王求和,同意签署《韦德莫尔和约》,皈依基督教,并承认阿尔弗雷德是韦塞克斯国王,古瑟罗姆则继续据

第8章 诺曼人入侵

有泰晤士河以北的丹麦法区①。

这是新英格兰的雏形,因为从这时起,阿尔弗雷德和他的子孙们确保了韦塞克斯的安全,现在他们决心从丹麦人手中一点点收复失地。首先,在他的儿子长者爱德华的领导下,中部的麦西亚被光复了,丹麦法区的丹麦人承认韦塞克斯国王为他们的君主。后来,韦塞克斯国王攻占了诺森布里亚和苏格兰南部,到10世纪中期,可以说"英格兰从福斯河到英吉利海峡都在一人统治之下"。

收复丹麦法区意味着打败了丹麦人。阿尔弗雷德之所以得到"大帝"的尊号,是因为他勇敢地挥舞着长剑,带领大家共同战斗。阿尔弗雷德是一位成功的军事领袖。在野蛮战争的年代,他洞察到严格的纪律和军事训练的价值。为得到他需要的人才,他增加了大乡绅的人数,大乡绅的性质是充当国王骑士的贵族。同时,他重新组织了"民兵",从此,无须每年秋天派遣大量民兵回家收割庄稼,而是保留大量民兵,平时在田地里劳作,战时拿起武器。

除了改造军队外,阿尔弗雷德还在边界沿线建造要塞,组建舰队。他相信没有哪个伟大的国家是单纯建立在战争的基础上的,所以他制定法律,任命法官。法官如同查理曼大帝时期的钦差,监督法律的实施。他还创办学校,翻译书籍,邀请许多学者到宫中给他周围的人讲解和平的美好。他督促把格里高利主教所著的《牧民职务》和波依提乌在狱中完成的《哲学的慰藉》翻译成盎格鲁-撒克逊语。

阿尔弗雷德大帝说他的理想是"我希望后人能记住我的著作"。今天的英格兰人——盎格鲁-撒克逊和丹麦人的后裔,骄傲而深情

---

① 9世纪,丹麦入侵英格兰东北部后,施行丹麦法的地区称为丹麦法区。——译者注

地怀念着这位"英明的国王""真理的讲述者""英格兰亲爱的"——当时的人对他的称呼。他像查理曼大帝一样,爱国,追寻正义和知识。阿尔弗雷德大帝驾崩后的大半个世纪中,他的子孙继续发扬他的伟大精神。然而,978 年,一个叫埃塞雷斯的十岁小男孩继位,他长大后被称为"不听忠告的人。"

阿尔弗雷德大帝是一位成功的军事领袖,他像查理曼大帝一样,爱国,追寻正义和知识

第 8 章 诺曼人入侵

谴责埃塞雷斯的行为之前，先看看他所面临的重重困难，这样才是公正的。重整旗鼓的丹麦人又开始进犯沿海。国内贵族纷争不断，伯爵或"郡守"纷纷占地为王，即使像阿尔弗雷德大帝一样的政治家也要用尽所有的力量和智慧，才能把这些势力强大的贵族团结在自己的旗帜下，共同抵抗侵略者，而埃塞雷斯是一个软弱、缺乏领

埃塞雷斯是一个软弱、缺乏领导才能的人

导才能的人，他被人们所记住的就是他推广的"丹麦金"的税收政策。"丹麦金"是为了向丹麦进贡，避免丹麦人入侵而征收的一种年度税，但聪明的人应该早就意识到，这样做解决不了问题。丹麦人的胃口越来越大。埃塞雷斯震怒之余，做了更短视的蠢事，下令屠杀境内所有的丹麦人。

这一极端措施通常被称为"圣布里斯节大屠杀"。他的屠杀行为挑起了维京人对英格兰的疯狂复仇情绪。一支装备精良的丹麦军队和另一支在沿海登陆的丹麦军队会师，然后一起进攻盎格鲁－撒克逊国王。埃塞雷斯只好跑到法兰西王国避难，不久之后就死了。丹麦人的领袖克努特篡夺英格兰王位。

克努特有可能摧毁阿尔弗雷德大帝和他的儿子们建立的基业，但幸运的是，克努特不像其他维京人那么鲁莽，为了战争而战争。他是一位卓越的政治家，他筹划的"北海大帝国"正是以英格兰为中心。他保留了一支称为"胡斯农奴"的丹麦护卫军，以确保他的人身安全，执行他的命令。丹麦护卫军靠对新臣民征税维持运转。除此之外，克努特已经完全是英格兰人了。他还特意赠予男修道院和女修道院大量礼物，给英格兰贵族施以恩惠、赏赐土地，接受英格兰的法律和风俗习惯。克努特——丹麦的国王、英格兰和挪威的征服者，急于与欧洲大陆的国家结盟。为了达成这个目的，他到罗马朝圣，博取教皇的同情。为了推动海外结盟，他真的是不辞劳苦。他迎娶了埃塞雷斯的遗孀——诺曼底公爵的姐姐艾玛，来取悦英格兰人，接近法兰西人。

一提到诺曼底，我们就想起北方人的第二次入侵，因为诺曼人和克努特一样具有斯堪的纳维亚人的本性。9世纪时，一些维京人航行到亨伯河和泰晤士河，伺机掠夺或定居；而另一些人像查理曼

第 8 章 诺曼人入侵

大帝一样更喜欢塞纳河、索姆河和卢瓦尔河的港口,他们和早期的英格兰侵略者一样粗鲁、大胆、野蛮。他们所经之处,城镇和教堂成为一片废墟。

"秃头查理"和他之后的加洛林王朝的继任者们无力对付维京人,只有巴黎公国的英雄厄德·卡佩率军英勇抗敌,拯救法兰西王国未来的首都。

克努特是一位卓越的政治家。他保留了一支称为"胡斯农奴"的丹麦护卫军,以确保他的人身安全,执行他的命令

"历史注定会重演。"加洛林王朝的"宫相"取代了墨洛温王朝的国王,加洛林王朝注定经历同样的命运。

987年,"一无是处"的路易五世驾崩,加洛林王朝的最后一位国王把他的王位留给了他的叔叔洛林公爵——查理。查理是一位软弱、挥霍无度的君主,统治时间很短。西法兰克王国北部的贵族不希望王室像英格兰的埃塞雷斯那样,为了和平而贿赂丹麦侵略者,

巴黎公爵雨果·卡佩被拥立为王

于是，他们一致同意废黜查理，拥立厄德·卡佩的后代——巴黎公爵雨果·卡佩为王。兰斯大主教评价道："我们的王冠不是继承来的，是靠智慧和贵族的鲜血换取的。"

第4节 卡佩王朝

不幸的洛林公爵被囚禁并死于狱中，加洛林王朝随之退出历史舞台，而卡佩家族登上了历史舞台[①]，其直系血统的统治一直延续到14世纪。之后，卡佩家族的一个旁支瓦卢瓦家族取而代之，继续统治法兰西王国。

卡佩王朝时期的法国，不像在墨洛温王朝时期，各个部落和种族凝聚在一起；也不像查理曼大帝统治时期，是欧洲国家的一部分，而是像我们今天看到的一样，是一个有着不同利益和风俗习惯的多民族组成的国家。民族融合的进程缓慢。雨果国王和他的继任者只是一片狭小领地的统治者，而不是整个法兰西的统治者。当他们率领庞大的军队远征海外，并取得胜利时，边缘省马上承认他们是领主；但当他们转身返回法兰西时，他们发布的号令完全被忽视或蔑视。

最令巴黎统治者惶恐不安的邻居是诺曼底公爵，他是一位叫"步行者"罗洛的维京首领的后裔。罗洛之所以被谑称为"步行者"，是因为他的身型巨大，没有马可以承载他的重量，只好徒步行走。罗洛在鲁昂建立自己的政权。加洛林王朝末期的统治者"憨直者"查理无法打败罗洛，不得不封给他地，赐给他爵位，希望他能从偷

[①] 史称卡佩王朝。——译者注

猎人变成猎场看守，从制造事端的敌人变成贵族，而罗洛承诺皈依基督教，并承认"憨直者查理"是他的领主。史学家记载，当罗洛被要求亲吻"憨直者查理"的脚趾以示臣服时，一位维京人傲慢地回答道："这样不行。"而另外一位维京人则在同伴的笑声中，把查理从宝座上粗鲁地拉了下来。

这可能只是个故事。事实上，罗洛娶了查理的女儿，住在鲁昂，成为这个半文明国家的模范统治者，支持教会，维护法律秩序。据说，他把一个硕大的手镯挂在树上，之后就忘记了，但这个手镯三年没人敢偷。

第5节 征服者威廉

诺曼底公国的统治者几乎个个头脑精明，体格强壮，野心勃勃，骁勇善战，但他们中最突出的当属威廉，他是"魔鬼"罗伯特公爵的私生子。威廉和他的斯堪的纳维亚祖先一样不安分守己。他觉得自己的公国太小了，无法施展他的宏图大志，而此时的英格兰统治者是"忏悔者"爱德华，他是埃塞雷斯的儿子。克努特的两个儿子死后，爱德华夺得了王位。他是个软弱无能的国王。因此，威廉确定英格兰就是他征服的方向。事情朝着有利于威廉的方向发展。"忏悔者"爱德华从小生活在诺曼底，继位后一直没有子嗣。因此，他非常愿意让威廉继承他的王位。

"忏悔者"驾崩后，英格兰的英雄——撒克逊人哈罗德马上宣誓登基。哈罗德是显赫的戈德温家族成员。这个家族长期控制着英格兰南部的大片土地。

但不幸的是，英格兰北部和中部主要由莫克利家族和其朋友们

哈罗德在约克那的斯坦福德桥战役中成功击退丹麦人

控制。莫克利家族对危险的对手戈德温家族的憎恨超过了对诺曼人入侵的恐惧。因此，莫克利家族没有实质性抵抗诺曼人入侵。

哈罗德在国内遭各方嫉恨。此时，他听说诺曼底公爵威廉已经在南部沿海登陆。哈罗德刚在约克郡的斯坦福德桥战役中成功击退丹麦人。因此，他马上率军南下，但途中他的军队不断减员，有些人携带缴获的丹麦战利品偷偷地跑了，有些人跑回家收庄稼去了。

逃兵们可以宣称他们遵循了基督教父的建议，因为教皇格里高利七世曾赠与威廉祝福的旗帜，而谴责哈罗德是伪君。

格里高利七世生气的原因是哈罗德未经他的同意，任命他人担任坎特伯雷大主教，而且狡猾的威廉对格里高利七世说，哈罗德年轻时曾在诺曼海岸战败，对着圣物发誓他永远不会夺取英格兰的王冠。哈罗德曾是威廉的囚徒，正是因为他的誓言，他才被释放，返回自己的祖国。

虽然年代太久远了，事件的真相无法追溯，但我们知道，哈罗德在怀疑的阴影下作战，他的勇敢以及兄弟朋友们的帮助都无法扭转他失败的命运。此时，他带领军队站在龙旗下，在森拉克旷野与纪律严明的诺曼军队相遇。英格兰军队的弓箭手和步兵沿着山坡组成人墙，岿然不动。威廉的军队无法克敌，就设置了陷阱，然后转身假装逃跑。最后，计谋果然得逞。撒克逊人欢呼着跑下山坡，追击诺曼军队。没想到的是，诺曼军队把英格兰军队团团包围。英格兰军队大乱，只有哈罗德和他的近卫军奋力杀敌。一支箭射中哈罗德的眼睛，他倒地身亡。战斗结束了，诺曼底公爵威廉成为这片土地的主人——英格兰的统治者。

我们王国的龙旗在这里升起：

诺曼军队把英格兰军队团团包围

一支箭射中哈罗德的眼睛,他倒地身亡

第 8 章 诺曼人入侵

受到诺曼人诽谤的国王在这里战斗、倒下。

哦，英格兰人的鲜血浇灌了花园。

哦，时间治愈了仇恨。

现在我们一起散步，

而八百年前我们怒目而视。

这是阿尔弗雷德·坦尼森[①]的诗《贝特修道院》中的名句，反映了丹麦人和撒克逊人已经融合为一个民族，诺曼入侵者与他们的后裔不断融合，历经几代后，威廉和哈罗德竟同时成为民族英雄。

第 6 节 末日审判书

征服者威廉令被征服者胆战心惊。1069 年，英格兰北部发生暴乱，他疯狂镇压，大肆屠杀，纵火焚烧，使亨伯河到蒂斯河的区域变得荒芜。诺曼的男爵和英格兰的伯爵因为挑战威廉的统治，通通被扔进地牢。在撒克逊人看来，比威廉的残忍更令人恐惧的是他的政策。威廉下令汇编国家所有资产，汇编而成的文件被称为《末日审判书》。它详细记录了教俗地产情况，每个村庄的地产面积，甚至每个庄园的牲畜数量，"调查内容非常细致，没有漏掉一块地、一头牛、一只羊和一头猪"。

可以看出，征服者威廉无论在战时还是和平时期做事都很细致，因此他赢得了新臣民的尊敬。克努特驾崩后，英格兰要么内战不断，

---

① 阿尔弗雷德·坦尼森（Alfred Tennyson）

要么统治者懦弱无能，百姓不断遭受贵族欺压，而诺曼征服后的结果是，英格兰现在只有一个独裁者，而不是许多施暴政者。百姓们欢迎这种变化，因此中下层阶级就会帮助这位外来君主共同对付躁动不安的贵族阶层。

以下是征服者的敌人——盎格鲁-撒克逊修道士记载的一段历史，内容与征服者威廉有关：

> 如果有人想知道威廉国王是什么样的人……我们就会把他描述成我们知道的样子……威廉国王……是一个睿智而伟大的人，比他所有的前任更强大、更令人尊敬。他对热爱上帝的人温文尔雅，但对违逆他意志的人残酷无比……他是一个严厉而易怒的人，所以无人敢忤逆他的意志；抗旨的贵族一律被囚禁，主教被赶走……最终他的哥哥厄德也没能幸免。
>
> 威廉统治时期，英格兰社会秩序井然，人们可以携带金子到处旅行而不必有任何担心。无论彼此仇恨多大，也不会相互残杀。

这位史学家还说，征服者威廉时期的和平是他通过独裁统治换来的。

> 这一时期也有许多困苦和麻烦……他建造城堡，压迫穷人……他贪婪无比。他为养鹿圈占了大片森林，并制定相关法律。所有猎杀驯鹿的人都要被挖去眼睛……他喜欢站在高台上，享受高高在上的感觉。他甚至对释放哪些野

征服者威廉。"他是一个睿智而伟大的人,比他所有的前任更强大、更令人尊敬。"

兔都要指手画脚。富人抱怨，穷人咕哝，但他很强势，根本不予理会；人们要想活，就得顺从他的意志……唉，无人像他这么自高自大，愿万能的上帝拯救他的灵魂！

1087年9月，征服者威廉驾崩。修道士的这段话写于他驾崩之后。征服者威廉没有因战胜敌人而为维京人的祖先增光添彩，却因与他的子嗣进行夺权斗争增添了几分不光彩。他镇压了长子罗伯特在法兰西人支持下发动的叛乱。他的次子威廉·鲁弗斯继承了王位，进一步巩固了诺曼人在英格兰的统治。

诺曼人的冒险精神驱使他们从丹麦和斯堪的纳维亚来到英格兰和法兰克的海岸，出于同样的原因，生活在法兰西的诺曼后裔跨过英吉利海峡进行新的征服。而在11世纪，其他诺曼人则选择南下而不是北上。他们名义上是去罗马或耶路撒冷的圣墓教堂朝圣，但他们发现美丽的西西里岛已经被穆斯林占领，而意大利南部四分五裂，纷争不断，无法形成统一联盟抗击敌人，就认为这是一个机会。于是，诺曼人的想法自然而然地就变成了征服。

第7节 意大利的诺曼征服

意大利人这样描述诺曼人："他们狡猾，报复心强，急切寻找财富和土地，鄙视自己拥有的，渴望得到没有的。"意大利人对诺曼人的了解是用痛苦的经历换来的。因为不了解诺曼人，所以意大利南部的东罗马帝国总督乔治·马尼科斯，请求诺曼人帮他从撒拉逊人手中夺回西西里。诺曼人同意参战，夺回了大片土地。但在分配战利品时，双方发生分歧。诺曼人盛怒之下入侵了阿普利亚省，

第8章 诺曼人入侵

并建立国家，建都梅尔菲。

新国家的君主叫欧特维尔的威廉，他和他的几位哥哥曾是意大利远征的首领。

"只要看到邻国的土地，欧特维尔家族的人就想据为己有"，他们家族的传记作者说。一旦树立目标，威廉和他无数的哥哥必会齐心协力完成。即使在中世纪，想要攫取他人的财产，也得经过斗争。幸运的是，欧特维尔家族具有最终赢得斗争、获得所觊觎财产的能力。

从查理曼大帝时代起，圣彼得教廷对拉文纳的管辖权就确认了。此时，教皇利奥四世忧心忡忡地注视着意大利的入侵者，他想与东罗马帝国结盟，消灭嚣张跋扈的篡权者。虽然结盟成功了，但在奇维塔特战役中，教皇的联军战败，教皇也差点儿被俘。

此时，诺曼人开始使用外交策略，所以意大利人说他们很"狡猾"。诺曼人马上宣布他们无意与教皇交战，祈求教皇的原谅。他们得到了教皇的宽恕。几年之后，经过罗马执事、后来的教皇圣格里高利七世希尔德布兰德的斡旋，诺曼人签署了条约，承认教皇尼古拉二世是他们的领主，而教皇承认诺曼人征服的领地。双方对此都很满意：教皇尽管对诺曼人没有约束力，却拥有了一个附庸国；而在欧洲人眼中，诺曼人的统治具有了合法性，但没人知道这为子孙后代留下了隐患。

欧特维尔家族正式登上历史的舞台，日益强盛。威廉死后，他的弟弟罗伯特继位，被称为"吉斯卡德"或"聪明人"。罗伯特强迫希腊总督和南意大利各独立国家的君主放弃他们的财产。他甚至准备发动战争，进攻东罗马帝国。幸亏他死了，这场战争才避免。

罗伯特建立了阿普利亚公国，他的侄子西西里伯爵罗杰二世继承了他的治国才能和强大兵力。罗杰二世诱使教皇同意将意大利大陆和岛屿统一起来，形成联合王国。此后，罗杰二世成为那不勒斯国王。"他坚持正义，犯罪必究，憎恨撒谎……从不凭空许诺，从不迫害私敌，发动战争尽量避免流血牺牲。国民普遍遵纪守法。"

　　罗杰二世显然比威廉一世更文明、更有教养。他们都表现出建立和维护秩序的才能，这似乎与他们野蛮的祖先很不一样。他们头脑清楚，意志坚定，敢于冒险，善于经营，正是中世纪早期的诺曼人促使欧洲摆脱了"黑暗时代"的落后和压抑。

第9章

封建主义和修道主义

第1节 封建主义

在历史进程中,人类总会逐渐发展出某种形式的联系以确保共同利益,这些形式可能是阿拉伯人的部落,部落为其成员的行为和过错承担责任;也可能是"村委会",如沙俄的"米尔",长者为年轻村民制定法律;也可能是如塔西佗所述的,一群日耳曼酋长乘着月色,围坐在篝火旁制定法律。

与原始的部落形式相比,奥古斯都和他的继任者们组建的政府管理形式更精密、更复杂:有专制的皇帝、无数的官员、富可敌国的议员、挣扎着的库里亚、奉命驻扎从英格兰到幼发拉底河广大疆域的军团。罗马帝国灭亡了,它的政府也如房屋倒塌般崩溃了。蛮族征服者以意大利和罗马各行省的法律为基础,加入自己的风俗习惯,合并演化出新的法律,但这些法律如果缺少相应的实施办法,就无法抵御侵略,也无法保护商人和农民的合法利益。

中世纪有时被称为封建时代,因为在这一时期,欧洲几乎所有的国家都采用封建主义的方法处理公共事务。关于封建主义,有两点要记住:第一点,封建主义不是突然出现的,而是源于罗马人和

佃农为领主地播种、收割庄稼、喂养家畜

蛮族的旧理念。第二点，封建主义与人们对土地的观念紧密相连。这是顺理成章的，因为土地如同空气和水，是人类生活的必需品，因此，政府面临的第一个问题就是土地的耕种和食物的分配。

封建主义认为，归国家所有的土地首先属于国王。国王无法亲自管理和耕种土地，就以"采邑"的形式把土地分配给主要的王公贵族，并承诺保护他们。贵族们也要承担相应的义务。古罗马时期的"庄园"就采用这一制度，奴隶主为佃户提供保护，使他们免遭抢劫和重税；雇用他们耕地播种、收割庄稼、建房搭桥。

中世纪的佃户还要服兵役。当国王需要时，佃户就和骑兵、弓箭手一样全副武装。因为要参军，他们的土地就分配给其他佃户；下次，同样的方法适用于其他佃户。这种制度被称为"领地分封"。因此，整个社会呈金字塔形，国王处在金字塔的顶端，国王之下是

第 9 章 封建主义和修道主义

直属封臣,直属封臣之下是各级、各层佃户。

让我们看看金字塔最底端的人群,他们既无战马,也没武器,无法战斗。他们当然也没有士兵可借给领主。他们就得不到土地吗?

罗马"庄园"的最底层是奴隶,他们没有任何权利,甚至无权支配自己的身体。封建社会金字塔的最底层是"农奴",他们本是自由民,居住的土地归他们所有,但在封建制度下,他们失去了自由,依附于土地。如果土地被转租或卖掉,土地上的农民连同土地上的树和草就一起被转交给新主人。农奴虽然不需要舞枪弄棒,参加战斗,但需要在土地上劳作,修建桥梁和城堡,平整道路,看家护院。

封建社会的金字塔"制度"固化了不同的人的权利和义务,但这不是维持社会稳定的唯一途径。佃农宣誓效忠土地时,他们"脱去帽子,解开腰带,放下佩剑",把双手放在领主的两手之间发誓,和韦塞克斯王国的乡绅对国王起誓的方式一样,"爱他所爱的,躲避他所躲避的",确立奴仆对主人的效忠关系。据塔西佗记载,日

封建社会的金字塔"制度"固化了不同的人的权利和义务。佃农们被束缚在土地上,为领主收割庄稼

耳曼部落早已沿用这样的制度，酋帅的职责是率领和指引，随从必要时为主人赴死。

　　简而言之，封建主义就是基于土地占有的社会制度，一个人的法律地位和社会职位主要由他所占有的土地状况决定。这种制度普遍存在于社会各个阶层。

　　中世纪的主要封建势力之一是教会。虽然修道院院长和主教不会亲自参战，但他们有人数众多的俗世佃农，战时要为国王或领主而战。一些佃农的土地是教会提供的，还有一些人拥有土地，但为了得到当地修道院或教会的保护，自愿放弃土地所有权，成为佃农。然而，教会持有的大部分土地不是通过军事或强行征用获得的，而是通过精神服务获得的，称为"免费捐赠"，也就是通过为捐赠者的灵魂祈祷获得土地。土地所有者希望以他的墓地作为虔诚的礼物奉送给上帝；犯了罪的人相信只要把财产交给教会，他的错误行为就会得到上帝的宽恕。总之，基于类似的原因，一些人的土地就转由教会持有。通过这种方式，教会积累了大量的庄园和捐赠金，摆脱了世俗的土地债务。在欧洲，许多个体甚至整个村庄和城镇都通过这样的方式寻求国王、大地主、修道院院长或主教的保护，而他们则需要支付租金、提供服务或缴纳货物过路费给保护者。

　　在军队和警察不存在的年代里，封建主义鼎盛时期的制度为弱者提供了保护。即使这种制度日渐衰落，日益腐朽，仍然成为超越日常生活的理想，得到忠诚拥护，并随着文明的发展以及教会的影响，从一颗信仰高贵的种子茁壮成长为骑士制度的鲜艳花朵。

　　　　我让他们把手放在我的手上发誓，
　　　　对国王忠贞不渝，

佃农们深受封建土地制度的束缚,寒冬时节也要为领主劳作

忠于他们的良心，

消灭异教徒，维护基督教。

骑马行走天下，矫正人类恶行，

不诽谤，不信谣，

视他的话为上帝神示，

在纯真中过着甜蜜的生活。

这是乔治·坦尼森描述的亚瑟王的骑士所发的誓言，他们和查理曼大帝的圣骑士都是中世纪梦幻传奇的主人公。10世纪早期，统治东法兰克王国的"捕禽者亨利"国王[①]制定了骑士制度。当时的骑士队伍实际上是由"捕禽者亨利"的弟弟们和大贵族的儿子们组成的近卫军。得到佩剑、成为骑士之前，这些被授予骑士头衔的候选人都要发四个誓言：第一，说出真相；第二，忠实地服务于国王和教会；第三，决不伤害女人；第四，勇敢面对敌人。

骑士中很多半野蛮的年轻剑客或许随意就违背了自己的誓言，但也有人把誓言铭记在心，忠实恪守，构成了理想的骑士精神。因此，那个野蛮而残酷的年代也会有些许温暖和怜悯。理想的骑士精神影响力不断扩大，影响着未来的人们，虽然有时会被那些所谓最明亮的镜子所歪曲，但欧洲从未丧失这种精神。于是，强国经常维护、保护弱国的利益，男人不惜付出生命保护受欺压的妇孺。

封建主义的邪恶大于美好。从军事方面讲，这个制度为国王提供了军队，但一旦一个直属封臣要造反，宣誓效忠领主、附着在土

[①] 即亨利一世。——译者注

第 9 章 封建主义和修道主义

地上的农民就必定会忠于领主,而不是国王。因此,国王唯一可以依赖的力量是王室领地的封臣。

在封建社会,王室领地的法律和秩序由直属封臣维护,于是许多拥有绝对权力的小统治者诞生了。农民犯罪由领主的管家或代理人在领地法庭审判,按他们的意志,农民被处以死刑或缴纳罚金。只有查理曼大帝时代是例外,钦差被派往各领地巡视,纠正执法不当的地方。对佃户和农奴来说,只有领主的公正或不公正似乎才是真实存在的,而国王的法律则是一种模糊而遥远的东西。

诺曼底公爵征服者威廉就曾和他的领主——法兰西国王的权力比肩。来到英格兰后,征服者威廉决心削弱封地伯爵的权力。1086年,他召集英格兰所有拥有土地的人在索尔兹伯里开会,在会上要求他们宣誓向他效忠。征服者威廉威严强势,所以伯爵们都能遵守

骑士中很多半野蛮的年轻剑客或许随意就违背了自己的誓言,但也有人把誓言铭记在心,忠实恪守,构成了理想的骑士精神

誓言,否则就会受到惩罚,但在征服者威廉的外孙史蒂芬①统治时期,史蒂芬因为英格兰王位而与亨利一世的女儿玛蒂尔达之子安茹伯爵亨利争吵不休。为了获取贵族的支持,史蒂芬赠送礼物,选择妥协。于是,封建主义的"恶习"四处蔓延。

盎格鲁-撒克逊的历史学家说:"他们虽然宣誓效忠国王,但并不遵守誓言……富人修筑城堡防止底层农奴造反。于是,土地上城堡林立……他们日夜抓捕藏匿私有财物的人,夺取他们的金银,把他们扔进监狱,用难以形容的痛苦折磨他们……我无法一一描述他们实施的残忍的酷刑,这种状况持续了十九年。史蒂芬成为国王后,情况恶化了。"

史蒂芬软弱无能,忙着应付内战,政府管理一塌糊涂。然而,如果我们把目光转向13世纪的蒙圣迈克尔修道院,其领地上的农民们过着正常的生活,我们就知道为什么封建金字塔底层的卑微的佃户们要缴纳许多钱物寻求领主的保护了。

> 6月,农民必须割草,堆垛,把干草扛到庄园……8月,他们必须收割庄稼,把修道院的粮食和自己的粮食放在风雨中晾晒……在圣母圣诞节②,佃农上交定额猪肉,比例是八分之一……圣诞节上交定额优质禽肉……圣枝主日③上交定额羊肉……复活节必须犁地、播种、耙地。只要修道院建造房屋,佃农必须扛石头,服务庄园……给修

---

① 史蒂芬1135年继位,统治英国十九年。——译者注
② 圣母圣诞节是天主教、东正教节日,是纪念所传圣母马利亚的诞生日。教会规定于9月8日举行,但因历法不同,东正教的9月8日常相当于公历9月20日或21日。——译者注
③ 圣枝主日也称棕枝主日、基督苦难主日(因耶稣在本周被出卖、审判,最后被处十字架死刑),是圣周开始的标志。——译者注

道院拉木头一日只能赚两尼尔[①]。如果卖掉自己的土地,农民须交给领主土地交易金的是十三分之一。如果把女儿嫁到庄园以外,他要交纳罚金。他必须用庄园的石磨磨麦子,用庄园的烤炉烤面包,领主收取的费用很高。

当然,中世纪的农民几乎没有时间哀叹自己的不幸,他们唯一渴望的就是他们的家免遭火灾和抢劫,他们的家人免受饥饿的困扰。

战争就是封建世界的法则。在整个欧洲,涌现出许多护城河环绕的城堡,城墙环绕的城镇和村庄,这些都是中世纪社会动荡的见证。当然,在某种程度上,这种暴力的氛围也很有吸引力。

> 大人!我渴望战争,
> 和平让我痛苦,
> 教义不再束缚我,
> 星期一,星期二——在您需要的任何时间,
> 一天、一星期、一月、一年,对我而言,都一样。

12世纪,普罗旺斯的伯爵们这样吟唱。我们在13世纪末期的西班牙也发现类似的倾诉,一位贵族面对胜利和战利品表现出快乐,同时叹息道:"如果卡斯提尔[②]有很多国王,我也应该成为他们中的一员。"

[①] 尼尔是法国旧银币。——译者注
[②] 卡斯提尔是西班牙历史上的一个王国,由西班牙西北部的老卡斯蒂利亚和中部的新卡斯蒂利亚组成。它逐渐与周边王国融合,形成了西班牙王国。——译者注

6月，蒙圣迈克尔修道院领地上的农民割草，堆垛，把干草扛到庄园

正在用庄园的烤炉烤面包的农民

第 2 节　上帝休战期

教会竭力反对这种无政府状态,因此在不同场合宣传"上帝休战期",类似于阿拉伯人的"圣月",即规定在某些季节从周三到下周一,如基督降临节[①]或大斋节,在教会的监督下完全停战,不得骚扰牧师、劳工、妇女或儿童。

这类改革的缺陷在于缺乏相应的实施机制。以牺牲多数人利益为代价的封建制度继续蓬勃发展,甚至冒险到海外寻求利益,如十字军东征,它吸纳了许多支持者,想要建立以文明和人道为基础的新社会,这似乎表明政府必须在教训中成长,而对于统治者来说,这是很痛苦的经历。

第 3 节　修道主义

研究封建主义必须了解中世纪的物质生活,不理解修道主义就无法理解中世纪的精神生活。是什么诱惑世人——不仅是几个虔诚的灵魂,而是从贵族到农奴成千上万的人——为了修道院而舍弃世界,而且他们不后悔做出这样的牺牲,并虔诚地坚守自己的选择。如果我们能理解中世纪的思想,就能找到问题的答案。

修道主义发展的早期,当神父们寻找适合隐居的密室时,我们发现,异教徒社会的野蛮和欲望正在逐渐消逝。人们坚信,接近上帝的方法就是将世界拒之门外,坐柱者西蒙希望无知的人看到他的

[①] 降临节是基督教重要节日。教会规定耶稣复活节 50 天后的星期日为圣灵降临节,故又称"五旬节"。——译者注

第9章 封建主义和修道主义

自我忏悔，能够思索未来的天堂和地狱。在罗马帝国灭亡后的黑暗时代，这种思想继续激励着狂热的基督徒。当欧洲表面上皈依天主教时，隐士们想要逃离的不是异教思想，而是所谓的基督徒们的嘲笑。腐朽的罗马帝国、伟大的君士坦丁或查理曼大帝、狡猾而残忍克洛维、冷酷自私的封建男爵和诺曼冒险家都以基督的名义发动战争，这些都违背了基督福音宣扬的守贫、温和、兄弟般情谊的精神。

就连一度被教会高高举起的理想之光，也开始变得暗淡无光，因为人们已经习惯容忍罪恶。在蛮族入侵中长大的牧师把粗俗和暴力看作生活的一部分，因此，牧师的道德水准有时比教区居民稍高一点儿，有时同他们一样，有时甚至在他们之下。

然而，就教会而言，它面临的最大危险不是所遇到的艰辛，而是繁荣。在中世纪，主教是教区纪律和福利的监督者。不过，他们所拥有的权力和影响力使他们成为世俗统治者的仆人而不是上帝的仆人。与普通大众相比，神职人员受教育程度高，自律性强，同时因为不允许结婚，也少了家庭的羁绊，所以他们经常被国王选中治国理政，从他们的行政能力和忠诚度来讲，国王的选择是明智的，但赋予教会政治权力的影响是灾难性的。

主教们拥有的巨额财富使他们成为封建贵族，而主教也成为行政管理的职位之一。昏庸的国王可能将主教的职位赐予他最青睐的人，或把职位卖给品行不端但出价更高的人。因此，使徒们最初强烈谴责这种新罪行——"买卖圣职罪"或"圣物交易行为罪"。罪行背后隐藏的是对财富和权力的贪婪。成为封建贵族的主教开始对牧师犯罪不闻不问，也不会花时间去提升神职人员的德行。

主教的这些行为不仅让世界感到恐惧，还遭到教会的谴责。他们离普通人越来越远，离上帝越来越远。在修道主义发展的早期，每位隐士都遵循自己的祈祷和自律方式。他们周围聚集了一批信徒，信徒有选择留下或另树一帜的自由。因为管理制度缺乏，所以极端的狂热主义或慵懒的无所作为经常出现。

第 4 节 圣本笃

6 世纪，一位意大利的修道士努西亚的圣本笃为他的信徒制定了一系列的规章制度，命名为"本笃会规"，成为所有西方基督教国家修道院生活的准则。圣本笃要求道修士们有十二个月的见习期，考验他们对不断自我牺牲的隐修生活的适应力；见习期满后，如果

圣本笃

第 9 章 封建主义和修道主义

圣本笃要求修士们遵守会规

新人仍然意志坚定,不改初心,就同意接收他为修道院的一员,但他要发誓遵守守贫、顺从和贞洁三条准则。这三条准则与中世纪盛行的贪婪、动荡和欲望刚好对立。这些誓言之外,还增加了体力劳动的义务——每日除了背诵祷文,还要劳动七小时。

虔诚的本笃会教徒至少从未被指责过懒惰。与修道院外的牧师相比,他们更严格地遵守着生活戒律,从而深深地影响了欧洲文明。

有时,人们会轻蔑地指责中世纪的修道士们选择风景宜人的地点建立豪华住宅。因为水是生活必需品,修道士们当然一般选择在河湖周围建修道院。他们建立的教堂和修道院现在成了世界建筑的奇迹,但其中不少最初只是建造在沼泽地上的小木屋。圣本笃的信徒们用石头取代了木头,把沼泽变成了花园和农田。

蛮族或封建的无政府主义者到处焚烧和破坏,中世纪的修道士则把贫瘠的土地变成了牧场或良田。正如除草、播种、耕种是修道士对上帝要尽的部分义务,帮助周围的穷人劳动,在修道院为无知的人传播知识和文化也是其应尽的义务。修道院是中世纪生活的中心,而死亡是城堡生活的中心。在安静的隐修室,修道士成为历史学家。抄写员小心翼翼地抄写着破损的手稿,书稿装裱者细心地描绘着那个时代的画卷。化学家调制出奇异的药水,让修道士的书稿重新焕发出神奇的色彩。

"对我们来说,生活在这里是一件好事。在这里,人们的生活更纯粹,很少退缩,直面困难,行走谨慎,休息安定,易于宽恕,回报丰厚。"这是修道院的改革者圣伯纳德所说的话,他的理想就是中世纪人们对美好生活的理解。修道院是信徒们可以虔诚祷告的家,是在动荡的世界中无法实现理想的学者和艺术家的避风港,是蔑视或恐惧战争的人们的避难所。封建伯爵会暂停争吵,虔诚地为修道院送上礼物,为他崇拜的信仰敬奉贡品。后来,伯爵也许会像土地上劳作的农奴一样进行忏悔,到修道院寻求灵魂的救赎。中世纪的一位德意志人说:"在修道院,你会看到伯爵在厨房做饭,总督出去喂猪。"

修道主义崇尚兄弟般的情谊,人不分阶级,都是平等的。但修道院也像教会一样,被大众的热情推入诱惑的深渊。我们看到,很多人是出于其他原因,而不是对上帝的虔诚进入修道院。本笃会会规再严格,修道士犯了罪可能也不会被追究,因为此时的修道院院长已不再是圣人,而是像主教一样,成为拥有世俗利益的封建地主。这样一来,邪恶和懒惰就像田旋花①一样在修道院四处盛开。

---

① 田旋花,一种草本植物,原产于欧洲南部。——译者注

第 9 章 封建主义和修道主义

在整个中世纪，修道院也出现过腐败和衰退，之后便是一波波的改革和尝试。最终，十字架再次作为祭祀的象征被高高举起，成为更多人的精神信仰。

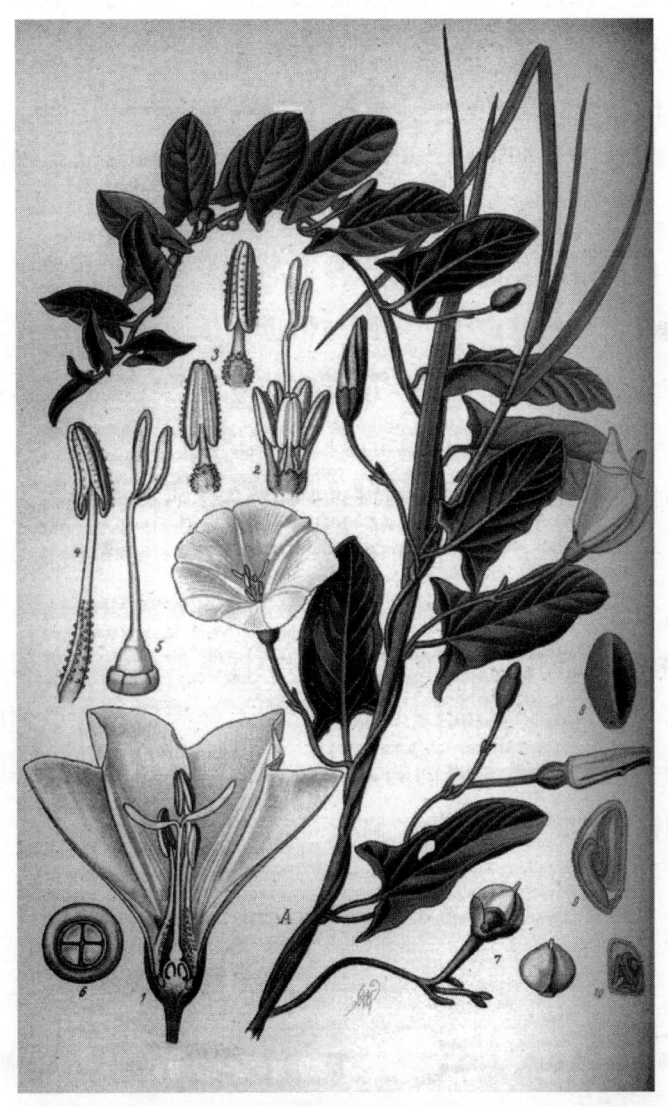

田旋花图解

第 5 节 克吕尼奠定的基础

910 年，克吕尼修道院在勃艮第建成，随后确立了改革后的本笃会的规范。修道院不再由教皇直接控制下的地方主教管辖；修道院员长不仅是克吕尼修道院院长，也是整个欧洲服从本笃会会规的各修道院的院长。

此后不久，其他道修会相继建立了，其中就有加尔都西会[①]和熙笃会[②]。

在对抗世俗欲望的过程中，早期的加尔都西会的修道士，譬如查尔特勒修道院的修道士，不断与俗世享乐做斗争，一年有八个月严格禁食；一日一餐，独自安静进食；终生严守静默，只在每周六聚谈一次。这就是他们艰苦生活的真实写照。

熙笃修道院位于今法国南部，以创建的地点而命名。熙笃会希望创建一种生活在俗世但脱离俗世的修行模式。身着白色长袍的"白衣修士"在不毛之地建造房屋。他们建造的教堂和修道院至今仍堪称建筑奇迹。他们因"惧怕"钱财，不肯佩戴金银十字架，也不穿刺绣服饰。熙笃会的任何一个修道士都不会为钱而背诵弥撒，也不会为钱而去治愈灵魂。他们的双手必须为微薄的食物而辛勤劳作，并要时刻铭记感谢上帝，为了修行而完全放弃自我。

---

① 加尔都西会是天主教隐修院修会之一，又称"苦修会"。因创始于法国加尔都西的山中而得名。——译者注
② 熙笃会是罗马天主教修会，又译"西多会"。1098 年，熙笃会在法国第戎附近的勃艮地的森林里建立。——译者注

910年,克吕尼修道院在勃艮第建成,不再由教皇直接控制

早期的加尔都西会的修道士终生严守静默，只在每周六聚谈一次

熙笃会希望创建一种生活在俗世但脱离俗世的修行模式,"白衣修士"的双手必须为微薄的食物而辛勤劳作

第 6 节 圣伯纳德与克莱尔沃修道院

熙笃会最重要的圣人是伯纳德,他是一位勃艮第贵族。1115 年,他在克莱尔沃建了新修道院,他成为中世纪思想的引领者。二十岁时,

圣伯纳德是熙笃会最重要的代表之一,后成为中世纪思想的引领者

第9章 封建主义和修道主义

他带领着他的亲戚、朋友等一群人出现在熙笃会修道院门前，说服他们一同进入修道院。圣伯纳德最鲜明的特点就是能影响他人，并敢于使用这种影响力。了解他的人都说，"他善于和不同的人交谈，他和当地人交谈，人们误以为他是土生土长的当地人；他和其他领域的人交谈，人们以为他是这一领域的从业者；他随时调整自己，只为让更多的人亲近上帝。"

这些话蕴藏着圣伯纳德的使命和成功的秘密。他雄辩，却从不为自己辩护，那些想要批评他的人也为他的真诚所折服。他严于律己，宽厚待人，愿意接受责备，随时承担最卑微的任务，但他对阻挠上帝旨意的人或事却异常凶狠，毫不宽容。

他给一位想要逃离克莱尔沃修道院严苛生活的年轻修道士写信说："我为你叹息，我的孩子，杰弗里，你听从上帝的召唤，怎么能转身跟随魔鬼？在深渊吞噬你之前，在你的手脚被束缚在外界的黑暗之前，回头吧……脱离死亡的黑暗。"

圣伯纳德给法兰西君主写了一封谴责信。信是这样结尾的："哦，国王，生活在你的国家是多么可怕的一件事。"他的无畏吸引了欧洲许多重要的牧师和政治家到克莱尔沃修道院的密室修行，学习上帝的旨意。

在修道院，圣伯纳德宣扬第二次十字军东征，改革教会暴行，废黜一位伪教皇，谴责异教徒。他怀疑人类的理性，试图摆脱早期基督教思想的教条主张。他代表了那个时代的狭隘观点，但他热爱上帝。他宣扬的人道焕发出一种精神魅力，像一根金线穿越中世纪冷酷和背叛的思潮。

"不要哀叹，"他对一位新修道士的父母说，"他和上帝在一起，你们并没有失去他，而且通过他，你们会得到更多的儿子，因为所有克莱尔沃的修道士都会把他当作兄弟,把你们当作父母。"

对圣伯纳德而言,自我放弃意味着自我实现。放下世俗生活,寻找更纯洁更充实的生活,这就是修道主义的理想。这种理想总是被意志不坚定的追随者误解和怀疑,但这种理想也成为圣人的荣耀。

第10章
授职权问题

在"斯特拉斯堡誓词"中,我们还有可能分清两个新建立的国家——西法兰克王国和东法兰克王国,但与其邻国不同的是,东法兰克王国乃至后继的德意志王国在整个中世纪都处于诸侯割据的状态,而不是一个统一的国家。

缺乏统一的政策和利益的原因之一是,尽管查理曼大帝征服了撒克逊人和日耳曼人,但没有将二者整合为一个民族。在查理曼大帝的继任者统治时期,不同民族的人仍旧各自认为自己是撒克逊人、法兰克尼亚人、巴伐利亚人,而不是德意志人。此外,波西米亚人重新成为异教徒,彻底回归野蛮。

封建制度加剧了这种分裂,因为直属封臣的叛乱都依靠本领地的支持,所以就不难理解,如果德意志王国像欧洲其他国家一样发生统治者和封建贵族的斗争时获胜的为什么都是贵族了。

如果国王的实力非常强大,并给予重视,这个问题或许就解决了,比如征服者威廉就曾成为整个德意志王国的统治者。但不幸的是,德意志王国从未摆脱外来战争的困扰。诺曼人在法兰西海岸登陆时,德意志王国也受到丹麦人、斯拉夫人和匈牙利人的威胁。这些野蛮人每年进犯边境,甚至向西深入莱茵河,大肆掠夺。

外来威胁不断降临，德意志王国的君主不得不依靠各诸侯国的军事力量防御边境，甚至被迫在北部和东部边界建立了名为"马克"的大庄园，作为防御性要塞。这些庄园的贵族统治者拥有很大的独立权。现在的普鲁士就曾是勃兰登堡的马克，用以抵御斯拉夫人的入侵；东部的奥地利马克抵挡巴伐利亚人和匈牙利人；石勒苏益格马克用来抵挡丹麦人。

造成割据的另一个原因是，10世纪早期，加洛林王朝结束了在德意志的统治，大家纷纷推举各诸侯和公爵为国王。如果选民能做出诚实的选择，这种做法完全可行，但选举却成了封建贵族的武器，拿来与未来的统治者讨价还价，所以贵族们往往推举一个软弱的统治者，以便随时能推翻他的统治。

第1节 亨利一世

德意志王国第一位当选的君主是法兰克尼亚人康拉德一世[①]。在他统治期间，封建制度进一步发展，诸侯割据加剧了。康拉德一世临终时，考虑到国家的利益，真诚地表达了自己的愿望。他说："我知道没有人比我的敌人亨利更适合这个王位。我死后，把王冠、圣矛、金臂章、宝剑和国王的紫披风都给亨利。"大臣们听从了他

---

① 康拉德一世（Conrad I，约881—918），911年成为东法兰克国王。他在位期间，王权影响力微弱，甚至不如萨克森公爵、士瓦本公爵和巴伐利亚公爵。临终时，他劝说其弟埃贝哈德放弃继承王位，推举他的老对手萨克森公爵亨利（后来的亨利一世）为国王。此举大大推动了东法兰克王国向奥托王朝的德意志王国转变。该事件是划时代的，成为中世纪列国争雄的拐点。——译者注

第 10 章 授职权问题

的意见，在山上找到了正在猎鹰的新统治者——"捕禽者亨利"。亨利成为德意志王国的君主和民族英雄。

在与入侵者不懈的抗争中，亨利一世想起了盎格鲁－撒克逊人阿尔弗雷德大帝。像阿尔弗雷德大帝一样，一开始敌人来了，亨利一世被迫逃跑，他向匈牙利人支付大量贡金换得九年的和平，这让公爵们非常厌恶。但当敌人撤退以后，亨利一世马上开始建造城堡或要塞，并在城堡内驻扎军队，由领主指挥。这些城堡都建造在边界附近。为了寻求安全住所，附近居民纷纷来到城堡周围定居。因此，城堡周围逐渐出现了一些村庄和城镇。

"捕禽者亨利"

匈牙利人再次向亨利一世索取贡金

到第十年,匈牙利人又来索取贡金,但这次亨利一世命令把一只死狗扔到匈牙利人的脚下。

亨利一世喊道:"这就是你们的主人能从我这里得到的东西。"如他所料,他的回答激怒了匈牙利人。匈牙利马上派兵进犯,但没能像以前一样肆意抢掠村庄,而是发现城堡、要塞防御坚固,供给充足。他们既无法攻克,也无法安全撤退。最终,匈牙利人与亨利一世相遇,大败而逃。匈牙利人宣称是先头部队的金色圣迈克尔旗被施了巫术,才导致战败。

除了击退侵略者,亨利一世还竭力控制反叛贵族。在下一章,我们会看到亨利如何建立骑士制度,让不安分的年轻贵族子弟为他效命。亨利一世还鼓励建造有城墙的城镇来保护商人,以此强化中

第 10 章 授职权问题

产阶级的力量,制衡贵族。亨利一世不像先君那样在森林举行会议,而是把会议地点放在城镇,目的是吸引更多人来城镇定居。基于亨利一世的边境防守政策,边界沿线建立了很多马克。在建立马克和征服匈牙利人的过程中,他找到了合适的王位继承人——他的儿子奥托大帝。

第 2 节 奥托大帝

奥托大帝的统治可以称为一部战争史:首先对外作战,征服了丹麦,丹麦国王成为德意志的属臣;再次征服波西米亚,并改变了波西米亚人的宗教信仰;发动一系列征讨匈牙利人的战争,955 年在奥格斯堡战役中赢得彻底胜利。此后,除了草寇,再也没有侵略者敢越过边境。

955 年奥托大帝在奥格斯堡战役中赢得彻底胜利

除了对外战争，奥托大帝还在国内不断用兵，重申中央对洛萨林尼亚和巴伐利亚公国的控制权。一些不安分的公爵都被王室成员替换。奥托大帝还赠给主教们大片土地，希望他们能成为忠诚的直属封臣。但这样做收效甚微，因为奥托大帝发现封建主教是他最大的敌人，最后他转而求助于新型传教士——克吕尼改革运动后涌现出的一批人：博学多才的学者、恪守宗教戒律的修道士和远见卓识的政治家。奥托大帝希望他们成为统一德国、净化教会的有用之才。但准备改革和控制教会时，他遇到了一个大问题：他能多大程度控制神职人员？如果他对神职人员加强管控，神职人员能在多大程度上听从罗马教廷？

查理曼大帝轻易就破解了这些难题，因为教皇是他的联盟，甚至可以说是他的属臣，所以在处理宗教问题上他们的立场是一致的。然而，在奥托大帝之前的很长时间，德意志国王早已不是皇帝，皇帝的头衔从意大利一个王储转给另一个王储，在世人眼中早已失去光彩。现在为了控制圣彼得教廷，德意志国王要重新夺回皇帝的头衔，这样做值不值得？

历史系的学生可以通过最终结果检验中世纪的政策，看到德意志国王抵制了来自伦巴底和罗马的诱惑，他们的回答当然是"不"。但对奥托大帝而言，干涉意大利内政意义有所不同。他被皇帝的头衔搞得头晕目眩，忙着入侵意大利只是为了迫使教皇成为他的盟友。他现在必须做出选择：要么成为阿尔卑斯山北边国家的主人，要么眼巴巴看着他最强大的属臣——巴伐利亚公爵[①]做同样的事。

[①] 巴伐利亚公爵指阿努尔夫公爵之子埃贝哈德。——译者注

第 10 章 授职权问题

做出选择的时机出现了,普罗旺斯的洛泰尔伯爵被谋杀了。洛泰尔伯爵本是意大利王位的竞争者之一。他的遗孀、勃艮第公主阿德莱德①请求德意志王国为她报仇。德意志王国的几位公爵,尤其是阿尔卑斯山北面的巴伐利亚公国的公爵们,既想行侠仗义,也因看到有利可图而都跃跃欲试。料到公爵们的企图后,951 年,奥托大帝率军越过阿尔卑斯山,从凶手手中救出阿德莱德,与她成婚,并在帕维亚加冕为意大利国王。

阿德莱德

十年后,意大利再遭外族侵略,被迫向德意志王国求援。奥托大帝再次出现在意大利。962 年 2 月,罗马教皇加冕他为皇帝。他的继任者去掉"德意志国王"的称号,改称"罗马国王",教皇加冕后又改称"神圣罗马皇帝",意思是基督教的世俗统治者,教皇是精神副主教。于是,神圣罗马帝国诞生了。

尽管奥托大帝加冕在当时没有引起轰动,但这却是历史的转折点。对奥托大帝而言,他到达了事业的顶峰,无须再实施干涉德意

---

① 阿德莱德是洛泰尔伯爵的遗孀。951 年,她与奥托一世成婚,是奥托一世的第二任妻子。

志教会改革的计划。同时他颁布法令，承认教皇的世俗财产，但教皇必须宣誓，效忠皇帝高于一切。这样一来，教皇就只是皇帝领地上教会的领袖。在奥托大帝的继任者统治期间，这一政策并未受到教皇们的质疑。教皇由神圣罗马帝国提名候选人，通过竞选赢得权杖。即便如此，罗马对神圣罗马帝国皇帝暴政的恐惧也次于意大利贵族们对教廷的干涉。

斯波莱托的公爵们、托斯卡纳的伯爵们、罗马的坎波尼亚的男爵们毫不尊重基督教的领袖，只把他们当作政治运动的一枚棋子。罗马地区声名狼藉的克雷申蒂家族拥有贵族头衔，几名家族成员曾被东罗马帝国皇帝任命为意大利总督。该家族的三位成员连续担任教皇一职，最后一位是本笃四世，参选时才十二岁。他恶贯满盈，残忍暴虐，整天在罗马大街上晃荡，被称为"小偷和强盗的首领"。在危急时刻，这位年轻的教皇竟把教皇职位卖给家族的其他人。因为本笃四世的过分行为，罗马掀起反教皇运动，他很快就退位了，但接下来发生了更不光彩的事，三位教皇相互指责，并带领随从在街上械斗混战。

第 3 节 苏特里宗教会议

亨利三世的干预受到各方欢迎。在苏特里宗教会议上，教皇候选人全部被废黜，亨利三世选中神圣罗马帝国的一名主教任教皇。

当代史学家认为，亨利三世是"继查理曼大帝之后欧洲最强大的国君"。他不但征服了桀骜不驯的波西米亚人和匈牙利人，而且在形式上统一了神圣罗马帝国。他掌控贵族，净化国家，甚至积极影响了意大利。但命运有时就爱开玩笑，他提名他的表弟布鲁诺为

奥托大帝与教皇约翰十二世见面。这次见面促成了德意志教会改革计划的实施

亨利三世

利奥九世。他奠定了教皇摆脱神圣罗马帝国皇帝控制的基础

圣彼得教廷的教皇,称"利奥九世",正是利奥九世奠定了教皇摆脱神圣罗马帝国皇帝控制的基础。

布鲁诺坚持认为,他应由神职人员和罗马人民依法选出,尽管他是皇室成员,却作为忏悔者赤足走进罗马。与傲慢的罗马贵族不同,他不认为教皇的职位是获得世俗荣誉和享乐的一种手段,因此他就任后,礼贤下士,平易近人,一心致力于教会改革。在召开的第一次会议上,他强烈谴责了买卖圣职的罪恶,认为独处是神职人员摆脱世俗纷扰的唯一途径。

为了把他的思想传播到意大利之外,利奥九世还长途穿越法兰西和德意志,沿途宣传克吕尼修道院提出的净化理想。但与此同时,他和他的继任者们树立了一种他们努力实现的愿景,即教皇在意大利的世俗统治权力。

利奥九世担心定居在意大利南部的诺曼人威胁罗马的安全,就组建联盟反抗入侵者,但并未成功,不久他就去世了。他的继任者们非常明智,认为谋求和平必须依赖阿普利亚和卡拉布里亚的封建领主。想要控制半岛事务,教皇必须留守罗马。因此,后来的教皇都派遣"使节"到国外传达和解释他们的意愿和想法。1059年,为了寻求进一步的独立,教皇尼古拉二世彻底改变了教皇选举的方法。他颁布法令,罗马教皇不再由罗马人民和神职人员选出,而是由红衣主教,即主要城市的主教,在秘密会议上选举产生。红衣主教组成的机构被称为枢机主教团,枢机主教团想摆脱神圣罗马帝国的干涉。

第4节 教皇格里高利七世

教皇尼古拉二世勇敢地推行这种独立政策时,他的身后站着一

第 10 章 授职权问题

位那个时代很有影响力的人物——罗马的副主教希尔德布兰德[①]。

希尔德布兰德是一位木匠的儿子,身材矮小,一副病怏怏的样子,虽然其貌不扬,却天生拥有统治者精明务实的头脑和不屈不挠的意志。据说,在他少年时代,同伴就发现他与他父亲作坊的木屑和刨花说话,"我会统治五湖四海"。在苏特里会议上被废黜的教

希尔德布兰德。其貌不扬,却天生拥有统治者精明务实的头脑和不屈不挠的意志

[①] 即下文的格里高利七世。他是教会史上最重要的教皇之一,他领导了克吕尼运动,颁布了教皇选举法,宣扬教皇权力至高无上,反对世俗君主拥有教皇任免权,毕生与神圣罗马帝国的亨利四世斗争。——译者注

皇奥利五世是当时最好的教皇。为了接近利奥五世，希尔德布兰德愿意与利奥五世一同被流放。利奥五世听说了希尔德布兰德的才能，找到他，把他带回罗马，从此开启了他的职业生涯。

渐渐地，几任教皇连同整个城市都在依靠希尔德布兰德的力量。1073年，教皇的职位虚悬，民众们高声呼喊："希尔德布兰德是教皇，这是圣彼得的意愿！"

按希尔德布兰德自己的说法，他极不情愿地接受了"格里高利七世"的尊号，成为教皇。可能因为看到了理想与现实的差距，所以他对自己设定的任务有些踌躇，但一旦下定决心，就勇往直前。

格里高利七世耳边不断响起基督的话："你是彼得，我要把我的教会建造在这磐石上。"他决心摆脱世俗统治者的控制。圣彼得和他的继任者们本身就被赋予了约束和释放[1]的权力。在对这一文本的解释中，格里高利七世甚至不承认两个平等的权力主体[2]共治基督教。他宣称："人类的骄傲创造了君主的权力，上帝的仁慈创造了主教的权力……教皇是君主的主人，圣彼得以他的德行使教皇变得神圣。在《圣经》的指引下，罗马教廷从未犯错，永不犯错，抵制罗马教廷就是抵抗上帝。"

这样的观点放在现实社会，肯定会遭到强烈的反对。因此，当格里高利七世希尔德布兰德要求征服者威廉宣誓效忠亚历山大二世以换取教皇对英格兰的祝福时，征服者威廉送来了丰厚的礼物以示对教皇支持的感谢，但随之传递的信息与教皇的理想一样毫不妥协。

---

[1] 见第四章。即"你是彼得，我要把我的教会建造在这磐石上……凡你们在地上所捆绑的，在天上也要捆绑；凡你们在地上所释放的，在天上也要释放。"——译者注
[2] 分别是教皇和神圣罗马帝国皇帝。——译者注

第10章 授职权问题

"我没有宣誓,也不会宣誓效忠,我的前任从未这样做过。"随后,征服者威廉开始在新王国[①]罢免主教和其他神职人员,甚至规定没有国王的许可,不得承认新教皇,没有国王的批准,不得发表教皇的公文和法令。

如果英格兰离意大利更近一些,或者征服者威廉只是滥用权力而不是改革英格兰教会,格里高利七世希尔德布兰德也许会接受他的挑衅,但事实正好相反,他与征服者威廉保持着友好的关系,但在整个神圣罗马帝国,教权与君权斗争的序幕已经开启。

召集苏特里宗教会议的亨利三世是一位强大的统治者,强大到可以与希尔德布兰德做出完满的妥协。尽管亨利三世在驾崩之前就把皇位传给了他年仅六岁的儿子亨利,却无法把政治家的能力和品格传给儿子。因此,1056年,亨利三世驾崩后,他的家族和帝国衰落了。

很难评估神圣罗马帝国这位新君的天赋,因为他的成长经历扭曲了他的观点和情感。在母亲艾格尼丝太后监护期间,十一岁的亨利四世被诱上了一艘船。它属于野心勃勃的科隆大主教安诺二世。沉浸在莱茵河两岸的优美风光时,亨利四世遇到了劫匪。为了躲避,他跳入河中,但被救了回来。之后的四年中,亨利四世先是作为学生跟随大主教安诺二世学习。安诺二世对他严厉苛刻,他犯一点儿错都会受到惩罚。安诺二世禁止他和同龄人相处。不来梅大主教阿达尔贝特继安诺二世之后来到他的身边。阿达尔贝特是一个很冲动的人。

[①] 指英格兰。——译者注

亨利三世在驾崩之前就把皇位传给了他年仅六岁的儿子亨利

第 10 章 授职权问题

十五岁时,亨利四世变得很英俊了。他疏远贵族,放荡不羁。亨利四世极不情愿地迎娶了一位相貌平平的伯爵的女儿,他虐待她、忽视她,以此来表达对她的不满和对她家族的愤恨。为了方便军队镇压乡村暴动,亨利四世在萨克森的某个山顶建造城堡,但他最大的罪过是对教会滥用权力。

当教皇谴责亨利四世买卖圣职时,一开始他写信表达歉意,但没有丝毫悔改之意。不久,罗马的指责和威胁激怒了他。最后,激烈的争论演变成"授职权问题",因为这个问题是 11 世纪影响教权和君权关系的问题,所以理解它对欧洲意味着什么是很重要的。

授职权就是世俗统治者(如国王)在仪式上授予新当选的教会官员(如主教)土地和权力。国王交给主教戒指和权杖,主教把手放在国王两手之间像直属封臣那样起誓。

罗马教廷宣布,在祭坛为上帝服务的手放在沾满鲜血的世俗统治者的双手之间是不合适的。这其中隐藏的含义是,如果戒指和权杖作为土地和权力的象征交给主教,主教就会认为这些世俗之物是他生活的中心,对国王效忠的誓言就会高于为上帝服务的誓言。

格里高利七世希尔德布兰德认为,如果教会人员不能摆脱世俗统治者的贿赂和恐吓,教会改革就无法进行。他说,有很多人像诺曼底公爵征服者威廉一样,愿意"投资"教会,有无数的国王和公爵愿意支持教会,为教会提供武器和士兵。

世俗统治者反驳格里高利七世希尔德布兰德的观点,认为无论教皇怎么称呼主教,接受土地和职位的主教已经变成世俗佃户。如果国王失去了对主教的控制权,就失去了对富有的重要属臣的控制权,如果再失去授职权,就算主教辖区落入叛乱者或外国人之手,国王对此也会一无所知。

问题非常复杂，因为双方都振振有词。格里高利七世希尔德布兰德执行的是他早在1075年罗马举行的宗教会议上提议的著名法令，禁止世俗统治者授权；而亨利四世对此置若罔闻。同一年①，他完全没有征询格里高利七世希尔德布兰德的意见，就任命了米兰的新主教。他还任命了两个不知名的外国人到意大利主教辖区任职。亨利四世的行为引发了人们的抗议。他对抗议书非常恼火。第二年，亨利四世在沃尔姆斯召开教会会议。神圣罗马帝国大部分主教被迫宣布同意废黜格里高利七世希尔德布兰德。

亨利四世又给格里高利七世希尔德布兰德写了一封信。在信中，他说："亨利的王位不是篡夺来的，而是上帝的恩赐，希尔德布兰德从此不再是教皇，而是伪传教士……"作为回应，格里高利七世希尔德布兰德革除了亨利四世的教籍。

"彼得赐福……我从上帝那里得到了在天堂和人间捆绑和释放的力量，为了教堂的荣誉和安全。我以全能的上帝的名义宣布，亨利四世不再是皇帝，不再是亨利三世的儿子……不再统治神圣罗马帝国和意大利。我解除所有基督徒对他效忠的誓言，我命令所有人不再服从他。"

亨利四世疏远的神圣罗马帝国贵族都聚集在教皇的旗帜下，两年前发生的撒克逊农民暴动卷土重来，甚至连主教们也为自己在废黜格里高利七世时所扮演的角色感到恐慌。因此，这位权倾天下的统治者发现自己竟然成了非法之徒，除了他虐待过的妻子，几乎没有真正的朋友。别无他法，她最终只能屈服。1066年冬天，天寒地冻，

---

① 指1075年。——译者注

第10章 授职权问题

　　白雪皑皑，亨利四世和妻子以及一名随从乘坐雪橇穿过阿尔卑斯山，来到建在亚平宁山顶的卡诺萨城堡里求见教皇。

　　格里高利七世拒绝了。亨利四世暗示他会忏悔。他过去也经常这么做，但总是言行不一。亨利四世脱下皇袍，换上忏悔服，像乞丐一样赤足在城堡里站立了三天。后来，在意大利朋友的恳求下，他承认了教皇的地位，并高声喊道"神父，宽恕我吧！"教皇把他扶起，正式原谅了他。

　　卡诺萨城堡发生的一幕太富有戏剧性了，格里高利七世的胜利和亨利四世的耻辱成为世界永久的记忆，但这只是一个小插曲，他们的斗争还远未结束。亨利四世在神圣罗马帝国和意大利重新获得支持后，他的世俗授职权也恢复了，但格里高利七世却不相信亨利四世的诚意，而是继续谴责他，并计划给他的对手加冕。

　　亨利四世终于实现了自己的愿望，他说服神圣罗马帝国和意大利的主教再次废黜了格里高利七世，还任命了伪教皇。神圣罗马帝国军队打着伪教皇的名义，劫掠伦巴底人，迫使他们南退，远离罗马，之后又在圣安吉洛要塞围困了格里高利七世。在这危急时刻，盘踞在意大利南部的罗伯特·吉斯卡德率诺曼军队救了格里高利七世。但残酷的诺曼人大肆屠杀，洗劫了这座圣城，返回时带走了格里高利七世。一半罗马城变成了废墟。

　　不久，无家可归、被废黜的格里高利七世去世了，但他坚信他的事业是正义的。在生命的最后时刻，他说："我崇尚公正，憎恶邪恶，故而死于流亡。"站在床边的主教回答道："基督的牧师和使徒，国家为你所有，世界也为你所有。"后来的历史证明，失败的格里高利七世的成就远高于获胜的对手。

　　亨利四世虽然比格里高利七世多活了二十一年，但以理想破灭

亨利四世脱下皇袍，换上忏悔服，像乞丐一样赤足在城堡里站立了三天

亨利四世在卡诺萨城堡忏悔

而驾崩。一方面，亨利四世继续与宣扬教皇权力至高无上的格里高利七世的追随者们斗争；另一方面，神圣罗马帝国和意大利发生了一次次叛乱。这时，亨利四世年事已高，身心俱疲，而担当军队统帅的儿子们对他充满敌意，即使他屈从于儿子们的要求，也无法得到安宁。后来，他被迫退位，遭到监禁，惨死于狱中。

亨利五世统治期间，皇帝和罗马教廷就"授职权问题"达成了妥协，在沃尔姆斯宗教会议上签订了协议。首先，皇帝放弃授予主教和修道院院长戒指和牧杖的权力，将该权力转交给教廷的代表；其次，举行授职权仪式时必须有皇帝或皇帝代表在场，新主教和修道院院长对皇帝宣誓效忠。

十五年前，安塞姆大主教反对坎特伯雷大主教向征服者威廉之子亨利一世宣誓效忠。于是，英格兰教会和英王也达成了类似的协议，这样就避免了双方陷入痛苦和仇恨。一方面，曾饱受良心煎熬、内心忠于国王的大主教由此可以无忧无虑地成为虔诚的教职人员；而另一方面，国王尊重安塞姆大主教的人格，只要教会维护他的统治权就行了。

因此，妥协对双方来说都是一件值得高兴的事。沃尔姆斯会议上就授职权做出的决定不再是关键问题了，其重要性只在于，这是教权与君权之间的一次战斗。虽然双方都做出了妥协，但最终教权胜出。在查理曼大帝或奥托大帝时代，欧洲人认为教皇依靠君主是自然而然的事情，现在这已经成为历史。罗马教廷要摆脱世俗统治，获得自由。格里高利七世为之奋斗一生的事业最终由他的继任者们完成。

第11章

早期的十字军东征

君士坦丁堡帝国的标志是双头鹰，象征着君士坦丁对东西两个帝国①的统治，到11世纪末，这个标志已经成为皇帝对敌国的忧虑。穆罕默德王朝攻占了小亚细亚的尼西亚，离东罗马帝国的首都只有一百英里。保加利亚人在亚得里亚堡大门徘徊。诺曼人和教皇在意大利共享着希腊遗产。阿莱克修斯·科穆宁②登基时，东罗马帝国已经衰败，领土只剩下希腊沿海地带。

尽管领土面积大大缩减，但君士坦丁堡仍然是欧洲最大的城市，建筑恢宏，商业繁荣，满足了人们对城市的所有想象。

哥特国王阿塔纳里克说君士坦丁堡的统治者一定是上帝。11世纪的欧洲人虽然视东罗马帝国皇帝为凡人，但对他仍充满敬畏。君士坦丁堡让保加利亚人、斯拉夫人皈依基督教，但他们的基督教不是西欧的天主教，而是希腊对基督信仰的解读，被信徒称为"东正教"。君士坦丁堡的金币是各国商人交易的主要货币。君士坦丁堡的财富、

---

① 指东罗马帝国与西罗马帝国。——译者注
② 阿莱克修斯·科穆宁（1056—1118），即阿历克塞一世，东罗马帝国科穆宁王朝的奠基人。他继位时，东罗马帝国处于四面受敌的危险境地。他通过整顿改革、与威尼斯结盟等手段，延缓了帝国的衰落，开创了科穆宁复兴时代。——译者注

宫殿、奢华和政府吸引了挪威和斯拉夫的冒险家们来充当雇佣兵。在这些负责皇帝人身安全的"瓦兰吉"近卫军中，有很多曾经是英格兰国王哈罗德的追随者，他们逃离被诺曼人征服的英格兰，愉快地服侍同样痛恨诺曼人的新主人。

　　阿莱克修斯·科穆宁的性格和他的帝国一样，已经雄风不再。他没有君士坦丁大帝化弱为强的天赋，也不具备查理曼大帝的英勇气概，但他的女儿在记述他统治时期的历史时，把他美化为道德的典范。他的帝国同他一样已经分不清奢华和伟大、隆重和荣耀。东罗马帝国末期的统治者也兼具这种混合特征，自负而软弱，灵活而狡猾，敏感而不忠。因此，西欧各国虽然崇尚拜占庭，却用"拜占庭"来表达轻蔑和厌恶之意。

　　拜占庭皇帝也不喜欢他的西欧邻居。教皇剥夺了拉文纳总督的头衔，还在罗马建立了教会中心，对君士坦丁堡的主张置若罔闻。8世纪时，开创了伊苏里亚王朝[①]的利奥三世被称为"圣像破坏者"。他发起了圣像破坏运动，谴责供奉圣像是盲目崇拜。此举遭到西方基督教的强烈反对。

　　这是东西方教会之间真正分裂的开始，此后它们一直格格不入。到9世纪，双方裂痕进一步扩大，因为教皇尼古拉一世支持的东正教的主教被东罗马皇帝废黜，并将主教的对手和继任者也逐出教会。双方的争端愈演愈烈。11世纪中叶，君士坦丁堡的主教关闭了教区的拉丁教堂和修道院，并公开宣布罗马天主教是异教。

[①] 伊苏里亚王朝是拜占庭帝国的一个封建王朝（717—802）。因其建立者利奥三世来自小亚细亚南部的伊苏里亚而得名。——译者注

利奥三世发起了圣像破坏运动,谴责供奉圣像是盲目崇拜

左：罗伯特·吉斯卡德；右：博希蒙德

除了教皇，东罗马帝国皇帝在意大利还有其他敌人，其中最主要的是诺曼人。诺曼人不满足于只占领那不勒斯，罗伯特·吉斯卡德和他的儿子博希蒙德①率军又攻占了亚得里亚海的著名港口都拉佐，然后入侵马其顿，但被阿莱克修斯·科穆宁利用他擅长的游击战击退。

第1节 威尼斯共和国

东罗马帝国更危险的敌人既不是教皇，也不是诺曼人，而是位

---

① 博希蒙德（1050—1111），即博希蒙德一世，诺曼冒险家、十字军领袖。他的父亲是罗伯特·吉斯卡德，但他未能继承父业。1095年，他响应教皇乌尔班二世的号召，参加了第一次十字军东征，攻克安条克，成为安条克公国的君主。——译者注

第 11 章 早期的十字军东征

于地中海沿岸的商业竞争对手——比萨、热那亚和威尼斯。阿提拉率领的匈奴人一直在密布的屏障之后虎视眈眈地注视着意大利北部威尼斯，而威尼斯不但成功地抵制了西方皇帝的封建统治，而且确保了自己的共和政府不受外部控制。年轻的威尼斯被其后代骄傲地称为"亚得里亚海女皇"，保持着独有的商业辉煌和骄傲，与垂死的君士坦丁堡形成鲜明的对比。

阿莱克修斯·科穆宁在与罗伯特·吉斯卡德的战斗中，两次被迫向威尼斯的海军求助，但他为此付出了高昂的代价——授予威尼斯在东方海域的贸易特权。无论威尼斯商人在哪里登陆交易，不久就会建立政治基础。来自亚洲的丝绸、染料、蔗糖和其他货物在亚得里亚海港口卸载，这里很快成为世界商贸中心。

1095 年，阿莱克修斯·科穆宁向威尼斯、教皇乌尔班二世[①]和西欧各公爵发出援救请求。

他写道："从耶路撒冷到爱琴海，都被土耳其人控制了。他们的战舰横扫黑海和地中海，并威胁君士坦丁堡。即使君士坦丁堡沦陷，也不要落入异教徒之手。"

阿莱克修斯·科穆宁指的土耳其人是东罗马帝国的心腹之患。他们来自中亚。经过几个世纪的流徙，他们燃烧着好战和流血的火焰，带着对文明的蔑视，再次把目光转向了西方。对他们而言，充满东方艺术魅力、奢华和神秘主义的阿拉伯帝国除了可以掠夺外，再无其他意义。从前，希腊被征服后，接受了罗马文化，而哈伦·拉希

[①] 乌尔班二世（1042—1099），罗马教皇。他继续推行前任格里高利七世"教权至上"的克吕尼改革。他赴西欧诸国游说，发起第一次十字军东征，重振了教皇的权威。——译者注

德^①留给征服者的遗产只有自己的战斗信条。

　　土耳其军队更危险，因为土耳其人更加狂热。他们横扫波斯、叙利亚、巴勒斯坦和小亚细亚，征服了阿拉伯人和基督徒，直逼博斯普鲁斯海峡。阿莱克修斯·科穆宁意识到危险迫在眉睫，被迫向欧洲求援，保护他摇摇欲坠的帝国。

　　他求援的基督徒愿意给他提供人力和资金的帮助。早期的基督教会保留这样一个传统：一些虔诚的教徒或罪犯因为急于弥补自己的过失，就派他们去参观耶路撒冷的圣地。基督曾在那里传教、祈祷、受刑。教徒们在那里赞美上帝，以获得他的宽恕。这种"朝圣之旅"既有同志的友爱，也充满了危险和艰辛，在当时广受欢迎，而阿拉伯的穆斯林对此也持包容的态度。当地还为疲惫或生病的旅行者建立了"医院"或避难所，付钱的朝圣者可以逗留一段时间。

　　然而，土耳其人来了，一切都改变了。人们很难再去参观圣地，基督徒被石击或暴打，身上仅有的一点儿钱物被勒索敲诈。人们不是死于饥饿，就是被扔进地牢，被迫交纳赎金。

第2节　第一次十字军东征

　　据说，一位叫彼得的法兰西修道士在土耳其统治的最黑暗时期参观了耶路撒冷。夜晚他来到圣墓教堂祷告，为白天所看到的悲惨景象而哭泣，当他双手合十跪下时，仿佛看到基督就站在他面前，

---

① 哈伦·拉希德（约766—809），阿拉伯阿拔斯王朝第五任哈里发。他两次率军远征拜占庭帝国。第二次远征直抵博斯普鲁斯海峡，逼近君士坦丁堡。他统治期间，国力强盛，经济繁荣，文化发达，首都巴格达成为帝国政治、经济、文化中心。——译者注

第 11 章 早期的十字军东征

并叮嘱他"将虔诚的人唤醒,清洁圣墓教堂"。彼得谨记使命,立刻离开圣地,去找教皇乌尔班二世。已经接到求救信的乌尔班二世被这位修道士的热情所打动,答应帮助阿莱克修斯·科穆宁。

是不是彼得说服乌尔班二世的,已无从考证。总之,1095 年,在乌尔班二世的召集下,克莱蒙特大会召开了。乌尔班二世发表了感人至深的讲话,呼吁欧洲的骑士把私人恩怨搁置一旁,要么恢复圣墓教堂,要么与基督为世界献出生命的圣城同归于尽。他的讲话可能有多种动机。他是格里高利七世理论的忠诚继承者。他看清了

1095 年,乌尔班二世在克莱蒙特大会上发表了感人至深的讲话,呼吁欧洲的骑士把私人恩怨搁置一旁

这次宗教战争的前景：欧洲的军队统一在罗马教廷的旗帜下，在教皇的领导下进行战斗，这有利于提高罗马教廷的地位。他是否希望通过与东罗马帝国结盟，使东正教归顺于罗马？他是否认为如果经常叛乱的封建贵族参加这次东征，他们或许就没有机会再回到欧洲惹是生非了？

这样的算计和乌尔班二世的雄心交织在一起。宗教的理想给了他力量和口才，完全淹没了他的算计。每次他向涌动的人潮讲话，都会高呼口号"以上帝的旨意"，后来这变成了东征者的战斗口号。

"全世界的人都想去耶路撒冷的圣墓教堂。"首先到达耶路撒冷的是穷人，接着是中产者，最后是国王、侯爵、伯爵和主教，甚至还有许多妇女，这是前所未有的。

演讲的效果神奇，这表明乌尔班二世和彼得修道士的呼吁触动了大众的心灵。人们不计后果，义无反顾地前往圣地。在克莱蒙特大会召开前夕，法兰西由于粮食歉收，粮价飞涨，一些投机商乘机囤积粮食准备高价卖出。但会议结束后，投机商却发现失算了，因为法兰西人都在卖粮食而不是买粮食。即使是灾荒之年，人们也要筹措资金完成自己的梦想，前往圣地，以求自己的罪行获得上帝的宽恕。

十字军东征的路线是经天主教国家匈牙利，过保加利亚，然后到达君士坦丁堡。各路武装朝圣者都在这里会合。进入保加利亚时，保加利亚国王信仰东正教，所以对朝圣者并不友好。于是，朝圣者的麻烦接踵而至。当地人不愿意给十字军提供水和食物，即使付钱都不行。因此，这支纪律涣散的十字军就通过焚烧和抢劫进行报复，继而引发了一场特殊的战争。很多拉丁朝圣者被山里的强盗杀害。此外，还有许多目的不纯的朝圣者也给同伴带来了恶名。他们贪婪

纪律涣散的十字军通过焚烧和抢劫进行报复,继而引发了一场特殊的战争

而残暴，加入十字军是为了获得财富，进行冒险，而不是要得到上帝的宽恕。

事实上，十字军聚集了一批穷人、狂热分子、声名恶劣的人，没有固定组织，缺乏有才能的军事领导，这些原因都可以解释为什么十字军最终惨遭失败。

阿莱克修斯·科穆宁需要的是一支劲旅，而不是一群乌合之众，所以问题就出现了。他匆忙把第一批十字军运送到小亚细亚后就弃之不顾了。因此，十字军战士成了土耳其人的猎物。同时，十字军遭遇了瘟疫和短粮的困扰，很多人再也没能回到自己的祖国。

如果说第一次十字军东征以悲剧开始，但随着第二批十字军到达君士坦丁堡，战争形势发生了逆转。第二批十字军东征最终以胜利宣告结束。第二批十字军是由欧洲主要军事领袖率领的一支纪律严明的劲旅，其中包括阿莱克修斯·科穆宁的宿敌、盘踞在西西里的罗伯特·吉斯卡德的儿子博希蒙德以及洛林公爵布维涅的戈弗雷①、征服者威廉的长子罗伯特·柯索斯②和巴约大主教厄德。

阿莱克修斯·科穆宁之女安娜·科穆宁娜③写道，十字军战士都是一些朴实的男女，一心要膜拜基督的圣墓教堂，但也有一些邪恶之人，比如狡猾的博希蒙德之类，他们只有一个目的，就是要攻取圣城。

---

① 布维涅的戈弗雷（1060—1100），洛林公爵，第一次十字军的将领。1099 年，十字军攻克耶路撒冷，建立耶路撒冷王国后，戈弗雷留守并统治耶路撒冷及周围地区。——译者注
② 罗伯特·柯索斯（约 1054—1134），诺曼底公爵罗贝尔二世。1096 年，他率军参加第一次十字军东征。后来，与其弟亨利争夺王位的战争中被俘，在监禁中度过余生。——译者注
③ 安娜·科穆宁娜（1083—1153），东罗马帝国皇帝阿历克塞一世之女，历史学家。她自幼接受良好的教育，饱读诗书。她根据父亲阿历克塞一世生平研究，著有《阿历克塞传》，这本书成为研究东罗马帝国的重要史料。——译者注

征服者威廉的长子罗伯特参加十字军东征

安娜·科穆宁娜的观点也许是有根据的,但对她而言,这样想也是自然而然的,因为阿莱克修斯·科穆宁不相信任何人。他不仅讨厌在宫廷招待这么多全副武装、傲慢无礼的陌生人,而且担心他们就此建立一个敌对王国。因此,阿莱克修斯·科穆宁哄骗这些军事领袖承诺效忠后,才把他们及其军队送过达达尼尔海峡。

1097年十字军攻克尼西亚,取得十字军东征的首捷,然后在小亚细亚取得的胜利。接下来近一年的时间里,十字军先包围了安提阿,之后又被困在安提阿,受到饥饿、干渴和瘟疫的折磨。就在十字军

十字军包围安提拉

第11章 早期的十字军东征

丧失勇气、濒临绝望之际，一位牧师宣称他在悬挂十字架时，发现了刺穿基督的长矛。教皇使节拿着圣物来到军队鼓舞士气。受到激励的士兵们冲向安提阿城门。十字军锐气逼人，土耳其军队溃不成军，仓皇而逃。从此，安提阿变成了博希蒙德统治的基督教公国。十字军继续沿海岸线南进，直逼耶路撒冷。

1099年6月7日，十字军终于看到了心中的圣地耶路撒冷。教徒们卸下装备，像最虔诚的朝圣者，对着橄榄山赤足跪下，难掩内心的狂喜。祈祷很快转变成强烈的决心，洛林公爵布维涅的戈弗雷率部攻克城墙，拥入城内，在街道一路挥舞长剑和长矛，与另一侧进城的十字军会师。接下来的场景充满了中世纪的野蛮和暴力，成为基督教历史上的耻辱。城内的土耳其人、阿拉伯人、犹太人，老人和妇女，儿童和婴儿，成千上万手无寸铁的人，被大肆屠杀，用来祭奠宣扬宽恕精神的基督。十字军战士骑马驰骋在血流成河的街

1099年6月7日，十字军终于看到了心中的圣地耶路撒冷。教徒们卸下装备，像最虔诚的朝圣者，对着橄榄山赤足跪下，难掩内心的狂喜

道,目击者称"没有祈祷,也没有怜悯。这样的大肆屠杀从未见过,也从未听说过,就连上帝也不知道究竟死了多少人。"

任务完成后,大部分十字军战士都回家了,但在回家前,他们拥戴洛林公爵布维涅的戈弗雷为耶路撒冷王国的第一任统治者。耶路撒冷王国北部的安提阿和埃德萨成为独立公国。

布维涅的戈弗雷拒绝成为基督受难之地的君主,这表明他一方面谦卑、热爱上帝,另一方面骄傲而残忍。他以"圣墓教堂看护人"的尊号统治了耶路撒冷近一年的时间就薨了。他获得了勇

布维涅的戈弗雷以"圣墓教堂看护人"的尊号统治了耶路撒冷近一年的时间就薨了

敢和正义的名声，就像查理曼大帝一样。人们创作了许多关于他的传奇和故事。

第3节 骑士修道会

布维涅的戈弗雷的继任者是他的弟弟鲍尔温一世。鲍尔温一世统治时期，我们第一次听到在中世纪十字军历史上非常有名的"骑士修道会"这个名称。骑士修道会包括"医院骑士团"。耶路撒冷曾经为朝圣者建立暂居的"医院"。医院骑士团就是旧"医院"财产和房屋的继承者。骑士修道会还包括"圣殿骑士团"，他们因居住地靠近所罗门神殿而得名。

这两支骑士团都受修道士誓言的约束，守贫、服从和贞洁。但他们的任务不是在田地劳作，而是参加反对异教徒的战争。一位13世纪的作者写道："被召集起来进行战斗时，圣殿骑士团不问敌人的数量，只问敌人的位置，在战场上像狮子，在家中像绵羊，对基督的敌人凶狠残暴，对基督徒温和仁慈。"

第三支骑士修道会是"条顿骑士团"，创立于12世纪，他们也来自医院，但这些医院由德意志商人为本族十字军战士而建。13世纪末，他们迁徙到波罗的海南部，在寒冷荒凉的海岸，发起了讨伐立陶宛异教徒的运动。现代历史系的学生会饶有兴趣地发现，16世纪时，条顿骑士团最后一任团长[①]皈依了路德教，转而镇压骑士团，

[①] 指阿尔布雷希特（1490—1568），第37任条顿骑士团大团长。1525年，他宣布改信路德教，从而切断了与骑士团名义宗主罗马教廷的联系，使条顿骑士团世俗化。于是，普鲁士公国登上了历史舞台。——译者注

将骑士团庄园变成世袭领地,称为"勃兰登堡"公国。他把"马克"①和勃兰登堡公国完全军事化,未来普鲁士王国的雏形显现了。

耶路撒冷王国存在了大半个世纪②。耶路撒冷王国能平稳建国,一方面是因为十字军战士英勇善战,另一方面是因为土耳其塞尔柱王朝爆发了内战。耶路撒冷的土耳其人远多于基督徒,如果巴格达和开罗的哈里发决出胜负,或一位穆斯林统治者能统一全国,巴勒斯坦境内小小的耶路撒冷王国的日子就屈指可数了。此时,拉丁人仍维持着他们的统治,他们在新招募的欧洲士兵和热那亚、威尼斯水手的帮助下,攻取了沿海的城镇,但由于缺乏足够的防御能力,丢掉了陆地上的前哨站——埃德萨。

因为失去了埃德萨,所以欧洲发起了第二次十字军东征。这次,口才超凡的克莱尔沃修道院的圣伯纳德不仅说服了法王路易七世和他的妻子埃利诺王后,还说服了起先并不愿意参战的康拉德三世③,前去拯救基督教。十字军战士在胳膊上都绑上了十字架。"在圣战中杀死异教徒的基督徒会得到奖赏,为圣战而死的基督徒会得到更高的奖赏。"

这位著名的修道士所描绘的殉难和征服的荣耀是如此生动,人们群情激昂。一次,圣伯纳德被迫撕毁自己的长袍,为狂热的信徒提供更多的十字架,但他宣称的胜利最终却以许多的法兰西人和德意志人丧生而告终。

---

① 马克是建立在德意志王国边界的防御性的大庄园。——译者注
② 指 1099 年到 1291 年。——译者注
③ 康拉德三世(1093—1152),亨利四世之孙,腓特烈一世之子,霍亨斯陶芬家族第一位国王,驾崩前未加冕为神圣罗马帝国皇帝。参加过第二次十字军东征。——译者注

口才超凡的克莱尔沃修道院的圣伯纳德说服法王路易七世和他的妻子埃利诺王后前去拯救基督教

路易七世出征图中访问安条克公国。他一事无成,在耻辱中踏上归途

路易七世和东罗马帝国皇帝都进入巴勒斯坦。路易七世甚至还访问耶路撒冷,但他却一事无成,在耻辱中踏上归途。埃德萨继续由穆罕默德统治。基督徒们本想以攻占大马士革作为战役胜利的前奏曲,但最终被迫放弃。更糟糕的是,路易七世和康拉德三世撤退时抛弃了军队,十字军战士成为土耳其人的刀下鬼。战场上白骨累累。这导致基督徒纷争、希腊背叛、粮食缺乏、瘟疫蔓延。

受益于第一次十字军东征,东罗马帝国从土耳其人手中夺回了小亚细亚的大片领土,但深恨违背誓言的拉丁统治者。因此,在第二次十字军东征时,希腊人充当了穆斯林军队的间谍和秘密盟友,

第 11 章 早期的十字军东征

甚至很多次公然与土耳其人并肩作战。但他们十分残忍，他们拒绝向拉丁军队的掉队者提供食物和水。

当统治者率领军队返回祖国时，法兰西和德意志的寡妇和孤儿认为圣伯纳德是伪先知。尽管圣伯纳德坚定地认为过错不在上帝，而是佩戴十字架的俗人，但他还是为希望破灭而悔恨不已。

圣伯纳德疲惫地写道："上帝的子民们在旷野被击倒，被长剑屠杀，被饥馑毁灭。我们满怀希望，但希望破灭。上帝的决断是正义的，但这次我们如临深渊。我一定会让上帝赐福于大家。"

第 4 节 耶路撒冷王国的灭亡

第二次十字军东征之后很多年，西欧对来自巴勒斯坦的求助置若罔闻，耶路撒冷王国不断衰落，不但领土面积缩小，而且社会风气日渐萎靡。基督徒们忘记了自己的理想，沉迷于奢华享乐之中。东西方民族通婚兴盛。这些都削弱了十字军移民的活力和效率。在建立封建政府的过程中，耶路撒冷王国经常发生直属封臣和佃户间的冲突。"医院骑士团"和"圣殿骑士团"为了利益也卷入这些纷争，彻底忘了曾经信守的誓言。

1183 年，吕西尼昂的盖伊阴谋篡夺了耶路撒冷王位，但大部分拉丁贵族不愿支持他，正在他举步维艰之际，他发现更大的威胁正在逼近。开罗的哈里发萨拉丁[①]统一了埃及和叙利亚。他是一位才

[①] 萨拉丁（1137—1193），中世纪军事家、政治家、埃及阿尤布王朝首任苏丹。萨拉丁执政期间，实行了一系列富国强兵的政策，促进了阿尤布王朝政治、经济和文化的发展，夺取了叙利亚等地，使埃及和西亚广大地区重回同一政权的统治之下。他发动圣战抵抗十字军，因在抗击十字军东征中表现出卓越才能和骑士风度而闻名于基督徒和穆斯林世界。——译者注

能卓越的军事领袖。耶路撒冷王国的灭亡已经不可避免。

提比利亚湖附近的哈丁岩石交错,干涸无水。1187 年夏,基督徒和穆斯林在此决一死战。基督徒大军虽人数占优,但被酷热和饥渴所困。尽管将士们在圣物"真十字架"的激励下拼死反击,但最终还是被彻底击败,溃不成军。国王吕西尼昂的盖伊也被迫缴械投降。

同年秋天,耶路撒冷在被包围一个月后向胜利者打开了大门,但与第一次十字军入城后的情形完全不同,萨拉丁没有大肆屠杀基督徒,而是让他们交纳赎金。作为"真主的施舍",萨拉丁和他的兄弟还释放了许多交不起赎金的穷人。

第 5 节 第三次十字军东征

听说圣墓教堂重新落入异教徒之手后,欧洲蒙羞了,愤怒了,于是发起了第三次十字军东征。这次东征的队伍不再吸纳不守军纪的狂热分子。虽然第三次十字军东征得到了教皇的应允,但像隐士彼得或圣伯纳德这样的教会领袖进行鼓动和宣传的情况没有出现。

第三次十字军东征实际是三国的军事行动,统帅分别是神圣罗马帝国皇帝"红胡子"腓特烈一世、法王腓力二世、英王"狮心王"理查一世,其他的王公贵族也一同航海随行。如果三人能齐心协力,萨拉丁也许会惧怕。但萨拉丁的敌人互相忌妒、不团结,加之萨拉丁政治和军事才能卓越,最终穆斯林再次赢得胜利。

就在英法两国的统治者还在为结盟的条件讨价还价时,最后一个拿起十字架的腓特烈一世出神圣罗马帝国,迅速越过匈牙利和保加利亚,并通过威胁和展示军事实力震慑东罗马帝国皇帝,顺利攻下小亚细亚。但命运的天平倾向了穆斯林军队,腓特烈一世在西西

开罗的哈里发萨拉丁

1187年夏,基督徒和穆斯林在哈丁决一死战

第 11 章 早期的十字军东征

里渡河时,不幸坠马跌入河中溺亡。"红胡子"腓特烈一世死后,他一手组建的军队也散了,一些人返回家乡,另一些人沦为乌合之众,成为敌人的刀下鬼。

与此同时,英王理查一世和法王腓力二世的友谊也破裂了。他们向本国臣民征收十一税① 用于军队支出,然后启程东征。两人年轻气盛,都想建立丰功伟绩,但法王筹划了密谋,等待他所期望的最终胜利,而理查一世则通过四处征战赢得胜利。

中世纪的历史学家对理查一世的充沛精力感到匪夷所思。理查一世胆识过人,敢于冒险,所以经常出奇制胜,扭转乾坤。

尽管命运经常随意发泄自己的怒气,但却不能吞噬他,
上帝赐予他慷慨的灵魂和美德,似乎他不属于这个
时代,他的事迹让作家写到手指发麻,让聆听者震撼不已。

对理查一世的赞美之词不胜其多,这只是沧海一粟。

理查一世是高超的战略家,天生的军事领袖,无所畏惧,精力充沛,即使生病仍带着垫子指挥战斗。但他不善外交,缺乏谋略,因此只具备伟大国王的一半品质。与其说他无知,不如说他无脑,他乐意做先祖们做的事情——征服,但他唯一的武器是他的双手,而不是他的大脑。

"英格兰国王在营帐外面竖起绞刑架,惩治小偷和强盗,不管罪犯是哪个国家的。他视每个人为臣民,罪犯必须得到严惩。"

---

① 即每个臣民缴纳收入的十分之一。——原注

腓特烈一世在西西里渡河时,不幸坠马跌入河中溺亡

理查一世是高超的战略家，天生的军事领袖，无所畏惧，精力充沛，但他不善外交，缺乏谋略

从理论上讲，这种高压政策可以有效地打击犯罪，提高战斗力，但在实际中，他随意处决他国臣民的行为引起了该国君主的不满。

法王"对犯罪行为睁一只眼闭一只眼"，交到了很多朋友，而理查一世却不断卷入各种纷争，并且毫不在意，丝毫不考虑个人和十字军的未来利益。

他们要离开法兰西时，腓力二世想把妹妹嫁给理查一世，但遭到了拒绝。因此，两人公开决裂。此时，理查一世想迎娶纳瓦拉国王桑乔一世①的女儿贝莲加。

在意大利南部，理查一世遇到了另外两个敌人。他们因为西西里的王位继承发生争吵和纠纷。启程前，理查一世在墨西拿狠狠地教训了其中的一个对手坦克雷德②。坦克雷德表面上归顺了理查一世。另外一个对手是腓特烈一世之子——后来的亨利六世。理查一世没能打败亨利。亨利对理查一世的怨恨加深了，等待报复的时机。

在塞浦路斯，理查一世驱逐了塞浦路斯的希腊统治者，囚禁英格兰的船员。于是，这个岛屿成了他的领土，东罗马帝国皇帝也成了他的敌人。1191年夏，理查一世到达巴勒斯坦，及时参加了腓力二世围攻阿克的战役。

"两个国王和两个民族联合不如他们单打独斗，因为他们相互轻视。"攻克阿克后，英法的矛盾变得不可调和。此时，腓力二世正好患病。他生气地宣布他无法履行十字军的诺言，启程回国。之后不久，奥地利公爵利奥波德也对理查一世心生怨恨，因为英格兰

---

① 桑乔一世（1045—1094），阿拉贡国王。在他执政的末期，阿拉贡王国的势力已经延伸到地中海。——译者注
② 坦克雷德（1138—1194），西西里王国诺曼王朝君主。1190年，英理查一世率十字军东征途中，劫掠西西里王国。坦克雷德起兵反抗，惨遭失败。——译者注

第 11 章 早期的十字军东征

人将利奥波德的旗轻蔑地丢进了壕沟里,这是对他的极大侮辱。

"狮心王"理查一世现在成了解放巴勒斯坦的主人、土耳其人的噩梦。土耳其人经常用他的名字来吓唬不听话的小孩。理查一世在巴勒斯坦驻扎了十四个月,但他的手下相互忌妒,尔虞我诈。他无人可信任,时间都浪费在挺进耶路撒冷的途中,既无法与萨拉丁交战,也没能在外交上取得胜利。

有消息传来说,腓力二世、亨利六世正在与理查一世之弟约翰接洽,密谋推翻理查一世。理查一世感到非常害怕。此时,他身患疾病,所以无心恋战,同意与萨拉丁签署三年零八个月的休战协议:基督徒据有雅法、提尔港和沿海城镇,可以自由出入圣地朝圣,而他自己满含泪水,凝视着远方未能征服的城市,发誓一定再回来。1192 年秋,他启程回国。随着理查一世的离开,第三次十字军东征也结束了。

十字军东征继续进行了许多次,但没有一次像前三次一样,以同样的方式表达了欧洲恢复圣墓教堂的渴望。国家之间的不信任破灭了第三次十字军东征胜利的希望。随着各国民族意识的增强,欧洲的共同行动变得越发不可能了。

十字军东征失败还有另外一个原因,就是人们失去了对宗教的热情。人们相信他们胳膊上的十字架可以把罪人变成圣人,可以冲破城墙,消灭异教徒,就像奇迹会发生一样。但当发现在巴勒斯坦宗教热情四处蔓延,而救赎的道路依然充满艰辛,人们的幻想就破灭了,不再急切地要求去东方。虽然十字军东征没有戛然而止,但规模和影响力都降低了,一会儿这个国家资助,一会儿那个国家资助。参加十字军的人也不是去朝圣,而是去冒险、战斗或发大财。

有人说,基督教的十字军东征没有带来任何益处。这种说法有

1191年夏,理查一世到达巴勒斯坦,及时参加了腓力二世围攻阿克的战役

第三次十字军东征中，法王腓力二世胜利围攻阿克

失偏颇。因为早期的十字军东征吸纳了大批爱滋事的贵族，使国家的商业和政治免遭侵害。虽然英格兰为第三次十字军东征付出了沉重的物质代价，但商人和各城镇所提供的资金用在了约束国王特权和制定宪章上，为市政自由打下良好的基础。

第二次十字军东征对当时法兰西王国的影响是毁灭性的。整个村庄空无一人，城市人数寥寥。据说，有些省的"男女比例达到1:7"。在售卖的"狂欢"中，准备参加十字军的人的土地和财产迅速易手，较小的封地往往被较大的封地收购，而其中许多变为王室领地，加之其他原因，法王的财富和收入激增，从而在整个国家占据了主导地位。

十字军东征对欧洲的主要影响也许是对新事物的认识。如果人们的生活长期单调乏味，接触不到不同的思想，难免会产生偏见。对十字军而言，旅行并接触到不同的观点和不同的风俗习惯是件好事，但在当时这可能会让他们恼火。十字军东征不仅刺激了地中海港口的贸易发展，还为世界的思想、文学和艺术发展提供了动力。运输大规模军队的需求推动了造船技术的发展；土耳其人的狡猾激发了基督士兵和工程师的聪明才智；拜占庭的建筑和马赛克深刻影响着威尼斯的建筑风格和色彩。

西欧继续憎恨东方，却不能没有东方的丝绸、香料和香水，同时无法抛弃对神秘中国的幻想。因此，十字军东征将其经历的失败与大发现时代的成功结合起来，开辟了一条通往东方的崭新道路。

第12章
腓力二世时代的法兰西王国

带着十字架参加第二次十字军东征中的还有法王路易七世和他的妻子埃莉诺王后。他们并不般配，国王平庸、软弱、不好战、虔诚，而王后继承了阿基坦家族的性格——专横、意志坚定、敢爱敢恨。她不安分、好冒险的性格促使她加入了十字军。她在巴勒斯坦的很多行为引起了路易七世的不满，同时因为他们无子，于是回国后不久就离婚了。

从政治角度去研究12世纪法兰西王国的地图就知道离婚是一个愚蠢的举动，因为不要忘了，尽管国王是一国之君，但作为封建领主的路易七世只能依靠他自己的领地获得收入和力量，他的领地只有巴黎周围的小片土地，而巴黎北部、东部和南部主要省份的大片领地属于直属封臣们，他们的领地是卡佩王室领地的三倍到四倍。路易七世通过与普瓦图女伯爵、阿基坦女公爵①联姻，成了法兰西中部和西南部以及王室领地的直接统治者，但他现在与妻子离婚，这些财产也不归他所有了。

---

① 普瓦图女伯爵、阿基坦女公爵指同一个人，即路易七世的第一任妻子埃莉诺王后。埃莉诺后改嫁英王亨利二世，阿基坦公国随即成为英格兰王室领地。——译者注

第 1 节 英王亨利二世

更糟糕的是，埃莉诺离婚后马上与安茹伯爵亨利结婚了。亨利比埃莉诺小十四岁，他是法王最重要的直属封臣，或许也是法王最危险的敌人。亨利不仅是安茹、曼恩和都兰的伯爵，还是诺曼底公爵、英格兰国王。他是亨利一世的外孙[①]，1154 年从软弱的斯蒂芬手中继承了的英格兰王位。在第十五章，我们会略微讲述斯蒂芬混乱的统治。

讨论亨利二世与阿基坦女公爵埃莉诺的婚姻结果之前，我们先关注一下这位英格兰国王的工作，这是他承担的最重要也是最持久的任务。亨利二世的性格与斯蒂芬完全相反。他意志坚定，一心要成为自己土地的主宰，他接连打击造反贵族，把他们用来折磨和进攻邻居的城堡夷为平地，收回了斯蒂芬为了收买人心和获得支持而出让的王室领地。当发现许多贵族篡夺了国家主要职位时，亨利二世迅速让职位卑微的人或自己选中的人取而代之。通过这种方式，他任命伦敦人托马斯·贝克特[②]为首相、坎特伯雷大主教。后来，这个冲动之举被证明是他所犯的为数不多的错误之一。

亨利二世非常自信，因此总是低估周围人的能力，并且认为每个人都必须向他鞠躬。他从不停歇，也不听取他人意见。他精力充沛，总是有新的抱负要实现，他无法容忍把时间浪费在听取别人批评他已决定的事情方面。史学家记录了他如何焦躁不安，甚至在做弥撒

[①] 亨利之母是英王亨利一世之女玛蒂尔达。——译者注
[②] 托马斯·贝克特（约 1118—1170），英王亨利二世时期重臣，任大法官和上议院议长，后被亨利二世任命为坎特伯雷大主教。成为大主教后，他在很多教权问题上与亨利二世发生冲突。1170 年，他被亨利二世的四名骑士杀害。——译者注

亨利。他不仅是安茹、曼恩和都兰的伯爵,还是诺曼底公爵、英格兰国王

时无聊地作画，称赞那些读得最快的牧师。有时，他会花点儿时间修补旧衣服，因为觉得没有更有趣的事可做。

第2节 亨利二世时代的法兰西

亨利二世做事雷厉风行，但并不意味着他工作马虎。他有远见卓识，不满足于清除英格兰的不法之臣。他深知，如果想要巩固法兰西的领地，就必须获取英格兰人民的支持。尽管最后无果而终，但这是他最大的理想。亨利二世是英格兰最伟大的国王之一，但他生长在法兰西，所以他骨子里更是一个法兰西人而不是英格兰人。

亨利二世没有把贵族逼入走投无路的境地。他经常召集他们参加"大议会"①，听取他们的建议。当贵族们反对亨利二世的要求——让他们和其追随者到法兰西服役时，亨利二世做出了有利于自己的妥协，建立了兵役免除税制度。贵族只要缴纳定额税，就可免除在海外服役的义务。通过兵役免除税募集的资金，亨利二世组建了雇佣军，同时剥夺了封建贵族们的物质基础和军事实力。

亨利二世时代的"大议会"后来发展成国民议会制度。除了建立"大议会"，他还强化了"君主法庭"，这是他的外祖父亨利一世为处理司法和金融问题而建立的制度。斯蒂芬时代的贵族们试图使他们的封建法庭完全独立于君主法庭，但亨利二世建立了中央法院，任何一个认为自己受冤的人都可以重新上诉，接受审判。此外，

---

① "大议会"（Great Council）是指国王召集各郡代表及贵族在威斯敏斯特大教堂集会，最后逐渐转变成了国家的立法机构，是英国现代议会的雏形。——译者注

第 12 章 腓力二世时代的法兰西王国

亨利二世还大力改进和推进巡回法官制度。巡回法官执行的正是亨利一世推崇的"王室诉讼条例"。

亨利二世发现这种干涉不仅被封建法庭所憎恨，还被县法院的行政长官所憎恨。县法院本来遵循的是诺曼人古老的"郡辩论会"形式。在盎格鲁－撒克逊时代，这种形式非常流行，但后来随着县法院被大地主控制，逐渐衰落了。亨利二世要求重新恢复这种制度，罢黜了许多篡夺县法院职位的贵族，取而代之的是一些地位较低的人，他们会向亨利二世求助或咨询建议。

欧洲其他主权国家也采取了类似的方式来提高王室权威，但英格兰很幸运拥有像"郡辩论会"或"百户邑会议"这样的有效机构。通过这些机构，亨利二世可以了解当地的司法执行情况，而不是借派遣的王室官员之口了解。

亨利二世颁布了《克拉灵顿诏令》。诏令规定，发生刑事案件后，每百户选出十二名熟悉情况的陪审员或每镇选出四人向法庭提出控告并证明犯罪事实，然后由王室法官裁决。亨利二世在位期间，地方代表还协助法官评估税收，决定携带武器的数量和人员资格，以确保邻居和自己的人身安全。在民事案件中，如土地或个人财产的所有权纠纷，推选该地区的十二名陪审员，或在一些特殊案件中，推选该郡的十二名骑士，协助县法官做出公正裁决，这个被称为"认可"的制度就是现代陪审团的雏形。

各百户邑和各镇的骑士和代表很可能会抱怨国王的立法制度烦琐，成本高昂，因为他们和亨利二世本人都没有意识到这正是自治政府的开端，为真正的民主奠定了基础。然而，几代之后，亨利二世懦弱的孙子亨利三世①用暴政统治英格兰时，各郡的骑士已经成为具有丰富公共管理经验的人。他们的代表召集议会，商讨如何捍卫英格兰的自由。

虽然亨利二世利用各种机构和王室成员来打压造反的贵族，但在他统治期间，英格兰最主要的斗争是他与教会而不是与贵族的斗争。托马斯·贝克特曾是他打击封建特权的得力助手，但托马斯·贝克特警告亨利二世，作为宗教领袖他的爱可能会变成仇恨，从而去帮助国王的反对派。亨利二世不相信他的这番言论，硬是把坎特伯雷大主教的担子压在他肩上，但让亨利二世感到惊讶和愤怒的是，托马斯·贝克特活脱脱就是第二个格里高利七世，把教会的尊严看得高于一切，结果教权与王权经常起冲突。

第3节 托马斯·贝克特与亨利二世之争

托马斯·贝克特与亨利二世的主要争议之一就是教会要求保留所有涉案教会人员的司法权，不仅包括牧师，还包括受雇于教会的信徒和唱诗班歌手。亨利二世坚持认为，在教会法庭中被判有罪的教会人员应该被移交到王室法庭接受惩罚。原来，依据教会法，如果教会人员犯了谋杀罪，教会法庭不判他死刑，最多解除其教职、交纳罚款或被监禁，这就意味着即使教会人员两次犯谋杀罪，也会毫发无损，而俗世之人即使第一次杀人，也会被王室法官判处绞刑。

托马斯·贝克特坚持认为，无论教会人员是不是罪犯，只要王

---

① 亨利三世之父是亨利二世之子约翰。——译者注

第 12 章 腓力二世时代的法兰西王国

室官员触碰牧师或教会人员,就是对他们的亵渎。当亨利二世建议在克拉灵顿宪法中体现王室至高无上的权力时,大主教公开拒绝签署协议。愤怒的大臣们不断威胁和侮辱托马斯·贝克特。

托马斯·贝克特的一个侍从惊恐地说:"噢,我的主人,这是可怕的一天!"

"审判的日子将会更加可怕。"托马斯·贝克特无所畏惧地回答道。在他的大无畏精神面前,没有人敢对他下手。

不久,托马斯·贝克特被流放到国外。他希望能得到罗马教廷的支持,但教皇呼吁他不要与英格兰国王发生争执,亨利二世利用他的影响力来修补这项模糊而没有约束力的协议。托马斯·贝克特

托马斯·贝克特

返回坎特伯雷，但流放也未能改变他的观点。他还没上岸，就再次公开反对亨利二世的打算——亨利二世想要驱逐那些在托马斯·贝克特流放期间贸然行动的主教。

剩下的故事大家都耳熟能详。愤怒的亨利二世情绪失控了，粗鲁地高声喊道："难道我的朝廷里都是傻瓜和混蛋，没有人能解决这个自命不凡的牧师，为我报仇吗？"后来，四个骑士在托马斯·贝克特跪在坎特伯雷大教堂祭祀时杀了他，亨利二世非常后悔。

任何一个欧洲人甚至亨利二世的亲信们都感到无比愤怒和恐惧。亨利二世被迫在托马斯·贝克特的陵前脱光衣服接受鞭笞，公开忏悔，关于国王是否凌驾于教会之上拥有至高无上的权力的争议暂时沉寂了。

托马斯·贝克特跪在坎特伯雷大教堂祭祀时被骑士所杀

第 12 章 腓力二世时代的法兰西王国

路易七世与王后为感染恶疾的儿子祈福

　　接下来几年，许多朝圣者参观了坎特伯雷大教堂中托马斯·贝克特的圣祠，希望赐福出现奇迹，其中就有法王路易七世。路易七世渴望出现的奇迹就是他的儿子、王位继承人菲利普·奥古斯都能尽快摆脱恶疾，早日康复。自从埃莉诺再婚后，英法两国战争不断。这次老国王要越过海峡踏上亨利二世统治的土地，臣民们不免有些担心。但在强烈信念的驱使下进行的旅程得到了回报，亨利二世以一种忠心耿耿的附庸臣民的方式接待了路易七世，这让路易七世感到无比喜悦和荣耀。返回家中时，路易七世发现儿子也正在康复。

　　这段旅程的续集却是路易七世突然瘫痪，徘徊在死亡的边缘。法兰西人给年轻的王储举行了加冕礼，史称"腓力二世"。十四年前八月的一个炎热的夜晚，巴黎敲响了王储出生的快乐钟声，一个年轻的英格兰学生把头伸出窗外，询问详情。一个市民回答道："今天晚上，上帝赐予我们的男孩将会是你们国王的克星，毫无疑问，你们国王的权力会削弱，领地会减少。"他的预言一半都实现了。

乍一看，英王亨利二世似乎以绝对优势压倒了他的领主法兰西国王。亨利二世统治的领土从他的附属国苏格兰延伸至比利牛斯山。常年的征战和灵活的外交谋略不仅增加了他的领土和财富，还增长了他的政治智慧。他认为，一个在巴黎被一群狂暴的贵族包围的小毛孩，又能兴起什么风浪呢？

然而，法王手中已经握有必胜的利器，那就是他自己。据记载，阿基坦公爵们的血管里都流淌着恶魔祖先的鲜血，赋予他们凶猛和虚伪的性格，这甚至令中世纪的人们都感到惊讶。埃莉诺和她第二任丈夫所生的儿子们正应验了这一传说。亨利二世谴责他的一个儿子阴谋夺权，他的儿子竟回信道："你不知道，我们互不关爱，是我们的本性。兄弟阋墙，父子反目，难道不行吗？我认为你不应该剥夺我们的继承权，改变我们的本性。"

为了削弱亨利二世，路易七世积极鼓励这种背叛精神，甚至在托马斯·贝克特流放期间给他提供避难所。腓力二世也继承了该政策。如果亨利二世的儿子们惹怒了父亲而要逃跑或要策划新阴谋，腓力二世都会敞开怀抱，在巴黎接纳他们。

亨利二世如果能像控制英格兰一样牢牢控制他在法兰西的领地，就可能会在与两个儿子和法王的斗争中取得胜利。但在普瓦图和阿基坦，人们认为亨利二世只是埃莉诺的配偶，他的继承者才是统治者，尤其是埃莉诺最喜欢的理查。但最后贵族们却受到鲁莽自私的"狮心王"理查一世暴虐的对待。

第12章 腓力二世时代的法兰西王国

埃莉诺支持她的儿子们公然反抗父亲。后来，虽然亨利二世囚禁了埃莉诺，但理查得到腓力二世和法兰西南部力量的支持。于是，亨利二世不得不与他和解。尽管亨利二世只有五十六岁，但身体虚弱。听到他的领地曼恩省也落入儿子之手时，他彻底绝望了。他一边诅咒背叛他的儿子们，一边不情愿地重新向腓力二世宣誓效忠，并承诺答应理查财产和独立的要求。协议签署后，亨利二世发着高烧，骑马来到城堡。他已经濒临绝望，不久就陷入昏迷状态。有消息称，此时，亨利二世的幼子约翰——亨利二世为他在爱尔兰建立公国，但他一直是反亨利二世联盟的秘密成员——跪在他的床前。他清醒了几分钟，问道："是真的吗，约翰？"他从侍从脸上读到了答案。他转过身去，对着墙说："由他们去吧，我管不了我，也管不了这个世界了。"说完，年迈的国王就驾崩了。

第4节 英王理查一世

1189年，理查继承了王位。他在巴勒斯坦的英勇使他赢得了"狮心王"理查的称呼。他怎样与腓力二世争吵，我们在上一章已经讲到。阿克战役之后，腓力二世回了国。这时，他已经对理查一世傲慢的性格厌恶至极。

在战场上，腓力二世没有像他的对手——理查一世那样树立起英雄形象。事实上，在欧洲，没有人是这位"阿基坦恶魔"的对手。理查一世不知道什么叫害怕。他的赫赫战功闪耀了七个世纪。但在治理国家上，腓力二世在那个时代是出类拔萃的。他随时准备在合适的时机进行战斗，但更愿意以坚韧的治国之术为国家服务。理查一世在巴勒斯坦期间，腓力二世和约翰为了各自的利益串联在一起。

他们的计划一直是秘密进行的,但令人振奋的消息传来了。因为曾经把奥地利公爵利奥波德的旗帜轻蔑地扔到水沟里,惹怒了利奥波德,所以在回国途中理查一世不得不进行伪装。但进入奥地利后,他被认出了,成了利奥波德的俘虏。

奥地利公国的领主是神圣罗马帝国皇帝亨利六世,他对西西里王国的利益诉求经常受到理查一世的嘲笑。于是,理查一世又成为亨利六世的阶下囚。直到他承诺宣誓称臣,交纳巨额赎金后才被释放。腓力二世和约翰曾共同贿赂亨利六世,请求亨利六世永远囚禁理查一世,但他们的努力失败了。腓力二世写信给约翰道:"小心,恶魔出来了。"

接下来的几年,法军在诺曼底与复仇的理查一世率领的英军进行了长期的斗争。无论是在法兰西北部还是东部,理查一世都是腓力二世可怕的对手。他们的对决一直持续到理查一世被一支毒剑射中身亡才结束。

从那时起,腓力二世开始实现自己的宏图大志,一开始尽管速度缓慢,但随着"最坏的英格兰国王"继位,他的进程大大加快了。继承理查一世王位的约翰王既不是政治家,也不是勇士,他只会无端发火,毫不在乎尊严和礼仪,徒增阿基坦家族残忍和背叛的恶名。他的臣民恐惧他、仇恨他、蔑视他。很快,臣民们就联合起来反对他。约翰王践踏教会的特权,骚扰贵族的妻女,抢夺和没收贵族的土地,利用雇佣兵折磨和压迫人民。他就主教的人选问题与坎特伯雷教会争吵不休。他公然违抗教皇英诺森三世之命,被教会禁止做礼拜。他献出自己的财产向罗马教廷宣誓效忠,在兰米尼德签署《大宪章》。在英国历史上,这一切都是耳熟能详的故事。

这里需要强调的是,在欧洲历史上,约翰王是不受各阶级欢迎

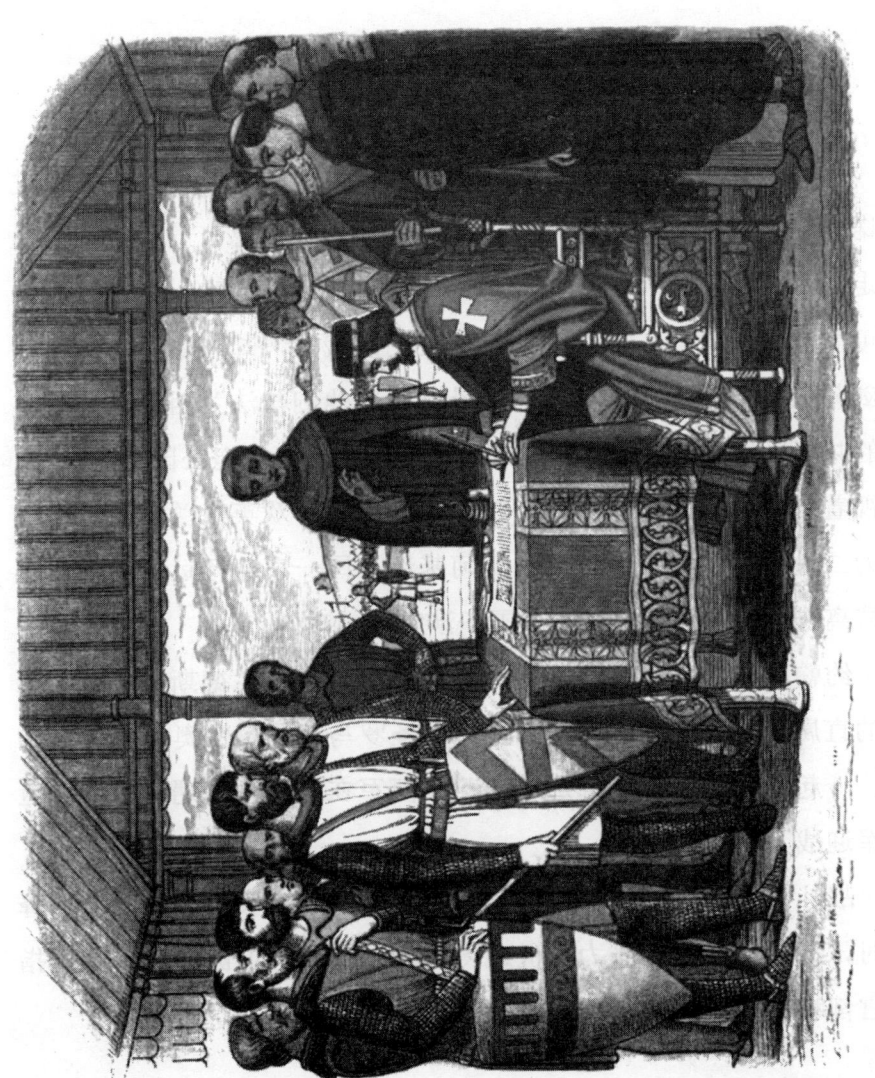

约翰王在兰米尼德签署《大宪章》

约翰国王(1174—1216 年在位)于 1215 年,迫于贵族们的压力,在伦敦附
近泰晤士河畔的兰尼米德地方,被迫签署《大宪章》。该宪章规定人民的自由权,国王不
能侵犯。——韦君宜

的国王,而在法兰西人的眼中,腓力二世是"上帝赐予的国王",与约翰王形成鲜明对比。

第五节 腓力二世占领诺曼底

当约翰王在鲁昂享受盛宴时,信使带来消息说腓力二世正在进攻诺曼底。约翰王懒散地回答道:"随他去吧,总有一天我会把他夺走的都夺回来。"然而,约翰王起兵时,为时已晚。英格兰贵族们可能会跟随"狮心王"理查一世去巴黎战斗,却不愿意为约翰王从剑鞘中拔出长剑。安茹人和诺曼人发现他们与法兰西征服者有更多的共同之处,而非海峡对岸的英格兰国王。阿基坦公国充满敌意,监视着腓力二世的一举一动,倒不是因为它喜欢英格兰,而是担心腓力二世占领巴黎。多年以来,阿基坦公国一直奉行远交的政策,支持离它最远的君主,防止邻国干涉它的内政。

约翰王终于做出大胆的举动。他率军来到佛兰德斯,与腓力二世的直属封臣弗兰德伯爵费朗德、神圣罗马帝国皇帝奥托四世[①]结盟,一起进攻法兰西北部边境。英法两军在布维涅相遇。腓力二世率军迎战。

战斗打响了,腓力二世挥舞长剑,鼓励战士英勇杀敌。夜幕降临时,战斗结束了。腓力二世赢得胜利,费朗德伯爵和英军主要指挥官都举手投降了。

---

① 奥托四世(1175—1218),德意志国王。1209年,他在罗马加冕为神圣罗马帝国皇帝。在位期间,他违背了对教皇的承诺,大肆入侵意大利南部,试图收复帝国在意大利的旧业,但以失败告终。——译者注

英法两军在布维涅打响战斗。最终,腓力二世赢得胜利,费朗德伯爵和英军主要指挥官举手投降

腓力二世身后跟着戴着镣铐的费朗德伯爵，凯旋返回巴黎。沿途所有的教堂都敲响了钟声，人们高声欢呼着拥向腓力二世，吟唱《赞美颂》。

1914 年之前，"布维涅战役可能是发生在法国最重要的战役了"。一位当地的历史学家写道。

路易七世时期，法王在诺曼底公爵、阿基坦公爵、佛兰德斯伯爵和安茹伯爵面前都矮半截。现在，路易七世之子击败了一个皇帝，把一个反叛的直属封臣投入地牢，从约翰王手中抢走了他觊觎已久的卢瓦尔等北部诸省。曾经一贫如洗的国库现在充斥着从诺曼人手中没收的财产和英格兰贵族的庄园，而约翰王曾经禁止他的贵族们向法王效忠。

腓力二世成了"征服者"腓力，但他更伟大之处在于能破能立，就像英王亨利二世一样。腓力二世统治期间，旧封建贵族的威胁彻底被扫除，政府打上了效忠君主的永久烙印。

处理与教会的关系方面，腓力二世遵循矮子丕平和查理曼大帝的做法，赠予修道院很多礼物。他既是教会的自由资助人，也是坚定的主人。国王和教会的良好关系得益于腓力二世的政策：他让出身卑微、习惯服从的人出任原本只属于显赫家族的主教之职，而且如果教会的底层人员和上级发生争吵，他都会支持弱者，这不但削弱了教会领导的地位，也赢得了底层人员的爱戴。

第 6 节 英诺森三世和腓力二世

与约翰王一样，腓力二世总是违背教皇的意志，但只是在纯道

第 12 章 腓力二世时代的法兰西王国

德问题上。腓力二世拒绝和丹麦公主英格博特①住在一起。婚礼上他就表现出对她的厌恶。新娘是十八岁的少女,不会讲法语。腓力二世的主教尽管心存异议,也不敢支持英格博特。英格博特只得寻求教皇的帮助。经过不屈不挠的努力,她终于赢得了胜利。

在其他章节,我们将会看到教皇英诺森三世作为政治家的一面和异教徒迫害者的一面。英诺森三世是欧洲的精神领袖,描述一下

英诺森三世是欧洲的精神领袖

---

① 1193年,英格博特与腓力二世成婚,是腓力二世第二任妻子。——译者注

他的性格和工作是有必要的。对英诺森三世而言，取悦腓力二世可以获取政治上的优势，因为他需要腓力二世的帮助，从而严惩英格兰的约翰，支持十字军打击异端邪说在朗格多克的传播。此外，英诺森三世因为没有军队，无法迫使污蔑自己妻子懂巫术的腓力二世承认英格博特为法兰西王后。但英诺森三世相信腓力二世错了。当腓力二世说服主教允许他离婚，并很快再婚后，英诺森三世很快写信谴责离婚是闹剧，再婚不合法。

英诺森三世写道："想想你的合法妻子，我们希望你能公正地解决这个问题，如果你无法做到，你在我们面前就丧失了权力。"随信附上的是革除教籍的威胁。被禁止做圣事几个月后，腓力二世不得不承诺妥协，重新考虑他的婚姻问题。尽管这个承诺是如此不情愿，但仍然是个承诺。直到1213年，在教皇的持续施压下，腓力二世才公开承认他讨厌的丹麦公主妻子和王后的身份。

我们已经看到腓力二世是如何与他的直属封臣打交道的，但征服诺曼底和安茹、取得布维涅战役大捷都是他数年外交的成果。他的王权就像乙醚一样渗透到英格兰。几乎没有人注意到，看到理查和他的兄弟们对父亲抱怨，腓力二世深表同情。在对待教会问题上，他也使用了不少妙招。

当代一位写腓力二世传记的作家写道："在没有结成联盟，确保每一步都获得支持前，他不会发动新的战争。"腓力二世笼络的对象通常是封建庄园的附庸佃户。在和平时期，他支持他们反对封建领主：有时他只是利用他的影响力扮演调停者的角色，有时他授予佃户们特权，有时通过王室法庭裁决他们的纠纷，但无论通过哪种方式，他会让弱势佃户感到他是他们的朋友，所以当他出征时，佃户们急切地聚集在他的麾下，有时甚至不顾领主们的反对。

第12章 腓力二世时代的法兰西王国

但王室的真正的危险不是来自封建贵族，而是普雷沃。普雷沃由国王任命，代替国王在各省行使税收、司法、审判的权力。如果君主软弱，这些普雷沃就会失去控制，发展成地方割据势力。幸运的是，他们的独断专权遭到贵族和教会的抵制。因此，确立普雷沃从属地位的改革体系受到各方欢迎。

地方政府和国王议会之间的纽带逐渐建立起来。法兰西北部称这些官员为"市政官"，南部称"管家"，他们的职责是监督普雷沃，必要时废黜他们或向国王报告。普雷沃仍然为王室收税，市政官负责监督他们的工作，并把所得款项上交中央政府。此外，市政官还巡回判案，并定期返回巴黎报告地方上的状况和案件的处理情况。

这些改革如同英王亨利二世的改革，逐步改变了法兰西王国的面貌：首先它摧毁了无法满足新兴文明需要的封建体制；其次，任命在金融、司法和行政管理方面受过教育的官员替代原来的贵族官员，贵族不再是国家依靠的力量，国家治理实行君主制。

在中世纪早期，法国的主要贵族被称为"宫相""管家""内侍"等，被赋予世袭荣耀和政治权力。随着时间的流逝，这些头衔消失了，在腓力二世和他的孙子路易九世统治时期，这些头衔被授给了职位卑微的"新人"，他们只在任职时享有这些头衔，或者他们仍保留朝廷册封的尊号，但失去了政治权力。王室曾经"事事都操心，但事事都力不从心"，例如在查理曼大帝时代。现在，政府发展成两个独立的体系，各有分工：大贵族围绕着君主，乐享尊贵的地位，而训练有素的官员们为国王出谋划策，执行国王的命令。

第 7 节 法兰西公社

腓力二世不鼓励自己的王室领地独立,但对其他大城镇就另当别论了。他对市民们为摆脱贵族、主教和修道院的束缚所做出的努力表现出极大的同情。许多城镇都成立了"公社",公社有些像当代的商业联合会,尽管在法国历史上起了非常重要的作用,但此时还处于萌芽阶段。有些公社起源于反抗压迫的斗争,市民领袖通常以公会的形式组织盈利性的活动。此外,享有法律特权的商人组织形成了。市民和商人想要获得的特权是自行征税,在当地法庭解决纠纷,保护贸易免受欺诈、独裁和外部的竞争。这些现在听起来自然而然的事情,却激起12世纪的法兰西一位作家的强烈愤慨。

他说:"'公社'这个词新颖但可憎,这就是它的含义。那些欠税的人只要支付本应属于领主的租金即可,而且一年仅一次;如果他们因反抗领主而犯罪,只要交纳补偿金就可豁免。"

除王室的领地外,腓力二世很乐意授予特许状,确认公社所期待的权力。腓力二世还建立了受王室保护的新城镇,逃跑的农奴只要缴纳必要的税款,接受特定的条件,就可在此避难。

第 8 节 腓力二世的成就

腓力二世统治的巴黎开启了一个新时代,它不是以有害的气味而闻名,而是为欧洲最奢华的城市奠定了基础。清扫、整修肮脏的街道,建防御工事、市场、教会,为庆祝布维涅大捷造了哥特式建筑的标杆——巴黎圣母院。这些都是在他执政期间规划或完成的。腓力二世也向年轻的巴黎大学伸出了保护之手,保护学生不受镇上

腓力二世为庆祝布维涅大捷造了哥特式建筑的标杆——巴黎圣母院

居民的敌视，因为受教育是牧师才能享有的特权。腓力二世和他的继任者们对受教育者施以的同情引导了公众舆论的发展，而这些知识分子也利用他们的舌头和笔来回报他们的守护神。

　　1223 年 7 月，腓力二世驾崩。虽然他是那个时代的伟大人物，但法国历史学家没有清晰地描述他的性格。后人只称颂他的意志、远见和耐心，而不是他的性格，所以并不真正了解他。他只是被当作令人崇仰和敬畏的国王，无人敢违背他的意志，或激怒他。但他内敛矜持，不喜宫廷享乐，厌恶亵渎神明的人，这些却无人知晓，人们对他为法兰西所做的贡献难以做出公正的评判。如果他像"狮心王"理查一世一样鲁莽，人们也许可以更好地了解他，现代传记作家也许对他的描述会更公正、清晰。

　　"他发现法兰西王国实力弱小，邻敌环伺。在他继位伊始，只有少量讲法语的人拥护他的统治。作为君王，他的权力受到轻视和嘲笑。即使作为领地领主，人们也公然反抗和藐视他，但当他驾崩时，整个法兰西王国的面貌已经发生巨大的变化。他无可争议地成为广阔领土的君主，内政外交都取得了长足的进步。"

　　腓力二世不仅改变了法兰西王国，也影响了欧洲。他使法兰西王国摆脱了封建采邑制的束缚，奠定了法兰西向近代迈进的基础，并且成为那些落后邻国的引领者。

第13章
君权和教权

亨利四世越过冰雪覆盖的阿尔卑斯山,到卡诺萨向教皇认罪时,随行的有一个忠诚的骑士,他叫布伦·腓特烈。因为他忠心耿耿,所以亨利四世把女儿嫁给了他,并封他为施瓦本公爵。后来,布伦·腓特烈之子成为康拉德三世。康拉德三世是霍亨斯陶芬家族的第一位君主。从此,君权和教权之间延续几代人的战争开始了。

"霍亨斯陶芬"本来是一座山,山上坐落着腓特烈最大的城堡。霍亨斯陶芬家族亦称"魏布林根家族",魏布林根是霍亨斯陶芬家族治下的一座城镇。霍亨斯陶芬家族的主要对手是巴伐利亚家族,巴伐利亚家族亦称韦尔夫家族。两大家族的纷争不仅把神圣罗马帝国搅得不得安宁,而且"越过"阿尔卑斯山,对意大利产生了灾难性的影响。两大家族之争成为13、14世纪最主要的政治斗争。

第1节 意大利公社

上一章我们谈到了法兰西公社,它是在反抗封建领主的斗争中建立起来的。意大利北部公社的建立过程和法兰西公社相同,但意大利的国情和城市活力与法兰西不同。意大利公社建立的速度更快,取得的成就更大。

13世纪的意大利人惊讶地说:"在法兰西,只有普通人才住在城里,骑士和贵妇们都住在私有领地。"当然,这与伦巴底人形成了鲜明对比。在意大利,邻邦之间相互猜忌、忌妒、竞争,每座城市都是一个独立、戒备森严的王国,或者坐落在山顶上,或者位于广阔的平原上。在城市狭窄的街道上,贵族、骑士、商人、学生、骗子和乞丐们混在一起,有限的空间决定了生活中的很多东西必须共享,无论是宗教仪式还是瘟疫。如果街头混战猖獗,阶级凝聚力就增强,人们的智慧和刀剑也变得更锋利。意大利北部的城市像温室里的花朵,比外面的世界更早结出文明的果实,无论是在商业、绘画还是政府自治方面。难怪来自阿尔卑斯山北边的游客会惊讶地看着意大利商人们居住的奢华宫殿。与这些宫殿相比,他们国家贵族们的城堡只是野蛮人的要塞罢了。

然而,这种欣欣向荣的独立局面是通过激烈的、不懈的斗争换来的,甚至最终危及意大利人原本要获取的政治自由。一开始,意大利人与入侵者斗争。后来,君士坦丁堡的东罗马皇帝结束了对意大利名义上的统治,当地的主教担任起培育这个城市国家新生活的责任,对国民进行了战争和治国方面的知识教育。

随着封建主义的兴盛,主教们逐渐变成了暴君。市政府开始选举议会和顾问委员会,领导人民反抗他们以前的恩人,建立独立于教会控制的自治政府。

意大利内部产生了一个危险:城市比国家更不稳定。伦巴底人的"公社"经常会变成私人派系或周边强大城市争相抢夺的猎物。在各派斗争中,不断出现联盟和反联盟,就像千变万化的万花筒一样,令人眼花缭乱。

第 13 章 君权和教权

教皇和神圣罗马帝国皇帝的辩论和斗争始于格里高利七世和亨利四世，由格里高利七世的继承者们和霍亨斯陶芬家族接棒。站在"公社"的角度来看，这是意大利人获得独立的天赐良机，用 10 世纪一位主教的话说："意大利人一直希望有两位统治者。这样一来，他们就可以操纵利用，实现制衡。"

支持霍亨斯陶芬家族的一派被称为"保皇党"，支持教皇的被称为"教皇党"。起初，在充斥着残酷和背叛的斗争中，人们不知如何选择。后来，腓特烈一世奉行强烈的君主主义，与教皇党开战，而教皇党展现出爱国的一面。

腓特烈一世是参加第三次十字军东征的"巴巴罗萨"。他父亲来自霍亨斯陶芬家族，母亲来自韦尔夫家族。推选腓特烈一世为神圣罗马帝国皇帝的人希望"他能像块基石，把两个家族连接起来，愿上帝保佑，两个家族的争斗能就此结束"。一开始，这个愿望似乎就要实现了，因为新皇帝与他的表弟——巴伐利亚兼萨克森公爵、韦尔夫家族的继承人"狮子"亨利感情甚笃。腓特烈一世还利用他的规则建立起史学家称为"不稳定的和平"时期。在这个时期，人变了，世界不同了，连天堂都变得更温和了。

但不幸的是，被称为"君主主义版希尔德布兰德"的腓特烈一世只是把和平的神圣罗马帝国当作实现更大野心的跳板。他视在君士坦丁堡统治欧洲的查士丁尼一世为偶像。在来自博洛尼亚大学的律师的帮助下，腓特烈一世收回了旧帝国[①]曾经控制的但现在几乎被遗忘的意大利北部领土。这位律师也因此获得丰厚回报。"意大

[①] 指从前的神圣罗马帝国。——译者注

利公社"发现腓特烈一世正在践踏他们的祖先通过战斗和牺牲获得的权利。腓特烈一世给每个重要城市派遣一名执政官作为当地最高行政长官,强征重税。如果人们抱怨或反抗,就会受到折磨或被处死。

"为自由而死是仅次于为自由而生的最好选择。"克丽玛人大声疾呼。他们的疾呼最终演变为动乱。米兰三年紧闭城门,不让执政官入城。但腓特烈一世和他的军队没有放过意大利,放火焚烧了克丽玛。饥饿的人群四处流浪。辉煌的米兰沦为废弃的石场。教皇亚历山大三世感到教权的独立受到皇权的威胁,就积极支持自由运动。最后,他被赶出了罗马,只得前往法兰西寻求保护。保皇党无往而不胜。在意大利最黑暗的日子里,教皇党不再进行派系斗争,而成为爱国者。教皇站在世界的面前,为驱逐侵略者、拯救意大利而奔走。

在米兰的废墟中,伦巴底人联盟出现了。不堪神圣罗马帝国的压迫和傲慢的各个城市纷纷加入联盟,甚至因有天然屏障而只求自保的威尼斯也为联盟提供船只和资金。米兰重建了,这座新城因教皇而得名"亚历山德里亚",具有重要的战略意义。巴巴罗萨轻蔑地称为"亚历山德里亚救命稻草",扬言要烧掉它,就像烧掉野草一样。但新城墙阻挡住了巴巴罗萨的进攻,瘟疫和潮湿的寒冬摧毁了驻扎在城市外围的神圣罗马帝国军队。

事实上,腓特烈一世已经失去他统治早期的政治远见。在腓特烈一世的母亲去世后,神圣罗马帝国因各种夺权斗争而陷入混乱。腓特烈一世有理由怀疑"狮子"亨利就是主要的幕后指使。"狮子"亨利大怒,拒绝参加对意大利的战争。更糟糕的是,教皇亚历山大三世与法王和英王结盟后,返回意大利,积极鼓动各方反对腓特烈一世的暴行,而腓特烈一世本人也早已被教皇革除教籍。

第 13 章 君权和教权

第 2 节 莱尼亚诺战役

1176 年，在离米兰十五英里的莱尼亚诺，盟军和神圣罗马帝国军队决一死战。面对武装简陋的普通市民，巴巴罗萨非常自信能够取得战争的胜利。但一支由米兰骑士组成的"死亡联队"发扬克丽玛人的精神，誓与军旗、战车共存亡。他们的战车上竖立着基督的雕像。基督张开双手，站在祭坛上，一根高大的柱子上悬挂着米兰的守护神圣安布罗斯的旗帜。

战斗打响了，神圣罗马帝国骑兵猛烈进攻，率先攻破了米兰人的防线，但"死亡联队"抱着必死的决心，奋力厮杀，转守为攻。在随后的战斗中，腓特烈一世下马作战。神圣罗马帝国军队里盛传腓特烈一世已经战死，因此士气低落。士兵们像潮水一样疯狂后退，将军们也加入撤退的洪流，无力挽回失败的战局。

神圣罗马帝国骑兵猛烈进攻，率先攻破了米兰人的防线

这就是莱尼亚诺战。人们不应只记住这是 12 世纪教皇党取得的一场胜利，更要明白这是一种力量对抗另一种力量的胜利，是为了自由而战所取得的伟大胜利。之后，在威尼斯，霍亨斯陶芬家族承认自己失败了，请求与罗马教廷和解。1183 年，双方签署《康士坦茨永久和平条约》。条约授予意大利北部公社许多权利，而这些权利从前一直为霍亨斯陶芬家族所有。

造币权、募兵权、征税权以及行政官员和法官选举权都是自由、民主发展的支柱，但在中世纪，人们认为"自由"就是压迫他人的权利，就是保留君主制。接下来的几个世纪，意大利又为异族所统治。公社滥用和践踏"死亡联队"誓死获得的权利。尽管如此，莱尼亚诺取得的胜利仍是欧洲的一笔宝贵财富。它向世人宣告，暴君可以被人民推翻，公民税收可以破坏封建军队的运行。

第 3 节 "狮子"亨利

巴巴罗萨回国后，向"狮子"亨利宣泄了他的怒气。他认为，"狮子"亨利没有随同前往意大利参战是他失败的主要原因。巴巴罗萨现在已经与罗马教廷和解，成为罗马教廷坚定的支持者。他邀请"狮子"亨利出席帝国议会，让"狮子"亨利就没收教会土地和收入的指控做出回应。"狮子"亨利只回应了萨克森教会纵火案。在"狮子"亨利缺席的情况下，帝国议会通过了反对"狮子"亨利的非法禁令。于是，魏布林根家族和韦尔夫家族的宿怨又像大火一样熊熊燃烧起来了。虽然一开始只是小火苗，但他们的情谊已经荡然无存。"狮子"亨利是英王亨利二世的女婿，与法王腓力二世和丹麦国王瓦尔德马一世结盟。他拥有南部的巴伐利亚公国和北部的

第13章 君权和教权

萨克森公国,这两个公国的面积相当于神圣罗马帝国的三分之二。与斯拉夫人的军事较量中,他取得了胜利,而腓特烈一世却丢失了伦巴底。因此,"狮子"亨利逐渐走上与腓特烈一世对立的道路。他丝毫没有意识到即使在神圣罗马帝国,政治的时钟也在前进,封建主义正退出历史舞台。

在德意志人看来,巴巴罗萨是神圣罗马帝国的至尊贵族,是得到罗马教廷支持的皇帝,而巴伐利亚和萨克森的行动是造反。战争愈演愈烈。贵族们眼睁睁看着同伴被殴打、流放,财产被掠夺,却不会挺身相助。

腓特烈一世只允许"狮子"亨利保留布伦瑞克的庄园。为了防止再次出现强大对手,萨克森和巴伐利亚被分割成小封地。神圣罗马的君主不应该只是名义上的,更应该是实际上的。他和他的继任者要像腓力二世一样建立强大的君主制国家,从而能持久而稳定地统治意大利。

迄今为止,我们主要谈的是意大利北部,但1187年,腓特烈一世让儿子娶了那不勒斯和西西里的诺曼人的王国的女王储康士坦茨,神圣罗马帝国和意大利南部就紧密联系起来了。腓特烈一世希望通过联姻与意大利南部建立永固的联盟,从而抗衡北部教皇和教皇党城市联盟。最后,腓特烈一世战胜了愤怒而无助的罗马教廷,接着效仿古代加冕他的儿子亨利为"恺撒"。为了追求冒险和荣耀,腓特烈一世还骑马参加了第三次十字军东征。

腓特烈一世在小亚细亚溺亡的消息很快传到神圣罗马帝国。人们既悲痛又自豪。虽然腓特烈一世继承了霍亨斯陶芬家族残酷、强硬的传统,但在他统治时期,社会和平、繁荣。于是,他的缺点很快被遗忘了。关于他的传说各种各样。人们纷纷私传他并没有死,而是在沙石下睡着了，如果他的臣民遇到危险，他就会醒来领导他们，保护他们。

亨利六世继承了腓特烈一世的帝国，也继承了他的梦想和错误。亨利六世早期的斗争成果之一就是使西西里成功脱离坦克雷德的统治，但西西里人同时陷入了更深的痛苦中，因为亨利六世通过诱骗和贿赂的手段与教皇和意大利北部结盟，实施报复：坦克雷德失明又残疾的幼子和其母亲被送到阿尔卑斯山的一个监狱结束了一生，而在巴勒莫和阿普利亚的地牢里，坦克雷德的追随者们忍受着痛苦的折磨和饥饿，生不如死。

康士坦茨皇后没有能力对抗丈夫亨利六世的暴行，继而憎恨和反对他。教皇也革除了亨利六世的教籍，但亨利六世只是轻蔑一笑。

1187年，腓特烈一世的儿子与那不勒斯和西西里的诺曼人的王国的女王储康士坦茨大婚

他有三重理想：首先，王位继承人不通过选举产生，而由霍亨斯陶芬家族世袭；其次，说服神圣罗马帝国贵族们接受那不勒斯和西西里合并成为帝国的一个省；最后，统治包括意大利南部所有的皇家领地，像奥托大帝时代一样，罗马的教皇是帝国的大主教。

亨利六世意志坚定，坚韧不拔，足智多谋，富有远见，如果他能活得再长一点儿，也许可以实现自己的理想。但1197年他就驾崩了，年仅三十二岁，留下一个三岁的儿子继承霍亨斯陶芬家族的理想。一年后，康士坦茨皇后也薨了。在她短暂的孀居期间，她试图调整丈夫的德国政策，并把西西里小国王[①]托付给中世纪最伟大的教皇——教皇党领袖英诺森三世监护。

第4节 英诺森三世

在英诺森三世的加冕典礼上，主礼牧师说："请接受三重加冕，因为你是公爵和君主的父亲，是世界的统治者，是救世主耶稣基督在人间的牧师。"对英诺森三世而言，这些话就是他所笃定的信仰，就像格里高利七世的信仰一样不可动摇，就像腓特烈一世和亨利六世的君主主义一样传播广泛。英诺森三世宣布"主耶稣基督只选择一人作为普世牧师统治万物。天堂、人间和地狱的万物都向基督跪拜。因此，所有的人都要服从基督的牧师，哪怕是一群羊和它的牧羊人。"他重申："君主只在世间拥有权力，而牧师在天堂也拥有权力。"

在阐述这些观点时，英诺森三世把教皇比作太阳，把帝国比作

[①] 也就是亨利六世与康士坦茨皇后之子腓特烈二世。——译者注

光芒略暗的月亮。在客西马尼园①，基督赐予圣彼得两把剑。他解释说这两把剑代表世俗领域的权力和精神领域的权力，那些声称要行使前一种权力的皇帝必须要征得圣彼得继任者的同意，因为"上帝赋予彼得不止统治世间教会的权力，还有统治全世界的权力。"

"卡诺萨的胜利"②让人们不禁思忖教皇格里高利七世的理想能否实现，但格里高利七世被逐出罗马，四处寻找实现理想的证据，死于流亡途中，现在只能由英诺森三世来继承和实现他的理想。英诺森三世的性格不像克莱尔沃修道院的伯纳德那般圣洁崇高，但他是一个头脑清晰的实干政治家。他希望依照世间王国的模式建立一个上帝的王国。他虔诚地相信，带着上帝给人类的赐福，用好手中的所有武器，就能实现这个目标。

有时，英诺森三世的雄心壮志也会破灭，如他极力鼓动第四次十字军东征。这次远征由于威尼斯的因素而宣告失败。威尼斯承诺向十字军提供必要的船只。把十字军送到达尔玛西亚海岸后，威尼斯利用十字军占领了一个垂涎已久的重要港口。之后，在商业和掠夺的双重利益驱动下，威尼斯商队和十字军洗劫了君士坦丁堡。英诺森三世使节的规劝书根本无人理会。英诺森三世获悉大怒。他原本希望通过此次东征，东方基督教③能归顺西方天主教，同时铲除异教。他的计划失败了，因为十字军以君士坦丁堡为中心建立的拉

---

① 客西马尼园位于耶路撒冷，靠近橄榄山，是耶稣基督经常祷告与默想的地方。——译者注
② 亨利四世与格里高利七世在关于教皇的权力方面斗争不断。亨利四世被格里高利七世革除教籍。亨利四世迫于压力，不得不屈从教皇，在卡诺萨（Canossa）城堡求见教皇，亨利四世在冰天雪地中站了三天，才得到教皇的原谅。史称"卡诺萨的胜利"。详细内容见本书第10章。——译者注
③ 即东正教。——译者注

威尼斯商队和十字军洗劫君士坦丁堡

丁帝国太弱小，既无力长期统治敌对的希腊人，也不能成为阻挡土耳其人的有力屏障。然而，政治家的素养使英诺森三世只得接受眼前的既得利益。于是，让东方基督教归顺西方天主教就成了他欠罗马教廷的长期"债务"。

第四次十字军东征尽管扩大了罗马教廷的影响，但仍然应该看作英诺森三世的一次失败。不过，在西方，英诺森三世的人格和政治才华为他赢得了声名。他的名字敌人听了恐惧，朋友听了雀跃。他是支持英格博特王后的道德力量，迫使腓力二世最终屈服。对信仰的坚定和执着、纯洁的个人生活和充满魅力的行为举止，使他赢得了罗马人的喜爱，尽管罗马人仍对牧师怀有敌意。

在中世纪，与阿尔卑斯山外的国家相比，意大利对教皇并不是特别尊重，尤其是罗马，因为教会的精神赠予都以物质回报为目的，教皇的行为往往与他们虔诚的职业龃龉。然而，在英诺森三世任职期间，我们在罗马找到了"完美"的代表，他手握授职权，市政长官向他宣誓效忠。通过这种双重影响，英诺森三世成为市政府的最高统治者。

在那不勒斯和西西里，英诺森三世可以继续康士坦茨皇后的政策，驱逐叛乱的贵族，打击西西里境内的萨拉逊人，发展教会教育。他的教子、年轻的西西里国王，有一天会为他的理想而战斗。英诺森三世写信给腓特烈二世说："上帝没有抛弃你，他带走了你的父亲、母亲，但他赐予你更可敬的父亲——牧师，和更好的母亲——教会。"

在伦巴底，教皇党自然认为英诺森三世是领袖。教皇的方式相对温和，而巴巴罗萨和他的儿子亨利六世的残酷行径激起了所有人的仇恨和怀疑。因此，英诺森三世发现他比以前的任何教皇在意大利拥有的权力都大，对他的赞助和联盟以意大利为中心延伸开来，

第 13 章 君权和教权

像一张网覆盖了整个欧洲。

法兰西的腓力二世试图忽视和反抗英诺森三世,但最终却不得不讨好他。英格兰的约翰王也由急躁、蔑视变为顺从、效忠；葡萄牙接受他为宗主；对手匈牙利国王寻求他的仲裁；甚至遥远的亚美尼亚也派遣大使寻求他的保护，但最重要的还是在与欧洲各国的斗争中他保持不败。

我们知道，亨利六世曾经希望皇位世袭，但神圣罗马帝国的贵族不愿意接受他的孩子为继承人。因此，候选人只能在霍亨斯陶芬家族成员——亨利六世的弟弟施瓦本的菲利普和韦尔夫家族的成员——"狮子"亨利之子奥托中选出。最后，他们选票相当。每人都声称自己是合法选出的皇帝，一个称菲利普二世，另一个称奥托四世。

在长达十年的时间里，神圣罗马帝国因陷入内战而遭受重创。奥托四世是教皇党的代表，得到英诺森三世的支持，请求教皇进行仲裁，但菲利普二世拒绝接受有利于对手的判决。他相信神圣罗马帝国大多数贵族和官僚都支持他。

教皇宣布"作为基督最亲爱的儿子，奥托勤勉、谨慎、细心、强壮、坚毅，献身教会。我们由圣彼得授权接受他为皇帝，并在适当的时候为他加冕。"

这是教皇的胜利！罗马不需要再接受保护，而成了保护者。奥托双膝跪下，充满感激地宣誓顺从和尊重罗马教廷赋予的特权，这就是教皇取得胜利的完整画面。然而，形式的发展不仅改变了传统，也改变了人。施瓦本的菲利普死后，奥托四世成了神圣罗马帝国唯一的统治者。原本属于教皇党的他发现自己从前的理想无法实现了。奥托四世现在成了"魏布林根"政策的延续者，宣布对伦巴底以及一些属于教皇管辖的城镇拥有统治权,同时宣布要把来自霍亨斯陶芬家族的年轻国王赶出那不勒斯。

英诺森三世对奥托四世的转变怒不可遏。现在奥托不再是他"基督最亲爱的儿子",而是一名伪誓者、分裂者。当务之急,罗马教廷要废黜奥托四世并革除他的教籍。然而,除非教皇能够为意大利和神圣罗马帝国找到有力的竞争对手,否则一切都是徒劳的。这名竞争对手必须能蛊惑人心,在教皇的支持下,赢得许多支持者。危机时刻,教皇发现了被奥托四世公开抨击的霍亨斯陶芬王子——腓特烈二世,一名自幼受天主教教义和理想熏陶的小伙子。

第5节 腓特烈二世

那不勒斯和西西里国王腓特烈二世有趣地继承了两个家族的喜好和特点。他血管中流动的南方血液让他充满激情,酷爱奢侈品和艺术,歧视妇女,把她们当作闲暇时期的娱乐工具。从父亲的霍亨斯陶芬血统中,他遗传了力量、野心和残忍;从他母亲的诺曼血统中,他遗传了鲁莽、大胆和背叛。以他的日常贵族教育来看,腓特烈二世只可能成为一个能力非凡的勇士国王,但由于英诺森三世对他的谆谆教导,男孩天生的智慧和想象力被激发出来了,远超同龄人。成年之后,腓特烈二世热爱读书和文化,对哲学和自然历史的兴趣浓厚。

腓特烈二世以宪章的形式创立了那不勒斯大学。他表达他的想法道:"在这个王国,渴望获得知识的人可以找到他们的食物。"他的巴勒莫宫廷充斥着放荡和奢侈,同时也是智者和学者聚集的中心。腓特烈二世喜欢在这里展示他的妙语和理论。

第13章 君权和教权

腓特烈二世到达罗马后,英诺森三世激励他拔出霍亨斯陶芬家族的剑与奥托四世战斗。他的个性甚至自己都不了解。他像任何一个有抱负、爱冒险的十七岁青年一样冲动、急躁。他真诚地尊重他的监护人,因此没有多想就跪在教皇脚下,保证他的忠心和信念,然后骑马北行,去赢得一个帝国。神圣罗马帝国有很多人等着腓特烈二世。一些人因奥托四世的韦尔夫血统而终生反对他,一些人因奥托四世的粗暴无礼而憎恨他。腓特烈二世把从热那亚共和国借的钱都挥霍在这些贵族身上。他的慷慨大方与霍亨斯陶芬家族固有的力量和胆略让他声名远扬。

1212年12月,他在美因茨登基。接着,内战爆发。教皇和帝国联盟①都苦不堪言。在前面我们讲述过,1214年,奥托四世在与法王腓力二世的布维涅会战中大败。这把奥托四世为数不多的支持者和最后的希望都冲走了。随着年轻的竞争对手进入莱茵兰,西西里王国和德意志王国不复存在,腓特烈二世在查理曼大帝的都城亚琛加冕称王。

英诺森三世现在的权力到达顶峰,因为他的学生和门徒登上了神圣罗马帝国的宝座。同年,英诺森三世在拉特兰宫召集会议。这是第四次召开类似的会议了。会议召开的目的是商讨他内心最渴望实现的目标——"拯救圣地和改革教会。"然而,英诺森三世无法再次燃烧起人们东征的热情,但在13世纪,净化教会生活除英诺森三世外无人可为。他在欧洲的影响力巨大,第四次拉特兰宫会议与

---

① 1212年,腓特烈二世正式加冕称德意志国王。在教皇支持下,他与法王腓力二世结盟,对抗英王支持的奥托四世。——译者注

腓特烈二世率军出征

会者云集,其中包括来自各领地、各阶层的代表。于是,英诺森三世的教皇生涯画上圆满的句号。

1216年,史上最有权力的教皇英诺森三世离世。他是一个性格鲜明的人,他的命运注定了他的辉煌。在他辉煌的政治生涯中,有一个瑕疵,就是他的一个短视政策,把那不勒斯再次并入神圣罗马帝国,从而把教皇夹在伦巴底和南意大利两堵墙之间。英诺森三世当时因为急需找到一个与危及教皇地位的奥托四世抗衡的人,加之他相信年轻的腓特烈二世做出的永远忠于他的承诺。此外,英诺森三世还试图通过让腓特烈二世公开宣布将那不勒斯留给不争皇位的儿子,来保障教会的未来。英诺森三世当年的行为只是播种了一阵

第 13 章 君权和教权

微风，而他的继任者收获的是一场旋风。

英诺森三世死时，新皇帝年仅二十岁。也许是为了取悦他的监护人，也许是出于热爱宗教的冲动，腓特烈二世一进入亚琛就拿起了十字军架做东征的准备。但几年过去了，他并没有急于兑现他的诺言。他大部分时光都在他热爱的南部王国度过，在那里他完成了英诺森三世的理想——使留在西西里的撒拉逊人归顺。英诺森三世对这些阿拉伯异教徒有着特殊的仇恨，但腓特烈二世发现这些人其实很软弱，迫切想依附他，于是就保护他们而不是迫害他们。腓特烈二世鼓励他们发展丝绸业，并为此在那不勒斯海岸建立了一个叫卢切拉的小镇。腓特烈二世还招募大量阿拉伯战士入伍，以此加强他对封建贵族的统治。这些封建贵族都是 11 世纪诺曼入侵者的后裔。

腓特烈二世成功地利用一个族群对付另一个族群，镇压或帮助不同阶级，很快他就成为那不勒斯的独裁者。他摧毁许多贵族的军事堡垒，严厉禁止贵族间的私战，剥夺贵族法庭和封建主教的审判权，审判权移交皇室法庭。各城镇选举市政官的权力被剥夺，当地司法和税务由皇帝派遣的官员管理。

总的来说，这些变化是有益的，因为在那不勒斯私人特权泛滥。腓特烈二世和腓力二世、亨利二世一样，有能力根除社会顽疾。他的高压政策激起了那不勒斯贵族和教会的愤怒。那不勒斯贵族和教会急忙向罗马教廷控诉，说他们的统治者更爱异教徒，并把巴勒莫宫建成接纳东方异教徒的后宫。

新教皇洪诺留三世听到这种报告和丑闻惊慌不已，注意到腓特烈二世只专注意大利，这引起他的不安。他只好不停地提醒腓特烈二世不要忘记东征的誓言，并耐心等待其兑现承诺。然而，腓特烈二世不仅迟迟未动，还彻底违背了当初对英诺森三世的承诺，加冕他的长子亨利为罗马和那不勒斯的国王，承认亨利是神圣罗马帝国和意大利的继承人。洪诺留三世获悉后怒火中烧，要革除腓特烈二世的教籍，但因为腓特烈二世的长篇累牍的解释和教皇对友谊的慷慨大度，事态没有进一步恶化。洪诺留三世选择相信腓特烈二世，因为他不愿意冒险点燃一场"大火"。不久，耐心的洪诺留三世去世了。

新教皇格里高利九世是英诺森三世家族的成员。在教会拥有世间至高统治权的观点上，他与英诺森三世完全一致。格里高利九世是一个生活简朴、精力充沛的老人。他认为腓特烈二世是一个忘恩

洪诺留三世

第13章 君权和教权

负义的怪物。他疯狂地努力削弱腓特烈二世的地位。在教皇不断的辱骂和威胁下,腓特烈二世在布林迪西开始为十字军远征做准备。当他最终要出发时,当地开始流行一种热病,他自己也被传染,只得退回港口。格里高利九世不相信有瘟疫,认为腓特烈二世借口拖延。腓特烈二世痊愈后,马上起航。然而,格里高利九世又发布禁令,因为腓特烈二世还未得到他的宽恕,不能远征。格里高利九世对待皇帝就像对待温顺的儿子,要求皇帝言听计从。

一名地位尊贵的十字军战士因为没有履行誓言,接着又因为履行誓言被基督教的最高领袖革除教籍,这多么荒谬和羞辱。腓特烈二世现在对罗马充满敌意。他没有听从教皇的禁令,继续前进。他固执地认为,即使不是为了天主教信仰,为了他自己的荣耀,也应该进行东征。在耶路撒冷,圣殿骑士团不支持他。留在阿克的基督徒因为受到牧师的警告,也不敢全力帮助他,甚至只是袖手旁观。然而,即使没有教皇的帮助,腓特烈二世取得的成就也比以往获得教皇祝福的十字军多。凭借武力和熟练的谈判技巧,腓特烈二世从苏丹手中夺得耶路撒冷,戴上了拉丁国王的王冠。

腓特烈二世履行了誓言,返回西西里。腓特烈二世远征期间,教皇的军队不停地骚扰西西里。现在,格里高利九世在圣热内罗与腓特烈二世签署了修好的和约。腓特烈二世虽然大声说"我已经忘记过去",但内心的怒火却难以平息。格里高利九世说:"皇帝是热爱和忠于我的儿子,但他的内心已不再信任我,他的话言不由衷。"

伟大的霍亨斯陶芬国王凭一己之力夺取了耶路撒冷!腓特烈二世现在是那不勒斯的统治者,神圣罗马帝国的至尊。他把帝国的权力延伸至伦巴底。格里高利九世认为,罗马的暂时独立决定了教廷的未来,但抱有这样的想法怎么能平静地睡在床上呢?

在这里，我们无法详述在《圣热内罗条约》撕毁后的细节。君主与教皇之间再次爆发战争，双方的内心都很痛苦。腓特烈二世无法忘记是他的基督教父亲试图毁掉他的十字军。这种记忆根深蒂固，他至今怒气难消。因此，他对向教皇妥协的建议充耳不闻。然而，他还是很恐惧教皇的谴责。他很清楚教皇指责他的罪行与事实不符：他既不残忍，也不挥霍；他那样做不是对撒拉逊人包容，而是因为他是那不勒斯国王、神圣罗马帝国的皇帝。

对于像腓特烈二世那样傲慢的人，只有一种办法可以清除教皇指责他的罪行，那就是占领罗马。他像手指压海绵一样，把他的判断挤进他的幻想中。他写信给教皇说："意大利是我的财产，世人皆知。"

腓特烈二世一心想要获得这份"财产"，就把政治家的风范彻底抛在了脑后。他在那不勒斯建立了强大的君主政体。但在神圣罗马帝国，他破坏了巴巴罗萨和亨利六世奠定的皇家权威的基础。他宣称："依照领地、豁免权、辖区、郡和百户邑所定惯例，让每位贵族都能和平拥有自己的领地和获赐的封地。"

为了从神圣罗马帝国攫取资金支付对意大利作战以及他的娱乐消遣的开支，腓特烈二世又用封建的无政府状态取代了神圣罗马帝国的良好政治秩序，用现代历史学家的话说就是，"他用神圣罗马帝国的皇位来换取对敌作战的胜利"。

起初，腓特烈二世赢得了胜利，他的精力和策略获得了回报。他的宿敌"伦巴底联盟"与他的长子亨利私下勾结，但被他及时发现。于是，他废黜并囚禁了亨利。面对终生监禁的可能，绝望的亨

第 13 章 君权和教权

利跳崖自尽。八岁的弟弟康拉德①取代了亨利,被加冕为王。

在意大利北部,腓特烈二世并没有把神圣罗马帝国的税款用来作战,而是用来扶持、资助魏布林根党②的意大利贵族。于是,贵族们为他而战,普通百姓对他闻风丧胆。这些贵族主要有易斯林·德·罗马诺和他的兄弟维罗纳与维琴察的领主阿尔贝里戈。他们的残暴和专制世间罕见。

当代一位历史学家描述了易斯林·德·罗马诺如何残酷屠杀了一万一千名囚犯,称"他是恶魔的仆人"。

"我相信从古至今没有比他更邪恶的人了。所有看到他的人都止不住要颤栗。今天活着的人不确定明天是否还活着。父亲会杀害儿子,儿子会杀害父亲或亲属去取悦他。"

阿尔贝里戈"绞死了二十五个最了不起的特雷维索人,而他们根本就没有冒犯或伤害他"。当囚犯们痛苦挣扎时,阿尔贝里戈把他们的妻子、女儿和姐妹们推倒在他们的脚下,然后把她们半裸着推入河中,任其漂流。

当这位"小撒旦"落入敌人之手,敌人会同样残忍地报复他。阿尔贝里戈和他的儿子被一群愤怒的暴徒撕成碎片,他的妻子和女儿被活活烧死,尽管她们高贵而美丽,并且完全无辜。

教皇党和保皇党不分青红皂白,惨烈厮杀,连小孩和妇女也不放过。残酷,这个最卑鄙和最具传染性的"罪恶",笼罩着 13 世纪,亵渎了这个拥有崇高理想和英雄辈出的时代。

---

① 即康拉德四世(1228—1254),神圣罗马帝国皇帝腓特烈二世之子。康拉德四世与他父亲一样,也与教皇进行了无休止的争斗。1251 年,康拉德四世入侵意大利,作为报复,教皇英诺森四世废黜了他的西西里王位。——译者注
② 魏布林根家族的支持者。——译者注

令当代历史学家惊讶的是,腓特烈二世有时可以宽恕别人调侃他,但有时会因为一位公证人拼错他的名字而切断公证人的拇指。为了娱乐消遣,腓特烈二世命一位仆人不断跳入大海,潜水捞取一个金杯,直到他筋疲力尽,再也没出来。

"伦巴底联盟"在科特努奥瓦被腓特烈二世的军队彻底击败,米兰插旗的战车遭到焚烧。腓特烈二世激动地宣布,现在意大利北部和中部都效忠他了。他攻克罗马涅,包围教皇的一些城镇,作为他被革除教籍的回应。在敌人逼近罗马城门时格里高利九世因悲痛、愤怒而死去。在红衣主教加冕前,他的继任者由于恐惧和不安,追随他而去。

英诺森四世登上了教皇宝座,他向腓特烈二世抛出了橄榄枝,但腓特烈二世却说:"我失去了一位朋友,因此没有教皇可以成为保皇党。"腓特烈二世谨记奥托四世的例子,皇帝不可能成为教皇党。

因此,腓特烈二世迎来了一位顽敌。他比格里高利九世更危险,因为他更谨慎、更懂政治。从里昂逃出来后,英诺森四世毫不退缩,维护了他在罗马的主张,宣布废黜皇帝,革除他的教籍。听到消息后,腓特烈二世一边嘲笑一边说:"教皇要废黜我?""把我的王冠拿来,我要看看他怎么拿走。"

腓特烈二世的侍从给他拿来七顶王冠,有神圣罗马帝国的、罗马帝国的、伦巴底的、耶路撒冷的、勃艮第的、撒丁尼亚的、西西里和那不勒斯的。他一个接一个地戴在头上,然后说:"看,它们不还是我的吗?没有人可以轻松地拿走它们。"

于是,韦尔夫家族和魏布林根家族之间,教皇党和保皇党之间的可怕战争继续进行。神圣罗马帝国和意大利笼罩在刀光剑影与血雨腥风之中。一位德国的历史学家说:"在皇帝的禁令被宣布后,

第13章 君权和教权

强盗们趁火打劫。普通人把犁头打成刀剑,长矛挂上钩子,不携带燧石和铁之类可以点火的东西,没人敢出门。"

随着教皇城帕尔马成功地抵挡住帝国军队的进攻,腓特烈二世的命运也跌落谷底。要不是身体日渐衰弱,他也许可以再次赢得胜利。1250年,腓特烈二世驾崩,他至死也未获得教籍。他的敌人诅咒他下地狱,热爱他的人认为他还活着,因为他的个性超越人类的极限。

然而,无论好与坏,腓特烈二世都死了,他的野心也随之消失了。教皇们还会被其他噩梦惊醒,但再也不会被神圣罗马帝国对意大利拥有至高无上的统治权这样的噩梦困扰了。腓特烈二世励精图治、呕心沥血建立的那不勒斯王国被他的继承人毁于一旦。最后,教皇把那不勒斯献给了法兰西的安茹家族。

在与篡权者的斗争中,霍亨斯陶芬家族的最后一位皇帝——康拉德之子、年仅十五岁的康拉丁[①]像他的祖父一样英勇无畏,但在作战时被俘杀。

康拉丁是霍亨斯陶芬家族的最后一位皇帝

---

① 康拉丁(1252—1268),康拉德四世之子,霍亨斯陶芬王朝最后一位君主。1267年,康拉丁率军进攻意大利,兵败被杀。——译者注

在神圣罗马帝国铲除异己后,腓特烈二世另寻他处建立的王国的根基并不稳固。他的征战和功绩都已成为记忆。了解他的人称他为"罗马的荣耀"。尽管他以失败告终,并且劣迹斑斑,但他仍是"世界的奇迹"。他鲜明的个性、超凡的勇气、无所畏惧的胆量、为实现目标百折不挠的精神,都超越了他的敌人和朋友。

第14章

中世纪的文化和教会组织

对现代人而言，"进步"这个词是指朝着完美的方向前进，但在不同的时代，这个词的含义会有所不同。在中世纪，进步意味着透过外族入侵的迷雾看到一个理想化的基督教罗马。灵感从前就存在。它不仅存在于神圣罗马帝国的政治观念中，还存在于思想和艺术领域。而在这些领域，传统往往会扼杀灵感，束缚创新。

中世纪早期的绘画以拜占庭刻板而华丽的宗教画为主。教父们认为，在教会会议上通过的教义最能代表基督教绘画的主题。非主流但贴近生活的绘画作品有祈祷书和圣经的插图集，描绘了福音书教义和圣人的生活。其他绘画作品再现了艺术家的生活环境——从他的陋室窗户望出去，看到贵族骑着马，鹰或猎犬跟随左右；农民在播种或耕地；商人带着他的钱袋；时尚的人拖着长礼服。

此外，还有装饰画。装饰画以流畅的线条、精湛的色彩工艺、对细节近乎苛刻的追求，鲜活地再现了12世纪到14世纪欧洲的真实生活。然而，中世纪最伟大的艺术作品不是用刷子完成的，而是用建筑工人的工具和雕塑家的凿子完成的。

第 1 节 中世纪的建筑

继大规模建教堂和修道院之后,虽然市政厅和大学等其他建筑也纷纷拔地而起,但与绘画相同,建筑师创作的初衷也完全源于宗教。圣奥古斯丁认为,人生只是通往永恒的"上帝之城"的短暂旅程。受他观点的影响,中世纪的人们相信,朝圣的旅途中到处都是恶魔和圣人。人类为了灵魂不断战斗,只有通过信仰和圣徒的仁慈帮助,人类才能战胜恶狼般的地狱军团。此外,人类的祷告是通过圣墓教堂传递给上帝,所以在圣墓教堂祷告最有效。

在现代,教堂和小礼拜堂属于公共财产,属于信仰者和思考者的共同财产。但当时由于资金和精神匮乏,或由于建筑工艺和建筑材料低劣,教堂的建造质量低下。在中世纪,教区的教堂与基督徒的生活息息相关。从出生受洗到生命旅程结束安息于地下,基督徒都离不开教堂。他们在教堂忏悔、发誓、祭祀和感恩,教堂是他们的避难所,可以躲避发生在街头、学校、粮仓和教区议会的暴力。

与中世纪的艺术家相比,中世纪的建筑师跟宗教的关系更密切。他们的灵魂与时代的希望和恐惧契合。建筑师们认识到建造和装饰寄托人们信仰的建筑,是展示他们天赋的最佳途径。"让我们为上帝的荣耀建造一座令所有人赞叹的教堂吧!" 13 世纪的锡耶纳人说。

因为黑死病在锡耶纳传播,夺去了很多设计者和建造者的生命,所以竣工后的大教堂,尺寸和宏伟程度只达到原设计的三分之一。然而,在现代人眼中它仍然雄伟壮丽,引人注目。设计者和建造者的信仰和对上帝的热爱似乎都嵌入黑白大理石中。他们的工艺体现了中世纪的灵魂,城市因此带有浓郁的中世纪色彩。

腓力二世建造的巴黎圣母院就是这样,维克多·雨果说,巴黎

第14章 中世纪的文化和教会组织

圣母院的"每一面,每一块石头都是一页历史"。几乎所有中世纪的教堂都经受住了战火的蹂躏,保存了下来,成为那个时代的记忆。如果说中世纪的艺术成就落后,那么至少有一门艺术成就非凡,那就是教堂建筑。

如果说中世纪的艺术成就落后,那么至少有一门艺术成就非凡,那就是教堂建筑

建筑师的工作完成后，雕塑家接着工作。起初他们的作品简单而庄重。后来，人们的想象力迸发，教堂采用拱形穹顶，柱头雕刻着天使、恶魔和各类怪物。飞拱①的发明使建造镶嵌大面积玻璃的高大天窗成为可能，也使玻璃绘画艺术达到顶峰。中世纪的艺术家们在坩埚②中混合颜料的工艺领先。人们被里昂、阿尔比和沙尔特教堂窗户的玻璃色彩所震撼。玻璃透明，色彩绚丽。彩绘玻璃的工艺秘密至今无法破解。

第 2 节　文化知识和教会组织

中世纪在建筑、雕塑和彩绘玻璃方面取得的成就有目共睹，但在知识方面，欧洲难以摆脱罗马的巨大影响，即使在遭受入侵时，意大利还在悉心研究经典作家的作品和罗马的法律。拉丁语是知识分子使用的语言。教堂诵经、布道、书信往来以及商业往来、教授们在大学授课都使用拉丁语。

语言统一的优势显而易见，教皇和国王与不同种族的主教、臣民可以轻松沟通，各国学生可以无障碍地阅读最好的书籍，因为几乎没有哪个中世纪的作家会屈尊俯就使用本国语言。更重要的是，大使、商人和朝圣者在环游欧洲时，可以用拉丁语清楚表达自己的想法，而无须绞尽脑汁进行语言转换。

语言统一也有缺点。首先，普通人失去了获取知识的途径；其

---

① 飞拱，又称飞扶壁，哥特式建筑重要的标志性元素之一。——译者注
② 坩埚是熔化和精炼金属液体以及固液加热、反应的容器。——译者注

沙尔特教堂的窗户玻璃透明，色彩绚丽，令人震撼

次，中世纪的很多作家可以用本族语言在羊皮纸上娴熟书写，但无法自如地使用拉丁语记载事件发生的经过，所以他们拙劣地模仿拉丁语风格撰写书籍。这些书读起来像目录一样索然无味。但中世纪文化犯的一个伟大"错误"就是《神曲》的问世。作者但丁因这部恢宏的拉丁语巨著而名垂青史。

英法两国的人们掌握拉丁语很困难，而且拉丁语古板、累赘，不适合日常交流。在中世纪，从操拉丁语的罗马士兵到高卢的商人

但丁因恢宏的拉丁语巨著《神曲》而名垂青史

都会说法语。法语是文明社会的语言。它有两种变体，一种是"d'œil"法语，另一种是"d'oc"法语。它们获得这样的称谓是因为，法兰西北方人，包括诺曼人，把 ouias 读作 œil，南方乡下人读作 oc。

威廉一世征服英格兰后，随着 12、13 世纪文学的发展，大量的 d'œil 法语进入英格兰，成为英格兰法庭的主要语言，而 d'oc 语言则主要在法国南部流传，是普罗旺斯人和加泰隆人创作诗歌和书写传奇故事的主要语言。前者的后代是今天的法国人，后者是西班牙人。但在 11 世纪，他们都是图卢兹伯爵[①]的臣民，图卢兹统治的地区从罗纳河源头到地中海，从意大利的阿尔卑斯山到埃布罗河。

第 3 节 中世纪的文化

图卢兹是一个半独立国家，孕育出一种新文化。新文化推崇用温和的形式享受生活，如爱情、艺术、音乐、科学，但这些形式会让人在享乐中堕落。图卢兹王宫对圣奥斯丁的"地狱说"毫不在意，尽管这是欧洲思想的主流。图卢兹人认为，享受快乐才是最重要的。在这种纵情享乐的文化氛围中游吟诗人比赛诞生了。游吟诗人歌唱爱情，拨动了骑士和淑女的心弦。游吟诗人创作的旋律优美动听，时而哀怨，时而欢快，让意大利和西班牙的观众如痴如醉。13 世纪，欧洲其他国家也纷纷效仿意大利，涌现出吟游诗人，如神圣罗马帝国、法兰西北部和英格兰，但他们歌唱的主题通常是战争而不是爱

[①] 图卢兹伯爵是中世纪法兰西贵族爵位。墨洛温王朝时代，国王派官员治理图卢兹。到了加洛林王朝末期，该爵位开始世袭。图卢兹伯国大致包括现在的朗格多克 – 鲁西荣大区南部与比利牛斯大区的东半部。——译者注

情，观众在城堡里、篝火旁或倾听查理曼大帝与圣骑士、亚瑟王与圆桌骑士的传说，或聆听活泼的边塞曲《切维·切斯》。

第4节 中世纪的大学

在市场、营地和宽敞的大厅通常歌唱或吟诵虚构的历史故事。这些地方也是普通民众获取知识的"学校"。只有少数人可以通过大学接受全面的教育。当时，最著名的三所大学分别是巴黎大学、博洛尼亚大学[①]和牛津大学。

在中世纪，"大学"这个词的意思是"男性联合会"。鱼商和布商为了保护自己的贸易利益建立了"公会"，大学建立的初衷和"公会"相似。今天，城市因为有大学而自豪，并热烈欢迎新同学。但在中世纪早期，大批来自欧洲各地的年轻男子拥入一个城市，其中许多人狂野不羁，不受约束。有些人很穷，必须依靠乞讨或行窃生活。所以，最初的大学并未得到人们的祝福。相互仇恨的不同族群之间，以及学生与当地市民之间的街头斗殴司空见惯，受伤、纵火、抢劫也是家常便饭，但大学经常会保护和控制它们的成员。因此，愤怒的商人想要铲除这些教育机构，因为他们必须为生存而战。

市政当局也没有宽容地对待大学，因为大学就像城中城，威胁到城市管理权。直到几个世纪后，市政官员们才明白了"合作"这

[①] 博洛尼亚大学位于意大利博洛尼亚城，是全世界第一所大学，创建之初以法律和医学两个专业著称，已有八百多年的历史，被誉为"大学之母"。——译者注

第14章 中世纪的文化和教会组织

个词的含义,也就是说,他们应该帮助而不是阻碍大学的工作。但也有像腓力二世这样宽容的国王,让学生享有神职特权。随着大学的发展,学校开设了自己的课程。在13世纪,巴黎大学的老师们关闭了演讲厅,带领学生出走,抗议市政当局对暴乱处理不公。他们用离开告诉巴黎人,学生是城市的财富,而不是灾难。在教皇"诏书"的保护下,几个星期后,学生们以胜利者的姿态重返拉丁区[①]。

建立可供学生居住的大学是一个渐进的过程。任何类似于现代大学的复杂机构都是逐步演化来的。学生住在学校,老师靠学生支付的学费生活。如果老师们的授课不受欢迎,听众减少,老师们就会挨饿。老师和学生的生活都是不稳定而危险的,因为经常有一些穷人或罪犯潜伏在街头,攻击过往行人,威胁师生安全。学生在校学习的时间不是"短暂的逗留"。在牛津大学或巴黎大学,学生学习期满五年才可获得文学学士学位,再攻读三年才可获得硕士学位。如果要获得最高学位,比如神学博士,学生至少要经过八年艰辛的努力。因此,在大学读书可以说是一种职业。

在意大利最大的大学——博洛尼亚大学,许多学生都对研究罗马法律的本源感兴趣,这并不代表学生对垂死帝国的法律多么感兴趣,而是他们想要掌握在被入侵后,对方借鉴和植入其国家法典的法律体系。《民法大全》在11世纪比在它的编纂者查士丁尼大帝时期更受尊重。我们看到,巴巴罗萨让博洛尼亚的律师们努力从旧法律文件中找到证据,证明他想要建立的伦巴底是合法的。当律师们

---

① 拉丁区(Latin Quarter)位于巴黎塞纳河南岸,是巴黎著名的大学区,区域内学府林立,如著名的索邦大学、法兰西学院等。拉丁区这个名字来源于中世纪,当时这里以拉丁语做教学语言。——译者注

在巴黎大学,学生学习期满五年才可获得文学学士学位,再攻读三年才可获得硕士学位。如果要获得最高学位,学生至少要经过八年艰辛的努力。因此,在大学读书可以说是一种职业

在博洛尼亚大学,许多学生都对研究罗马法律的本源感兴趣

帮助他实现愿望后,他给律师们丰厚的回报,赐予他们骑士头衔,显示对他们价值的认可。尽管巴巴罗萨的专政最终导致"伦巴底联盟"揭竿而起,反对他的主张,但这个例子很好地证明了中世纪的人们对早期法律和所有权契据的尊重。

第 5 节 中世纪的教皇政府

与欧洲的民法法典相比,直接建立在经典模式之上的教会法与旧罗马的法律文本的关系更紧密。随着格里高利七世的野心膨胀,教会法变得越来越重要,要求一大批训练有素的律师来解释和使用它们。对雄心勃勃的年轻人来说,在教会学习法律课程,可以获得一份回报丰厚的职业。这些未来的律师们学习的课本,是由格拉提

壮年时的巴巴罗萨

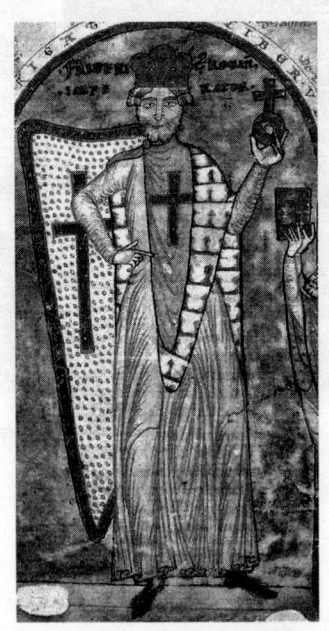

晚年时的巴巴罗萨

第14章 中世纪的文化和教会组织

安①编纂的一部详尽、权威的教会法著作。

执行教会法的教会法庭②曾处理过亨利二世和托马斯·贝克特的争端。教会法建立的初衷是处理教会和神职人员的案件，同时竭尽所能吸引教会的保护对象。教会保护的对象有牧师和神职人员，后来涵盖了十字军将士、寡妇和孤儿。教会法庭的管辖范围不仅涉及诸如异教、亵渎神明和做伪证等道德问题，还涉及遗嘱、结婚和离婚，甚至是诽谤等非教会问题。

罗马成为教会律师的聚集地，教皇就像旧时的罗马皇帝，是最高法律的制定者，是全欧洲教会法庭最后的上诉法庭。教皇拥有绝对的权力，至少理论上是这样。如果教皇认为可行，他可以把教会法律搁置一边，实施他的"豁免权"。此外，无论底层教会法庭诉讼进行到什么阶段，教皇可以召集教廷或教皇法庭直接宣读他的审判结果。

教会也有阶层，与世俗社会的封建阶级相对应。教皇之下是大城市主教，大城市主教从教皇或教皇使节手中接过象征权威的羊毛披肩。大城市主教之下是教区主教及其属官。最底层是执事和农村教长，他们拥有法庭和审判权。

教皇的意愿以信件的形式传达到基督教界，被称为"诏书"，上面盖着重重的印章，如果有人违背或无视诏书的内容，违反者是个人的，会受到革除教籍的惩罚；违反者是国王或城市的，会面临更严厉的惩罚禁令。接到禁令的城市，被剥夺所有的精神慰藉：没

---

① 12世纪的一位修道士。——原注
② 教会法庭是一个管理教会事务的司法机构，其中包括对教会的财产权及税收权加以保护、对各级教士履行圣职加以监督、对教士的各类过失加以审判等。——译者注

有牧师给公众布道、给新生儿洗礼，没有牧师主持婚礼，没有牧师给予临终关怀，没有牧师参加葬礼，教堂的钟声不再敲响。

当圣人撤回遮挡的臂膀，恶魔们就会欢乐地聚在一起，重拾丢失的灵魂。正是在这种精神饥饿的压力下，英格兰的约翰王受到人民的诅咒，只能向罗马忏悔、屈服。然而，像大多数武器一样，熟悉会导致蔑视：频繁使用禁令和革除教籍就削弱了"武器"的效力，例如腓特烈二世，经常被革除教籍。即使在教皇的禁令下，他也能征服耶路撒冷并统治意大利。

教会想要统治全世界，并要求绝对服从，这显然超出了它的能力。同时，为了实现世俗的理想，教会不可避免地受到外界的诱惑：如果没有源源不断的资金流入教会的金库，教会繁复、昂贵的行政管理就难以为继。律师、牧师、使节、红衣主教和教皇本人也要在世人眼中保持与职位相称的状态，因为13世纪跟12世纪一样，人们以貌取人，并予以相应的尊敬。

教皇法庭[①]是欧洲宗教和精神生活的中心。然而，除了日常开支，教皇与各国持续不断的战争也增加了教会的财政负担——先是与邻近的意大利各国君主的斗争，接着是与神圣罗马帝国皇帝的斗争。最后，教皇英诺森四世战胜了霍亨斯陶芬家族的国王腓特烈二世。教皇更多的时候会把手伸向英格兰的钱袋子。在约翰王之子亨利三世统治时期，英格兰被揶揄为"教皇的摇钱树"。

起初，教会法庭对罪犯的判决比国王或封建领主的暴政人性、全

---

① 教皇法庭是基督教会法院的最高法庭，产生于中世纪初期。由罗马教皇亲自主持，受理各级教会法院的上诉案件，包括刑事案件和一些特别案件。——译者注

面。教会法的支持者被认为是大众英雄。然而,后来随着民族主义的发展,随着国家民法法典的实施,人们的信念开始动摇了,教会法执行起来成本高昂且耗时,尤其是上诉案件,得从低级法院上诉至罗马教廷,而罗马教廷的判决经常被金钱和权力左右。

第6节 教皇的压榨

不止司法可以买卖。罗马教会的大部分资金来源于欧洲各国的圣奉和俸金。教皇通过各种方式敛财。教皇与神圣罗马帝国皇帝和保皇党之间旷日持久的战争,迫使教皇必须让教会的资金增长。因此,用在主教教区和教区精神需要的资金只能让位于军事需求。

有时,牧师候选人支付大量钱财并不是为了得到俸金,而是为了获得下一任职位的优先承诺。提名候选人时,牧师会承诺将自己的"第一个成果",即第一年的俸金送给罗马教廷。愿意掏钱的一般都是当地主教职位空缺的本国人。通常情况下,成功获得提名的候选人不亲自去履职,而是派一个代理人去收取会费。会费的来源多种多样,但教士的俸金主要来自十一税,即为了维持教会生存所征收的税,每个公民要向教会缴纳自己收入的十分之一。

不断横征暴敛常常会导致怨声载道,中世纪也不例外。以英格兰为例,教皇和神圣罗马帝国皇帝爆发战争时,英格兰并未卷入,但罗马教廷不断触碰英格兰的钱袋。英格兰非常不满,甚至对罗马教廷充满敌意。

巴黎的历史学家马修·帕里斯①写道:"在这种时刻,信仰之火越来越弱,几乎熄灭,因为现在盛行不知廉耻地公开买卖圣职。每天,社会最底层的文盲身带教皇的诏书,征收和掠夺农民和他人赖以生存的财物。"

亨利三世统治时期,教皇的使节被愤怒的学生赶出牛津小镇。"那个放高利贷、买卖圣职、横征暴敛、贪得无厌的家伙哪里去了?"学生们大声喊道。在街上找到教皇的使节和他的随从时,学生们吼道:"就是他蛊惑国王,颠覆国家,用我们的血汗钱资助外国。"

在林肯,主教格罗斯特拒绝帮助英诺森四世的侄子,一位年仅十二岁的少年,成为教堂的下一任受俸牧师。教皇的亲戚吞噬了欧洲大多数地方的俸金和主教职位。在英诺森四世时期,"裙带关系"公开化。也就是说,教皇利用教会的收入和职位为他的侄子和其他家庭成员谋利。

巴黎的历史学家马修·帕里斯这样评价教皇英诺森四世:"他把礼义廉耻放一旁,成为有史以来勒索钱财最多的教皇。"英诺森四世勒索的钱财能让罗马战胜敌人,但勒索是一种危险的权宜之计。在中世纪早期,教皇被视为代表教会传达基督的声音。在教皇与君主发生纷争时,君主无法确定臣民是否忠心,不知他们是否会响应号召,拿起武器反抗他们的"神圣父亲"。

随着各国国力的增强和罗马世俗权力的扩大,欧洲人民对教皇的看法也发生了变化,更倾向于服从他们所熟知的统治者而不是陌生的、遥远的统治者。他们也不再愿意接受教皇的干涉,因此第一

---

① 马修·帕里斯(1200—1259),本笃会修士,英格兰作家兼绘图师。他一生著作等身,其中大部分为历史著作。——译者注

在信仰之火越来越弱的时候,不知廉耻地公开买卖圣职日渐盛行。每天,社会最底层的文盲身带教皇的诏书,征收和掠夺农民和他人赖以生存的财物

次开始区分教皇和教会两个概念了。

当英诺森四世废黜腓特烈二世,要把王冠加冕给挪威国王哈康·哈罗德森①时,哈康·哈罗德森拒绝了。他说:"我很乐意与教会的敌人作战,但我不愿意与教皇的敌人作战。" 哈康·哈罗德森的话代表了一种新思想。持续两个世纪的教皇党与保皇党之争,为15世纪发起的由俗世议会监督教皇权力的运动奠定了基础,而在16世纪的宗教改革中,教皇的权力遭到了更激烈的反对。

---

① 史称"小哈康·哈罗德森"。他的父亲称"老哈康·哈罗德森"。——译者注

第15章

中世纪的信仰

一位即将进入大学学习的现代学生正处在人生的十字路口,因为他不可能像16世纪的哲学家一样"广泛涉猎",而必须选择攻读的方向——法律、古典文学、科学、经济学、化学或医学等。中世纪的人们肯定会对种类繁多的学科感到迷惑不解,因为在当时,所有的学科都是通往神学的主干道的边缘小径,比如科学。科学是基于事实而建立知识的过程,没有可靠的证据不能成为事实,而在13世纪,这简直就是天方夜谭。

罗杰·培根是第一个尝试科学实验的英格兰人。他的研究和他对当时观点的讽刺评论使他被视为魔鬼。他因为被怀疑是巫师而遭数年监禁。当时,即使教皇再开明,也无法把他从监狱中救出来。

人们不愿意改变从小就熟悉的观点,欣然接受早期基督教作家所讲的神话故事,例如凤凰涅槃,浴火重生;鹈鹕杀死了刚出生的幼子,又在三天内复活了它们;麒麟破解了猎人的所有诡计,却被一个纯洁的少女轻易捕获。对中世纪的人而言,这些历史故事的魅力不在于它们的传奇性,而在于它们指向道德或装饰神学的教义。

就像罗马法律在博洛尼亚大学一统天下一样,神学是巴黎大学的主要课程,课程内容包括彻底掌握教父对圣经的阐述,了解希腊哲学家亚里士多德的拉丁文和阿拉伯文译作。尽管亚里士多德是异教徒,但他受到很多中世纪神学家——圣杰罗姆和圣奥古斯丁的推崇,他们毕生的工作就是试图调和亚里士多德与天主教相异的观点。

第1节 经院哲学

来自这些权威的哲学被称为"经院哲学"。提出令人深思的观点,从而创建理论体系的人被称为"经院学者"。

巴黎大学第一位伟大的神学家是彼得·阿伯拉[①],他是布列塔尼人。彼得·阿伯拉英俊、自信、头脑灵活、口齿伶俐。他对中世纪哲学体系建立的基础辩证法研究深入。他能围绕主题展开滔滔不绝的演讲。他的雄辩和独创性吸引了许多学生。学生们抛弃了原来的老师,纷纷投奔他的门下。

在巴黎大学,很多年轻人围挤在桌子旁聆听彼得·阿伯拉演讲,因此,彼得·阿伯拉有时也被称为大学的创建者。虽然这不是真的,但他受欢迎的程度决定了巴黎而不是其他地方成为法兰西的知识中心。人们孜孜不倦地倾听他的思想理论。他试图用人类的理性来证明教会的信仰,他的理论也是以保护教会为目的,但他还是很快陷入与教会的矛盾中。

彼得·阿伯拉的著作《是与非》,简要总结了早期基督教神父在各种神学问题上的观点。经过仔细研究,他发现很多观点是相互

[①] 彼得·阿伯拉(1079—1142),神学家和经院哲学家,生于贵族家庭。他的"三一学说"被斥为异端,著作《神学》被焚。1142年死于克鲁尼修道院。——译者注

第15章 中世纪的信仰

冲突的。因此，他成为教会，尤其是克莱沃尔修道院的圣伯纳德仇视的对象，因为圣伯纳德认为，人类的理性只是为了接受教会的教义，而不是对其提出质疑或批评。

圣伯纳德写信给教皇说："彼得·阿伯拉认为自己能够通过人类的理性完全理解上帝。他否定了基督教信仰的价值。在他的眼中，人是伟大的。他是异教邪说的鼓吹者。"

彼得·阿伯拉英俊、自信、头脑灵活、口齿伶俐，能围绕主题展开滔滔不绝的演讲

彼得·阿伯拉与圣伯纳德的思想完全相反。圣伯纳德尽管公开谴责教会的罪过，但从不挑战权威思想。他憎恨和惧怕人类以智慧为傲，认为这是所有罪恶中最致命的一种；而彼得·阿伯拉天生好奇多思，把灵巧的大脑看作外科医生的刀，能把疾病或坏死的组织等杂念清理掉，使思想更健康、更纯净。

尽管彼得·阿伯拉与圣伯纳德是对手，但并不匹敌，因为圣伯纳德是一个伟人，完全抛弃了世俗的虚荣，静心修身，具有中世纪还未被唤醒的探究精神。因此，彼得·阿伯拉被迫在修道院隐退，他的著作被公开焚毁。

彼得·阿伯拉的学生彼得·伦巴都[①]采用老师的方法，对争论的问题进行了详尽阐述，而且没有引起正统教派的不满。彼得·伦巴都的著作《语录》成为经院哲学最权威的教科书。在中世纪的思想丛林中，这部天才之作为创新者开辟了一条道路。到了12世纪后半期，随着亚里士多德一些不为人知的作品被发现，很多经院学者的研究热情被激发了。这些学者中成就最突出的是托马斯·阿奎纳[②]，他被称为"天使博士"。

托马斯·阿奎纳出生于那不勒斯一个贵族家庭，幼年从家里逃出来，加入多明我会。多明我会是一个流浪牧师团体。后来，托马斯·阿奎纳被他的哥哥抓住带回家，但威胁和监禁都无法使这个年轻人

[①] 彼得·伦巴都（1100—1160），意大利北部人，曾任巴黎诺托达姆神学院教授，后升任巴黎教区主教。12世纪著名神学著作《四部语录》即出自他之手。——译者注

[②] 托马斯·阿奎纳（约1225—1274），中世纪经院哲学家和神学家。他出生于意大利南部一个贵族家庭。他是自然神学最早的提倡者之一，也是托马斯学派的创立者。著有《神学大全》。——译者注

圣伯纳德是一个伟人,完全抛弃了世俗的虚荣,静心修身,具有中世纪还未被唤醒的探究精神

托马斯·阿奎纳出生于那不勒斯一个贵族家庭,被称为"天使博士"

放弃他选择的生活。一年后,他跳窗而逃,离开那不勒斯,前往科隆和巴黎研究神学,成为当时最著名的神学讲师。在他最有名的著作《神学大全》中,他提出信仰上帝是人的最高境界。他以基督教父的注解评论和亚里士多德的著作为素材,建立起自己的哲学理论。他和彼得·阿伯拉一样,相信理性,但去除了彼得·阿伯拉的探究怀疑主义。人类的理性是引领他穿越神学迷宫的向导。托马斯·阿奎纳的研究方法清晰、公正,他的著作闪耀着理性的光芒,他成为与圣奥古斯丁齐名的神学权威。

第2节 中世纪的信仰

人们对神学的高度关注以及对正确信仰的重视是中世纪最显著的特征。今天,我们判断一个人是通过他的行动而不是他的信仰。我们会用慷慨、自私、善良、残忍、勇敢或懦弱等词汇总结一个人的性格,但在12世纪和13世纪,这些完全是错误的标准。在那个残酷而充满激情的年代,像圣伯纳德那样崇高的行为,除了圣徒,普通人根本无法达到,而实现美好的生活似乎也就不可能了。人们普遍认为,除了苦修,世间的罪恶和失败要想得到赦免,罪人要忏悔、改正、坚守教会的教义之后,上帝就会通过圣徒予以怜悯、宽恕。教会的教义或"信仰"已经由基督传达给他的使徒,由教父编纂成书,由教堂议会规范为信经和圣礼,由牧师和神学家布道和宣讲,由教皇维护,只有它才能指引步履蹒跚之人前往上帝之城。

法兰西一位伯爵说:"依据基督教人类永生的教义,我能得到什么?在天堂能得到天使赠予的王冠,因为天使是离上帝最近的人。"

在中世纪人眼中，接受异教是不可饶恕的罪过，道德的疾病比身体的疾病更严重，因为它影响的是灵魂，人的灵魂是永恒的。异教徒必须被镇压，如果可能，使其皈依基督，如果不行，异教徒就像沾染疾病的破布被烧死和遗忘，以防他们错误的信仰传染他人，让他人永远失去灵魂。今天我们知道，无论是压制还是焚烧，都不能最终消灭思想的独立性和探究精神，因为思想独立和接受权威一样，是人类发展的推动力。宽容多大程度上可以发展为行为和信仰，仍是世界研究的课题之一。看看首先开战的地方吧！那里的人们既不寻求也不提供妥协方案，因此播下了流血和硝烟的种子。

除了彼得·伦巴都，彼得·阿伯拉的另一位知名弟子是意大利人布雷西亚的阿诺德①。他在很多方面和老师很相像——专注、活跃、雄心勃勃。离开大学返回家乡后，他把布雷西亚搅得天翻地覆。他公开宣称教会应该回归"使徒般贫穷"的年代，鼓励人们摆脱主教的束缚。教皇和牧师被他的观点激怒，把他逐出意大利。他又回到巴黎大学教书，但法王也下令驱逐他，他不得不再次离开。教皇使节因为了解和仰慕他，因此提供保护，让他在神圣罗马帝国避难。但这个消息让圣伯纳德勃然大怒。

圣伯纳德写信给教皇使节说："布雷西亚的阿诺德说话甘之如饴，但他宣扬的教义是毒药。他被罗马憎恶，被法兰西驱逐，被神圣罗马帝国诅咒，意大利也拒绝接受他，但他却得到了你的支持。与他为友就是与教皇和上帝为敌。"

---

① 布雷西亚的阿诺德（1100—1155），布雷西亚隐修院长，意大利激进的宗教改革家。他主张精神权利与物质财富分离，废除教皇世俗权力，被教皇谴责为教会分裂分子。后来，他在罗马被腓特烈一世所俘，处以绞刑。——译者注

第15章 中世纪的信仰

经过斡旋，教皇使节使阿诺德与教会暂时和解，但阿诺德天生就是个点火者。在罗马定居后，阿诺德很快成为"自由之城运动"[①]的领袖，只忠于神圣罗马帝国皇帝。在他的努力下，教皇被流放。但罗马人害怕教皇发布禁令剥夺他们赖以生存的朝圣之旅，最终抛弃了他，他被迫逃离。他在意大利的一座山上被抓获。被带回罗马后，他受了火刑。他的骨灰被扔进台伯河，以免被热爱他的人民奉为圣物。其实无须这么谨慎，因为在那个时代阿诺德的宗教和政治观点很难获得大众的认可。事实上，在其他地方，异端学说也偶尔出现，直到13世纪初才形成规模，成为教皇重视的问题。

异端学说比较盛行的地方是朗格多克和普罗旺斯。朗格多克和普罗旺斯文化繁荣，思想发展迅速。13世纪，图卢兹伯爵不再统治现代称为西班牙的地区，但统治着比利牛斯山北部最富饶的地区，是国王的直属封臣。

图卢兹是半独立国家。其君主雷蒙德六世的宫廷以奢华和享乐闻名。他轻视道德，排斥正统教派观点。当他的臣民嘲笑天主教时，罗马教廷谴责了他，而他就对天主教主教和牧师施刑。雷蒙德六世懒得假装悔过，因为他质疑的本性与异教合拍。他和贵族们完全赞同布雷西亚的阿诺德的观点，让教会回归使徒的贫穷状态，因为那样他们就可以侵占和挪用教会的土地和收入了。

[①] 为了摆脱教廷控制，罗马市民驱逐了教皇和各枢机主教，恢复了古代的元老院，宣布罗马为共和国。阿诺德到达罗马后，立即和起事者联合攻击教皇和枢机主教，史称"自由之城运动"。——译者注

第 3 节 朗格多克的异端学说

朗格多克的异端教派很多，最重要的有阿比尔教派和韦尔多教派，前者几乎完全否认基督教，认为善与恶是平等的，而基督的死对拯救人类毫无用处；韦尔多教派，或称"里昂的穷人"教派，起先试图让教会接受其信仰。韦尔多教派的创始人彼得·韦尔多[①]是里昂的一位富商。他把一些福音书由拉丁文翻译为俚语。他舍弃所有财富，挨家挨户布道，并和信徒们一起效仿使徒过简单贫穷的生活。

尽管韦尔多派的教义受到教皇的谴责，但韦尔多教派的人数在增加。韦尔多教派认为《圣经》的权威高于教会的权威，独立任命牧师，否认基督教义书中很多关于救赎的文章。

中世纪的教会告诉人们，只有接受《信经》或《圣礼》中宣扬信仰的文章的教化，并由牧师指引，才有被拯救的希望。《圣礼》中有七篇关于弥撒奇迹的重要文章，也称"圣餐变体论"，它来源于"最后的晚餐"[②]。基督受刑前，给他的门徒面包和酒，说："拿起来吃，这是我的身体。拿起来喝，这是我为你们流下的血。"中世纪的教会宣称，每次做弥撒时，祭司都要献上圣饼，因为基督为世界的罪过做出新的牺牲，而面包变成了组成他身体的物质。

---

① 彼得·韦尔多（1140—1205），中世纪韦尔多教派创始人。他本是里昂的商人，1173 年，他将个人所有财产捐给穷人，从此过上使徒般的贫穷生活。韦尔多教派主张恢复早期基督教会习俗，否认许多正统教义和教会礼仪。——译者注

② 耶稣和他的十二门徒坐在餐桌旁，共进晚餐。餐桌旁共十三人，这是他们在一起吃的最后一顿晚餐。在餐桌上，耶稣突然感到烦恼，他告诉他的门徒，他们中的一个将出卖他。史称"最后的晚餐"。——译者注

第 15 章 中世纪的信仰

韦尔多教派以及后来抛弃中世纪教会教义的许多教派都否认了这个奇迹，同时否认了祭司圣品的神圣性。根据教会的说法，牧师通过主教的双手得到了基督赐予圣彼德的神秘力量，赋予牧师权力，宽恕他们的罪行。无论牧师是懒惰还是邪恶，都可以通过神职保留他神圣的品格。

12 世纪，圣伯纳德游历到朗格多克时，惊恐地发现"圣礼不再神圣，牧师无人尊重"。他提出抗议，迎接他的却是石块和威胁。而当圣公会成立宗教调查机构，试图消除这种敌意时，普罗旺斯人的痛苦增加了，他们不改变信仰的决心加强了。

人们用"我宁愿成为犹太人"来表达对犹太人的轻蔑态度，而在图卢兹，人们说："我宁愿成为牧师。"到国外布道的牧师因害怕遭到攻击而被迫戴上头套，隐瞒自己的身份。

英诺森三世的第一个判断是，"只有坚定不移地宣传基督教，才能消灭异端。通过宣扬真理，我们可以破坏错误的根基"。因此，他派了西多会的一些修道士去朗格多克完成使命。随修道士一同前往的有一个年轻的西班牙人，叫多米尼克·德·古斯曼[①]，他愿意为赢得信仰的灵魂而牺牲自我。西多会修道士骑马前行，后面跟着大批仆人和满载衣食的牛车。这引起阿比尔教派和韦尔多教派人士的嘲笑。他们说："看到了吗？上帝富有的传教士载满了荣耀，但他们行为卑劣，令人鄙视。"

到处是这样的嘲笑和鄙视。举步维艰的时刻，西班牙人多米尼

---

① 多米尼克·德·古斯曼（1170—1221），西班牙人。他是一位博学多识的圣职人员，创立多明我会。——译者注

克·德·古斯曼站了出来。与生活在贫困中的异教牧师和生活在奢华、世俗中的当地基督教牧师说话时,他态度谦和诚恳,甚至在布道游行时也保持同样的态度。他长期严格自律,身着粗麻衬衫,经常禁食,远离享乐。他受到人们的尊敬。西多会修道士受到他的影响,赶走了马匹,弃了牛车,徒步前行,尝试用不同的方法赢得敬行。修道士们赤足跟随多米尼克·德·古斯曼前进,尽管前路坎坷,但他们为拥有这样的机会而感到欢欣鼓舞。

朗格多克人不再嘲笑教皇的使团,但对他们仍怀有敌意,因为他们认为自己的信仰是神圣的,同时对罗马的偏见根深蒂固。因此,皈依基督的人仍然寥寥。在一次集会上,愤怒的人群把石头扔向陌生的传教士。于是,争执重新开始。传教士的使命越来越难完成了。

1208年,更激烈的冲突爆发了。教皇的使节因图卢兹伯爵雷蒙德六世挪用教会土地并且拒绝归还而革除了他的教籍。不久,教皇使节被杀。雷蒙德六世涉案。此案与当年亨利二世和托马斯·贝克特的案件如出一辙。英诺森三世马上宣布废黜雷蒙德六世,发动十字军讨伐他和他的异教臣民。

接下来便是二十年的血雨腥风。在西蒙·德·蒙福特[①]的率领下,法兰西北部正统教派联盟响应教皇的号召,前去剿灭在南部搞独立的异教徒。朗格多克的贵族和百姓团结起来,为宗教和政治自由而战,但双方力量悬殊,朗格多克被迫投降。三万多朗格多克人死于战争,但他们创造的文明和文化使普罗旺斯在中世纪的欧洲闪耀着光芒。

---

① 西蒙·德·蒙福特(1208—1265),法裔英格兰贵族。在第二次伯爵战争中,他率领贵族反抗亨利三世,俘获爱德华王子,成为英格兰的实际统治者。在他统治期间,召开了一次直接选举产生的议会,这在中世纪欧洲是第一次。——译者注

多米尼克·德·古斯曼与人交谈态度谦和诚恳,长期严格自律,身着粗麻衬衫,经常禁食,远离享乐

第4节 阿比尔派十字军

多米尼克·德·古斯曼的名字没有出现在血迹斑斑的阿比尔派十字军的名单上。他呼吁采用不同的方式扑灭异教。1216年,为了追寻理想,多米尼克·德·古斯曼得到教皇的允许,组建多明我会①。多明我会基本遵照修行制度,但规定修道士不可一直留在修道院,而要游历各地,挨村布道,托钵行乞,过清贫生活。创建者希望这些严厉的规定能防止多明我会受到世俗的侵扰。

多米尼克·德·古斯曼热爱教会,信仰虔诚,很快被尊为"圣徒",史称"圣多米尼克"。然而,他的精神境界只有少数人可以理解。英诺森三世是13世纪早期的代表人物,所以圣多米尼克的信徒遵守英诺森三世制定的标准,而不是多明我会制定的标准。

英诺森三世提倡用正确的教义驱逐错误的教义,但他的方法失败了,这让他既恼又怒。他顽固地认为朗格多克的异端是道德和社会的毒瘤,需要无情地铲除。他全身心投入这项工作中。除西蒙·德·蒙福特将军的杀戮外,他还增加了可怕而有效的审判制度。到了格里高利九世时期,审判权由地方主教转交给罗马教廷。罗马教廷授权审判者寻找异端邪说,并用酷刑威胁、转变异教徒。多明我会的修道士在神学方面的造诣很深,信仰又非常虔诚,因此很多被选成审判者。

阿比尔派十字军最重要的政治成果被法王腓力二世摘取。尽管

---

① 多明我会也称"布道兄弟会",天主教托钵修会的主要派别之一。该会的修道士均披黑色斗篷,因此被称为"黑衣修道士"。——译者注

第 15 章 中世纪的信仰

腓力二世允许、鼓励贵族们拿起十字架参战,但他远离海外战争,袖手旁观。教皇的废黜令发布后,图卢兹雄风不再。图卢兹曾是法兰西南部的中心,曾经骄傲地宣布为独立地区。现在它不再是腓力二世的心腹之患;普瓦图和阿基坦的大部分土地也合并为皇室领地。

法王腓力二世之子路易八世继续执行父亲的政策。他亲自参加十字军,随军到达罗纳河谷,攻克阿维尼翁,几乎进入图卢兹。但他突然患病身亡,战争随即宣告结束。之后,路易九世继位,路易八世的遗孀卡斯提尔的布兰奇摄政。卡斯提尔的布兰奇与图卢兹新伯爵雷蒙德七世签署条约。从此,雷蒙德七世成为法王和教皇的双重附庸,并且被迫承认法王的弟弟是普罗旺斯的继承人。

第 5 节 阿西西的圣方济各

从中世纪最黑暗的画面之一——阿尔比派十字军,转向中世纪最优秀、最聪明的人——阿西西的圣方济各,这是一件令人愉快的事。

阿西西有个叫翁布里亚的小村庄。1182 年,这里诞生了一个小男孩。母亲给他取名约翰。他的父亲是富商,刚从法兰西旅行回来,所以给他取名"弗朗西斯",即"法兰西人"的意思。圣多米尼克在一个严肃的宗教家庭中发展出对宗教炽热的信仰,而弗朗西斯则可以参与意大利小镇上轻松愉快的社交活动。少年时代的他慷慨、天真、快乐,显得那么与众不同。

弗朗西斯成年以后,参加了攻打佩鲁贾的阿西西军队。他在战场上被俘,和战友们一起被投进地牢。在被囚禁的十二个月里,大多数狱友满腹牢骚,不停地抱怨,但弗朗西斯没有。在逆境中,他表现出幽默甚至快乐。大家都认为他疯了。

后来,弗朗西斯被释放回家。父亲希望他能名扬世界。这个年轻人梦想着闪亮的盔甲和辉煌的战功。因此,他的父亲准备了衣物和装备,送他和另一位贵族结伴去那不勒斯战斗。

旅途刚过半,弗朗西斯就返回了阿西西,虽然说不清楚为什么,但他相信是上帝让他这么做的。他试着回归以前无聊的生活,但同伴们的笑声现在听起来那么空洞,就好像他们在影子里找到了快乐,而只有他一个人意识到,在附近的某个地方可以真正拥有快乐,如果他能找到,整个世界就会被照亮。

对他的召唤来了,但对阿西西那些过惯舒适生活的市民而言,这简直是疯狂的声音。他们谣传说看见弗朗西斯和麻风病人在一起,和乞丐一同进餐。弗朗西斯几乎放弃了所有财物,卖掉了马,在城外的一个山洞住下。人们为他的疯狂行为摇头叹息,为他父亲老贝尔纳有这样的儿子表示同情。

事实上,贝尔纳对儿子的行为也感到无比愤怒,他恳求阿西西主教说服弗朗西斯放弃那种新生活方式,否则弗朗西斯就得交还最后的、所剩无几的财产。于是,弗朗西斯奉召前来。在主教面前,弗朗西斯把钱甚至衣服都还给了父亲。他身无分文,站在阿西西的大街上。从前,作为富商的继承人,他在这里骑马穿行,现在他穿着灰色乞袍,戴着白色十字架。他将之视为新职业的制服。

他舍弃一切的行为最后打动了周围的人。但一开始,有的轻蔑地怀疑他,有的赞赏他。人们可以理解圣徒捍卫信仰、反对异端邪说的决心和热情,谴责一切世俗的享乐,因为这就是中世纪的宗教氛围。但弗朗西斯——这位阿西西的儿子在争议中没有扛起任何大旗,而是选择在山边的阳光下,在温暖的火焰中,在贫民窟肮脏的环境中,寻找快乐,这超越了人们所能理解的精神境界。

弗朗西斯几乎放弃了所有财物,卖掉了马,在城外的一个山洞住下

贝尔纳对儿子的行为也感到无比愤怒,他恳求阿西西主教说服弗朗西斯放弃那种新生活方式,否则弗朗西斯就得交还最后的、所剩无几的财产。于是,弗朗西斯奉召前来。在主教面前,弗朗西斯把钱甚至衣服都还给父亲

弗朗西斯在争议中没有扛起任何大旗,而是选择在山边的阳光下寻找快乐,这超越了人们所能理解的精神境界

然而，弗朗西斯和圣多米尼克、圣伯纳德一样属于中世纪的世界。他的精神夹杂着里昂穷人的自我否定和普罗旺斯诗人吟唱的传奇。这些游吟诗人颂扬骑士。骑士的荣耀和辉煌使许多超凡脱俗的女子愿意终身为他们服务。弗朗西斯沉醉在歌剧《我贫穷的夫人》中。他的灵魂被骑士精神点燃了。传统诗歌被映衬得黯然失色。

弗朗西斯沉醉在歌剧《我贫穷的夫人》中

为了对《我贫穷的夫人》表达敬意，这位富商的儿子抛弃了他对父亲的感情、他的军事抱负以及舒适的家与华丽的衣服。由于他执着的奉献精神，他丝毫没有对自己的生活感到痛苦，有的是在肮脏、破烂不堪的环境中发现美的强烈喜悦。

第6节 方济各会

在很长一段时间里，弗朗西斯并未想过建立修道会，从而把那些被他的真诚和快乐所打动的人，想要成为他的追随者的人，愿意分担他的工作的穷人和病人聚集在一起。当他们询问清修生活的戒律时，他带他们到最近的教堂。历史学家们描述了当时的情景：

> 他们开始祈祷（因为他们都是简单的人，不知道在哪里找到宣扬放弃世界的福音文本），虔诚地请求上帝。在他们第一次打开书时，上帝会屈尊显示自己的意志。
>
> 他们祷告的时候，弗朗西斯手里拿着福音书，跪在祭坛前打开，首先映入眼帘的是上帝的训诫："如果你是完美的，把你所拥有的一切都卖给穷人，你就会在天堂拥有财富。"看到这句话，弗朗西斯无比兴奋，衷心感谢上帝。

因此，为了纪念《我贫穷的夫人》，他创建了小兄弟会，或称阿西西穷人会。英诺森三世允许修道会帮助麻风病人和无家可归的人。1223年，罗马教廷正式批准方济各会成立。

三年后，圣弗朗西斯去世了。与他一起生活的修道士们声称，他对基督教非常虔诚，他死后，人们发现他的手和脚上留有耶稣受难的创伤。关于他谦逊和温和的故事广为流传，如在修道会成立初期，为了避免同伴受辱，他亲自去乞讨面包。在食不果腹的日子里，他把同伴抓来打算到市场上卖的鸽子放飞了，因为他在每个有生命的物种上，都读到了上帝的灵魂，他对鸟类也要传播福音。

对阿西西的修道士而言，兄弟不但意味着人类灵魂的统一，而且意味着上帝创造的世界万物统一。弗朗西斯每日要感谢兄弟们的帮助，感谢太阳、火和风；感谢姐妹们的帮助；感谢月亮、水和地球母亲。他对自然的热爱，与13世纪的精神格格不入，却与当代精神非常契合。

据历史学家记载，"他告诉园丁修道士，花园不要只种植蔬菜，还应种植一些花草。他称这些应季绽放的'兄弟花'为田野里的花朵或山谷里的百合"。他说，园丁应该在花园开辟出一块地方，用来种植各种各样香味扑鼻的药草。这些药草会结出美丽的花朵。在它们绽放的季节，人们会愉快地前往，欣赏它们，赞美上帝。因为每朵花都会大声呼喊："哦，上帝，让我为你而绽放。"

一旦人们认识到圣弗朗西斯生命之花的美，信徒就迅速增加了。乞讨时，他们不再惧怕侮辱和伤害。实际上，人们聆听他们布道，献给他们供奉。方济各会的一些成员定居在法兰西和神圣罗马帝国，而另一些人则在亨利三世统治时期前往英格兰，住在伦敦、牛津和诺里奇的贫民窟里，无论他们在哪里，都能最好地为穷人服务。

圣弗朗西斯从未想到自己如此受欢迎。去世前他对此一直很困惑，也很警觉。他忧心忡忡地承认，他的一些追随者们并不是真心想要过圣徒的生活，而是希望通过传播圣徒的思想，获得人们的赞美和荣誉。

他对未来的担忧是正确的。如果不能理解修道会规则的真正含

第 15 章 中世纪的信仰

义,并且切实去遵守,那么规则就是废纸。弗朗西斯的快乐、自我克制的秘密只能留给少数人。如果布道不是为了帮助人类、赞美上帝,而是为了获得财富和荣誉,弗朗西斯认为他们是伪修道士,这正是方济各会修道士面临的最大诱惑。广受追捧后的贪婪和自我满足,很快使方济各会与其他修道会、大学神学讲师和世俗教士陷入争吵。他们把这些托钵僧看作闯入者,想要攫取其他教派的信徒、会费和收入。

当代的一位本笃会信徒尖酸地说:"信徒们相信,只有在牧师或方济各会修道士的指引下,他们才可以被拯救。"方济各会的发展得到了大多数教皇的支持。他们像英诺森三世一样,认为方济各会是新的"挡箭牌",可以保卫罗马免受世俗和腐败的指责。作为对教皇的回报,方济各修道士成为罗马最忠实的拥护者。他们现在修行的目的是捍卫一种制度而不是献身于一种理想,逐渐退化,接受了普通的宗教标准。

虽然改革的浪潮再次席卷中世纪的教会,但收效甚微,但这并不意味着改革的努力是徒劳的。圣弗朗西斯无法阻止13世纪的腐败,但他的朴素和真诚却再次向人类揭示了一个几乎被遗忘的真理:通向上帝之城的道路就是人类的爱。

"本笃会是遁世,方济各会是入世。"这句话表明,中世纪人的思想带着对人性的怀疑和恐惧,正经历着转变。它已经显示出一种现代的精神,即上帝创造的万物都是神圣的。因此人类对万物的态度不应是不信任,而应是同情和感兴趣。

对圣奥古斯丁而言,通往上帝之城的道路是陡峭而狭窄的,在救赎的过程中,每个灵魂都被许多的邪恶所包围;对圣方济各而言,通往上帝之城的道路是一条小径,虽然陡峭而崎岖,却开满了鲜花,朝圣者沉浸于为他人服务的快乐中，没有意识到脚被石头磨破了，正在流血。

在佩鲁贾的地牢里，圣弗朗西斯的快乐被他的同伴们称为疯狂。对那些眼中只看到世间的邪恶，看不到世间光明的人而言，圣弗朗西斯传递的信息自然是疯狂的。然而，阿西西的圣人在他死后的各个时代都有追随者，他们不一定穿着灰色长袍，但都无声地帮助着他人，快乐地信仰着上帝和人类。

第16章

两位明君统治下的法兰西王国

我们看到,腓力二世奠定了法兰西强大的君主制的基础,但他驾崩后,封建贵族又蠢蠢欲动,试图通过欺诈和暴动恢复他们曾经拥有的独立。

新君路易八世为了挫败封建贵族的阴谋,决定把土地分给自己的儿子们,所有的次子向长子效忠,但各子直接治理自己的领地。当时,这也许是彰显王权最有效的手段。通过这种方式,中央政府迅速确立了对诺曼底、安茹、普瓦图和图卢兹的统治权。然而,这实际上是一种短视政策,因为这些"封地"或"王室领地"是世袭的,而其统治者——王室贵族比旧封建贵族更傲慢、更有野心,因为他们都与卡佩王朝有千丝万缕的血亲关系。

第1节 路易九世

路易八世还未将他的计划付诸实践就驾崩了,年仅十二岁的路易九世继承了王位。虽然路易九世接受了父亲遗嘱中给弟弟们分配土地的决定,但他的母亲兼监护人布兰奇王后治国有方,而新国王也非常强硬,因此国王建立了牢固的统治。一次,路易九世的弟弟安茹伯爵囚禁了一位骑士，这位骑士不服从安茹伯爵的裁决，上诉至王室法庭。安茹伯爵获悉后勃然大怒。路易九世听到这个消息后大声说："法兰西只有一位国王。"他下令释放骑士，并要求伯爵的案子都应该在巴黎审理。

路易九世严惩私战，禁止贵族铸造货币。据说，当时除国王外，还有八十名贵族拥有自己的货币。路易九世知道封建货币可以自由贬值，所以禁止私人货币在其他省流通，而国王的货币价值高，可以在任何地方流通。在交换商品时，人们更喜欢使用价值高的货币。于是，那些容易贬值的货币就逐渐被淘汰了。

如果认为君主拥有绝对权力，路易九世肯定也认为国王负有同等的责任。他对儿子说："要让你的人民爱戴你，否则，我宁愿让其他治国有方的人继承王位，即使他们是苏格兰人。"

像铸造货币一样，王室司法必须高于其他司法。历史学家告诉我们，路易九世选择那些忠诚睿智、行为端正、声誉良好、廉洁奉公的人出任"地方长官"和"总管"。路易九世知道，即使有良知的官员也有可能被名利腐化。他命令各级官员不得收受任何礼物；同时警告法官们，案件办理过程中，未查明真相前，要尽量向着穷人而不是富人。

腓力二世一直坚持正义，因为他相信正义是有回报的，而他的臣民也惧怕并尊重他；他的孙子也拥有强烈的荣誉感，坚持正义，受到人民的爱戴，人们热爱他就像热爱上帝和圣徒一样。

和所有法王一样，路易九世是罗马教廷虔诚的儿子。英诺森四世被腓特烈二世从罗马赶出来时，正是在路易九世的保护下，他才可以在里昂安然居住。尽管路易九世真诚地热爱自己的信仰，后来被封为圣徒，但他要统治一切（无论是俗世，还是教会）的决心和

第16章 两位明君统治下的法兰西王国

路易九世拥有强烈的荣誉感，坚持正义，受到人民的爱戴，人们热爱他就像热爱上帝和圣徒一样

欲望，无法阻挡。如果神职人员犯了俗人之罪，路易九世就坚决要求俗世法庭审判他们。与路易九世同时期的英王亨利三世是一个软弱的国王，经常被教皇牵着鼻子走。路易九世怒斥道："这种教廷闻所未闻。征收临时商品税的应该是国王，而不应该是教会。必要时我要向教会征税。"

在与神圣罗马帝国艰苦的斗争中，教皇得到法王的支持。因此，罗马教廷没有抗议路易九世的决定。路易九世这样做既维护了自己至高无上的权力，也平息了人们对罗马教廷的不满。意大利一位修道士看到路易九世谦卑地接受方济各会修道士的食物，就评价说他不像国王，更像修道士。路易九世的日常生活也完全符合这种评价：饮食简单，喜着素装；习惯半夜和清晨起床做弥撒；憎恨誓言、谎言和谣言；热衷慈善；在巴黎贫民窟，热心地帮助护理病人，给拥挤在门口肮脏的乞丐洗脚。这位意大利修道士这样描述他,"他很瘦弱,有着天使般的表情。灰色的眼睛充满了善意"。

如果命运没有让路易九世成为一位国王,他可能会成为一名修士。他爱自己的妻子和孩子。有时,他的妻子抱怨他穿着太朴素,他就调侃道,如果他穿上花哨的衣服取悦她,她也必须穿着朴素的衣服来取悦他。

在战场上见过路易九世的臣民称他是"最好的骑士"。战士们描述道,国王的英勇无与伦比,他不计个人安危,亲自上阵杀敌。

路易九世在战场上英勇无敌,不计个人安危

第 16 章 两位明君统治下的法兰西王国

但路易九世也衷心热爱和平，希望同所有的基督教邻国成为朋友；他安于法兰西的领土现状，与英格兰达成协议，承认吉耶纳公国①属于英格兰；他不是教皇和神圣罗马帝国皇帝之间成功的调解人，但在双方的斗争中他始终保持中立。在教皇废黜腓特烈二世时，路易九世拒绝教皇加冕，也没有在腓特烈二世驾崩后的无政府状态中窃取任何利益。

路易九世憎恨基督徒之间的战争，因为内战使欧洲无法有效联合，共同对付土耳其人。和英诺森三世一样，他的身上也燃烧着古老的十字军精神的火焰。

13 世纪初，一个叫斯蒂芬的法兰西农民曾鼓动发起新的十字军东征。他说，上帝在幻境中告诉他，基督教的孩子们应继承先辈失败的事业，夺回圣地。结果成千上万的男孩和女孩聚集在马赛。他们大部分只有十二三岁，狂热地回应上帝传递的神谕，期待海中出现一条通往陆地的通道，就像摩西和他的信徒遇到的一样。孩子们等待的奇迹没有出现，却被伪善的商人欺骗了。这些商人名义上是基督徒，但眼里只有金子。孩子们跟随商人登船。在船上，孩子们被解除武装，捆上手脚，戴上手铐，然后被贩卖到埃及和叙利亚为奴。

第一次听说孩子们组成十字军远征时，英诺森三世惊呼道："此等行为让我们汗颜！"十字军精神的继承者圣路易②认为，如果他不用自己的权力和影响力改变和推翻土耳其人，他的王权将会蒙羞。

---

① 吉耶纳公国位于今法国西南部。1152 年，阿基坦的埃利诺嫁给英王亨利二世后，吉耶纳公国就成为英格兰的一部分。1453 年，法兰西王国占领吉耶纳公国。——译者注
② 即法王路易九世。——译者注

第 2 节 第七次十字军东征

法兰西的茹安维尔记录了路易九世远征埃及的过程。一支约一千八百艘大小船只组成的舰队,从十字军大本营塞浦路斯出发,航行到尼罗河口的达米耶塔。路易九世看到旗舰靠岸,忘形地跳到水里,手里拿着长矛,高喊战斗口号——蒙茹瓦,圣丹尼斯!

十字军很快攻克了一个城镇,但中世纪人对天气认识不足。不久,瘟疫席卷了尼罗河三角洲。高烧和痢疾大大削弱了十字军的战斗力,许多支劲旅在小规模战斗中覆没。既定的进攻变成了撤退,撤退变成了溃败。路易九世因为拒绝抛弃殿后的军队而被俘虏。

灾难终于结束了,路易九世答应放弃达米耶塔,并支付巨额赎金,他被释放了。但路易九世的耐心和骑士精神弥补了他失败的耻辱。

一支约一千八百艘大小船只组成的舰队,从十字军大本营塞浦路斯出发,开始了远征埃及的路途

第 16 章 两位明君统治下的法兰西王国

他没有返回法兰西,而是前往圣地。尽管耶路撒冷在腓特烈二世短暂收复后重新落到土耳其人的手中,但基督徒仍控制着沿海的狭长地带,其中包括阿克。

路易九世认为,只有他履行誓言,十字军将士们才不会丧失希望和勇气。尽管疾病缠身,他还是在巴勒斯坦待了三年。

在第七次十字军东征中,路易九世因拒绝抛弃殿后的军队而被俘虏

直到他的母亲摄政王太后布兰特薨逝,他才被迫返回巴黎。茹安维尔讲述了这次返航的过程,因为暴风雨很猛烈,水手们要把路易九世送上塞浦路斯海岸,但路易九世担心如果这样做会引起军队的恐慌,他说:"每个人都像我一样热爱自己的生命,但如果大家互相猜疑,就有可能永远回不到自己的国家。因此,我宁可把自己交到上帝的手中,也不愿意伤害这里的每个人。"

路易九世安全返回了法兰西,但他对十字军的失败一直耿耿于怀。因此,1270年,他不顾贵族们的反对,再次拿起十字架。他的目标是重新夺取突尼斯,解放北非部分地区。该使命让他重新燃起了宗教热情,但法兰西厌倦了十字军东征,许多在叙利亚和埃及心甘情愿随他战斗的人现在拒绝参战。最终,他的十字军主力是以赚钱为目的的雇佣军。

在迦太基附近登陆后,十字军很快就发现敌人的兵力强大,接着被包围在城镇的废墟中。瘟疫再次席卷了军营,第一个倒下的就是身体虚弱的路易九世。"主啊,求你怜悯我带领这里的百姓,将他们安全地送回家,不要让他们落入敌人之手,不要让他们怀疑你的圣明。"路易九世的临终遗言表明他热爱自己的信仰和人民。他驾崩的消息传遍了军营,传遍了法兰西。人们哀悼这位为了自己的理想而献出生命的国王。然而,他点燃的宗教烈火迅速熄灭了。他的儿子腓力三世与突尼斯苏丹达成停战协议,撤军回国。唯一对这个协议感到恼火的是英格兰王子爱德华,即后来的爱德华一世。路易九世驾崩时,爱德华一世正在作战。他渴望通过一场战役获得军事荣誉,但因为没有人支持,他只能放弃在非洲开战的想法,继续他的旅程,独自来到圣地。

法王腓力三世几乎没有在历史上留下痕迹。他夹在两代雄主——

第 16 章 两位明君统治下的法兰西王国

他的父亲路易九世与他的儿子"美男子"腓力四世之间。腓力四世性格强硬、深沉，是法兰西历史上强大的君主。

腓力四世继承王位时只有十七岁。从他的绰号"美男子"可以得知他英俊潇洒，但茹安维尔并未留下关于他个人生活和性格的记录，我们只能通过他的行为做出判断，他是一个野心勃勃、冷酷无情、有仇必报的人。

在与教皇的交往方面，先王们尊敬教皇，而腓力四世则不然，部分原因是在神圣罗马帝国与教皇的纷争结束后，罗马教廷对法兰西的态度与早期完全不同。

自格里高利七世以来，霍亨斯陶芬家族的皇帝们就像一团乌云堵在了教皇的地平线上。但随着康拉丁被处决，这团乌云终于被驱散了，而神圣罗马帝国却深陷内战之中，也就是说，在之后的十七年里，英格兰、西班牙和德意志为争夺神圣罗马帝国的皇权纷争不断。尽管如此，胜负却一直未分出。最终，哈布斯堡家族的鲁道夫伯爵①胜出。其间，鲁道夫至少明白了一个道理，那就是如果他想在神圣罗马帝国的统治稳固，最好把教皇当作朋友而不是敌人。鲁道夫早期的行动之一就是批准与罗马签订的一份协定，撤销腓特烈二世提出的针对罗马教廷的领土主张，承认教皇为主要联盟者，承认路易九世的弟弟安茹的查理伯爵是普罗旺斯伯爵、那不勒斯和西西里的国王。

从此，意大利摆脱了神圣罗马帝国的干扰，但仍深陷于教皇党

---

① 鲁道夫伯爵，即鲁道夫一世（1218—1291），哈布斯堡王朝的奠基人。大空位时期结束时，他当选为德意志国王。他多次征讨势力强大的波希米亚之主奥托卡二世，为哈布斯堡王朝的强盛奠定了基础。——译者注

和保皇党的派系斗争之中,而且法兰西人的权力铁手像霍亨斯陶芬家族的专制权杖一样,力量强大,凌驾于意大利王国之上。西西里人非常不满法兰西人的高压统治,开始怀念腓特烈二世。无论腓特烈二世犯过什么错,他毕竟是在意大利南部出生和长大的,是西西里公主的儿子,而这些法兰西人则是残酷无情的陌生人,鄙视受到压迫的意大利人。

第3节 西西里晚祷

一名法兰西士兵当众凌辱一名巴勒莫女子,这彻底点燃了西西里人积压已久的怒火,从而引发了"西西里晚祷"事件。复活节那天是星期一,晚祷时分,西西里人屠杀了四千多名法籍居民,并把他们的尸体扔进一个露天大坑。面对法兰西所受的侮辱,安茹的查理准备不惜一切代价报仇。安茹的查理正准备行动时,西班牙阿拉贡王国的彼得三世[①]派一支庞大的舰队来救西西里人。接着,双方展开激战。尽管彼得三世战败,但由于法兰西不断受到教皇的威胁,再加上西西里人坚定地支持新盟友,阿拉贡最终获得了西西里的统治权,这标志着西西里终于从法兰西安茹家族统治下的那不勒斯王国独立出来。

当时,罗马教皇马丁四世是安茹的查理的傀儡,抑郁而亡。他的继任者霍诺里厄斯四世思想独立,非常羡慕西西里人。他心里清楚,罗马刚挣脱了霍亨斯陶芬家族的铁锁链,又套上了安茹家族的

[①] 彼得三世(1239—1285),阿拉贡国王(1276—1285)和西西里国王(1282—1285)。1282年西西里晚祷事件后,彼得三世接受西西里人的邀请,就任西西里国王。但法兰西籍教皇马丁四世却革除了他的教籍,废黜他的王位。——译者注

一名法兰西士兵当众凌辱一名巴勒莫女子,这彻底点燃了西西里人积压已久的怒火,从而引发了"西西里晚祷"事件

枷锁，这有什么用呢？他带着恐惧和猜疑凝视着那不勒斯国王，这位与法王有着血缘关系的国王①。

第四节 博尼费斯八世

教皇博尼费斯八世有时被称为"中世纪最后的教皇"，因为格里高利七世和英诺森三世统一世界的理想，随着博尼费斯八世的去世永远破灭了。1294年，教皇博尼费斯八世被推选为圣彼得教廷教主。1300年，他在罗马举行千禧庆典，庆祝新世纪的到来，来自欧洲各国的朝圣者纷纷交纳供奉，观看这场绚丽的庆典仪式，但光彩夺目只是一种假象。

英王爱德华一世和法王腓力四世对博尼费斯八世很冷漠。教皇颁布教谕《教士不纳俗税》，禁止神职人员向国王纳税后，爱德华一世立刻谴责英格兰教会此举非法。教会的土地和商品遭到大规模哄抢。英格兰主教不得不妥协，教谕也变成一张废纸。法王腓力四世的举动更粗暴。作为报复，他命令他的臣民不得以任何形式向罗马进贡。

任何一个比博尼费斯八世聪明的人都应该意识到，他的失败表明民族认同已经超越建立世界政府的理论，无论这个世界政府是什么形式的。但博尼费斯八世迂腐而固执地坚守着格里高利七世的理想。当他的使节与腓力四世发生争执时，他教唆使节公然反抗。腓力四世下令立即逮捕教皇使节，把大主教降级。博尼费斯八世严厉

---

① 也就是安茹的查理。——译者注

第16章 两位明君统治下的法兰西王国

谴责，宣布要革除国王腓力四世的教籍，并废黜他，而腓力四世则以公开的暴力形式回应教皇的威胁。

腓力四世命一个叫诺加雷的人报复博尼费斯八世。诺加雷的祖父是一位阿比尔教教徒，被施以火刑烧死。诺加雷加入罗马坎帕尼亚地区仇视教皇的贵族群体。诺加雷和贵族们全副武装出现在博尼费斯八世居住的阿纳尼村，要求见博尼费斯八世。外面的武装人群高声喊道："处死教皇！"

教皇在里面的接待室听到了外面的喊声，尽管他已经八十六岁，但毫无惧色。他身着教皇长袍，一只手拿着十字架，另一只手拿着圣彼得的钥匙，出来接见这些闯入者。诺加雷粗鲁地要求他退位，教皇回答道："这是我的头，这是我的脖子。""我像耶稣基督一样遭到了背叛，如果我必须像他一样死，我至少会以教皇的身份死。"此时，一个罗马贵族用铠甲手套打在教皇脸上，教皇应声倒地。要不是诺加雷阻拦，这位罗马贵族就要杀了教皇。诺加雷的任务是恐吓而不是谋杀教皇。接着，诺加雷与意大利人发生了争吵。愤怒的意大利人群一拥而上，诺加雷被迫逃走。

蒙受几个星期的屈辱后，这位骄傲的老人去世了，他的继任者本笃十一世宣布革除所有参与阿纳尼谋杀案人员的教籍后，也神秘离世。腓力四世虽没有直接嫌疑，但有谣言说教皇是被毒死的。为了找到新教皇，红衣主教们花了十个月的时间。最终，教皇在红衣主教中产生，他就是波尔多大主教，史称"克雷芒五世"。他在里昂加冕，后来再也没敢进入意大利，一直住在普罗旺斯的阿维尼翁。

接下来的七十年被称为"巴比伦之囚"。教皇们都受到法兰西的影响，无力摆脱法王的束缚。

博尼费斯八世身着教皇长袍,一只手拿着十字架,
另一只手拿着圣彼得的钥匙,出来接见这些闯入者

新任教皇在红衣主教中产生,他就是波尔多大主教,史称"克雷芒五世"

腓力四世立即利用这个法兰西籍的基督教领袖①来谴责圣殿骑士团，因为他一直憎恨和忌妒圣殿骑士团的强大组织和巨额收入。

十字军东征结束了，圣殿骑士团却活下来了，已经摒弃自我否定、与世隔绝的清修戒律，到处游荡，卷入世俗诱惑之中。因此，镇压圣殿骑士团是明智之举。但腓力四世不仅镇压他们，还残酷地对待他们。很多人被扔进地牢，被迫承认自己有罪。但仅承认错误还不够，很多主要首领在法兰西城镇的市场上被施以火刑烧死。教皇下令圣殿骑士团的收入由圣约翰骑士团接收，圣约翰骑士团现在仍然守护着基督教的前哨——罗德岛。但腓力四世把没收的大部分财产截流到自己的国库中。

腓力四世的确面临严重的财政困境，因为王室领地的财政收入无法满足政府的开支，而且政府统治的领土不断增加。腓力四世曾尝试多种权宜之计弥补财政赤字，但收效甚微，比如不断贬值货币或征收加布尔，即商品销售税。该政策遭到臣民的痛恨，因为它非但没有鼓励商业发展，反倒造成了市场上商品价格上涨，阻碍了工业的发展。此外，征收作物税意味着，一个人必须交纳三倍的税款，首先是谷物税，其次是面粉税，最后是面包税。

比加布尔更糟糕的是腓力四世征收农业税的做法。他把收税的权力卖给一些投机者。这些投机者负责向政府交纳固定税额，然后不断压榨农民，获得高额回报。

---

① 指教皇克雷芒五世。——译者注

第 16 章 两位明君统治下的法兰西王国

第 5 节 腓力四世的统治

腓力四世的经济管理并不值得称颂。他不是一位有创新性的天才，但他的实干才能却使他完成了许多前任无法实现的计划。他和其他法王一样，憎恨而且不信任那些滋事的贵族。为了让贵族服从

腓力四世不是一位有创新性的天才，但他的实干才能却使他完成了许多前任无法实现的计划

王权，他广开言路。腓力四世和路易九世曾引入少量律师进入王室法庭工作。

雇用训练有素的专业人员替代业余人员改善了政府管理。因此，腓力四世统治时期，现代政府管理的雏形已经出现。政府进行部门划分，不同部门分管不同工作：御前议会的职责是给君主提供建议；纳金署负责处理经济问题；坐落在巴黎的最高法院每年至少巡回办案两次，每次两个月，负责审判和裁决。

巴黎议会听起来像英格兰议会，但后来除了获得记录王室法令的权利之外，它的工作完全是司法性质的，而不是立法性质的。法兰西国民议会的职能与英格兰议会相似，由三级代表组成：神职人员、贵族和市民。占法兰西人口大多数的农民阶级根本没有代表。

腓力四世几次召集国民议会，希望他的一些建议获得通过。但与英王爱德华一世时期的"模范议会"[①]不同，国民议会没有发展成立法议会，从而有效地监督法王的独裁统治。它的存在只是执行法王的法律，满足法王的财政要求，无论其要求是否合理。国民议会的缺点由两个原因造成：首先，议会只召开一天，所以没有空闲时间讨论具体的执行措施；其次，在投票通过税收法案时，阶级固有的自私性使三个阶级不可能联合起来支持改革。

一次，贵族和市民们联合起来拒绝交纳讨厌的加布尔，因为加布尔侵犯了这两个阶层的利益。腓力四世被迫屈服。但因为税收不充足，所以法军败于佛兰德斯。

---

① 英王爱德华一世以各种方法吸引骑士和市民代表进入议会，使议会的代表范围逐渐扩大。这时的议会已不再是类似于"贤人会议"之类的机构。1295年召开的由各郡、各自治城市和下层教士代表参加的议会，被称为"模范议会"。——译者注

第 16 章 两位明君统治下的法兰西王国

佛兰德斯是法兰西的领地,佛兰德斯伯爵是法王的直属封臣。佛兰德斯伯爵造反,所以腓力四世将他关进监狱,然后废除他的封地。后来,腓力四世和王后骑马前往佛兰德斯。佛兰德斯现在直接效忠国王,因此,腓力四世认为他可以直接向当地居民下令。当地居民献上了精心准备的服饰和珠宝,惊艳了腓力四世和王后。

"我以为,法兰西只有一个王后,但在这儿,我至少看到六百个!"腓力四世的妻子不悦地说。但腓力四世具有哲学家的眼光,看到了良机——他们不正是最适合征税的臣民吗?佛兰德斯人坚强、

腓力四世的妻子

独立，经营内外贸易，获得财富。他们冒险反抗，不是因为关心伯爵的命运，而是因为不愿让法王像拔鹅毛一样压榨他们。

于是，库特赖战役爆发了。为了惩罚佛兰德斯人的傲慢，腓力四世亲自率军前往。但佛兰德斯人宣称，被征税的公民可以拿起武器反抗全副武装的封建军队，就像12世纪的米兰人一样。两年后，虽然挽回了败局，但腓力四世发现胜利的果实并不丰硕。接下来的几周，佛兰德斯人快抵挡不住军队进攻了。这时，一支平民军队集结起来袭击了王室营地。腓力四世仓促应战，最后被迫求和，结束了战争。

第 6 节　腓力四世驾崩

除了憎恨佛兰德斯人闹独立外，腓力四世对英格兰拥有吉耶纳公国的统治权也非常不满，尽管这是他祖父路易九世心甘情愿承认的，但这让他感到不舒服，就像匕首插入他的心脏似的。他一直在等待收复吉耶纳公国的机会。英王爱德华一世卷入了与威尔士和苏格兰的战争。腓力四世趁机攻入吉耶纳公国，使用武力和计谋，控制了许多要塞。毫无疑问，如果他活着，他会收复南方所有省。他驾崩时年仅四十六岁。虽然他是对法兰西影响最深远的国王之一，却只有少数臣民悼念他。

第17章

百年战争

从 1314 年到 1328 年,腓力四世的三个儿子先后登基,统治法兰西,但随着最后一位君主查理五世驾崩,卡佩王朝退出了历史舞台。查理五世的堂兄继位,史称"腓力六世",瓦卢瓦王朝开始了。腓力六世宣称,古老的《萨利克继承法》规定,禁止女性继承土地所有权,因此他继位是合法的。腓力四世有一个女儿,叫伊莎贝拉,她嫁给了英王爱德华二世。他们的儿子爱德华三世抗议道,他比瓦卢瓦人更有资格继承王位。爱德华三世坚持认为,《萨利克继承法》可能禁止女人继承王位,但没有禁止她的遗产传给她的男性子嗣。

第1节 百年战争的起因

对《萨利克继承法》王位继承权的不同解释成为英法两国动武的直接原因。于是,两国陷入了一场漫长的战争,史称"百年战争"。当然,百年战争爆发还有深层次的原因,其中之一就是,约翰王当年被逐出诺曼底,后世之君从未忘记,也无法原谅,一直想雪耻。此外,腓力四世攻打吉耶纳公国,支持苏格兰人的独立斗争,也触碰了英格兰的底线。14 世纪初以来,苏格兰人闹独立成为英格兰一切灾难的根源。

英格兰镇压苏格兰独立的战争失败了。之后，贵族叛乱，杀死爱德华二世。爱德华三世汲取了父亲的教训，迫切想与法兰西开战，不仅为了复仇和建功，还为了发泄满腔怒火以及在激烈的混战中杀死腓力六世。

爱德华三世骑上战马，奔向战场。他是宫廷的英雄，英格兰的骑士。正如他所想，中产阶级全力支持他的第一场战役。腓力六世禁止佛兰德斯人与英格兰人做生意，这激怒了他们。英格兰的羊是全欧洲最好的[①]。一旦失去英格兰的羊毛，佛兰德斯的纺织厂就会因缺乏原料而倒闭。在此之前，英王一直鼓励与佛兰德斯人进行贸易往来，甚至在某些城镇建立了市场，方便两国商人交易。现在，为了报复腓力六世，爱德华三世禁止出口羊毛，但与此同时，他向布鲁日和根特的商人提供各种优惠条件，吸引他们在诺福克郡定居，建立工厂。

佛兰德斯人当然无法接受目前的状况。大城市反对法王的声浪日益高涨。最后，一位极受欢迎的领导者——雅各布·范·阿特韦德，绰号"根特啤酒制造商"，站了出来。他通过发表煽动性的演讲蛊惑同胞。他说："我们失去英格兰就无法生存。"他抛出很多商业观点来争取中间派，中间派正在为是否要违背效忠的誓言而摇摆不定。他还让人们相信，爱德华三世才是合法的法王。

叛乱迅速波及全国。1338年，爱德华三世实际发动战争时，背后支持他的不仅有英格兰经营羊毛的农民，还有佛兰德斯大部分商

[①] 这种羊价值很高，因此被禁止出口，以免别的国家得到这个品种。——原注

第 17 章 百年战争

人和工匠。他们都相信，如果爱德华三世赢得胜利，佛兰德斯就可以开放市场，与海峡对岸的英格兰做生意了。

百年战争可以分为两个阶段：第一阶段，由金雀花王朝的爱德华三世发起的反对瓦卢瓦王朝的战争，该阶段一直持续到 1375 年；第二阶段，在理查二世统治时期，两国的紧张局势有所缓解，到了 1415 年，英格兰的兰开斯特王朝再次挑起战争。无论是第一阶段还是第二阶段，战争的进程都是迂回曲折的。英格兰每次都是高开低走，最终获胜的是法兰西。

英格兰取得的第一次胜利是海战，这是英格兰等待已久的复仇。法兰西人曾骚扰英格兰南部海岸，并深入到索伦特，甚至火烧南安普敦等大城市。1340 年 6 月，在斯鲁伊斯港附近，大约有两百艘英格兰船靠近法兰西舰队。船用铁链连在一起，围成四边形，对斯鲁伊斯港形成包围夹击之势。一些船的甲板上堆满了石头，罗列着掷石器，数百名热那亚弓箭手待命。当时，英格兰弓箭手远距离投射的精准性和稳定性在欧洲无人可及。这时，箭矢的呼啸声很快就迫使法兰西人躲了起来。英格兰士兵毫不费力就登上了法舰。

法兰西人开始恐慌了，其中不少陷入包围，无法逃脱。最后，两万五千名将士与大量军用物资葬身海底。

现在英吉利海峡被英格兰人控制，爱德华三世可以把军队运到佛兰德斯，但英格兰再也没有取得像斯鲁伊斯海战那样的胜利，战争变成了无休止的围攻。佛兰德斯人最初的热情冷却了，开始不喜欢英格兰人了，并指责雅各布·范·阿特韦德向爱德华三世提供资金只是为了实现个人的野心。雅各布·范·阿特韦德矢口否认。一天，当他听到有人在他家门外的街道上高喊他的名字时，他跑到阳台上想要逃走，但暴徒已经破门而入，不容分说，就把他杀了。对

爱德华三世。他发起的反对瓦卢瓦王朝的战争

1340年6月，在斯鲁伊斯港附近，大约有两百艘英格兰船靠近法兰西舰队。船用铁链连在一起，围成四边形，对斯鲁伊斯港形成包围夹击之势

爱德华三世来说，这是一个坏消息，尽管他对盟友的遭遇感到愤怒，但他既无人力也无财力实施报复，因此，他决定开辟新战场，他的军队不仅在佛兰德斯，还在诺曼底和吉耶纳对法作战。

第 2 节 克雷西会战

爱德华三世在诺曼底登陆，然后向加莱进发。途经索姆河北岸的克雷西[①]时，他被腓力六世率领的军纪涣散的庞大军队赶上。

研究百年战争的著名学者让·弗鲁瓦萨尔说："你必须知道，法军行进时并没有特定的编队。法王看到英格兰人时，热血就开始沸腾，他向将军们喊道，'命令热那亚人前进，以上帝和圣丹尼斯的名义开战！'"

热那亚人是弓箭手。经过长途跋涉，现在他们已经筋疲力尽，极不情愿地向前挪动。暴风雨淋湿了他们的弓箭，弓箭变得松弛，失去了威力。这时，太阳刚好穿过云层，闪着耀眼的光芒，刺得他们睁不开眼睛。英格兰弓箭手静静地等待敌人靠近，然后放箭。接下来，万箭齐发，射向那支疲惫不堪的队伍，"落箭就像下雪一样"。

热那亚人彻底绝望了，溃不成军，四处逃散。法王愤怒地喊道："杀掉这群乌合之众，他们堵塞了进攻的道路。"但英格兰人的怒火并未熄灭。很快，法兰西骑士和全副武装的士兵接替了热那亚人的位置。虽然他们骑马前行，但英格兰弓箭手射中了他们厚重铠甲的缝隙，他们纷纷落马。

[①] 1346 年 8 月 26 日，克雷西会战正式打响。——译者注

第 17 章 百年战争

克雷西会战再次向欧洲人证明旧式战法已经毫无优势。胜利不再属于穿厚重铠甲、行进缓慢的像座炮塔的骑士，而属于目光敏锐、身穿皮衣的弓箭手，或使用刀或矛的快速步兵。法军在克雷西作战时很勇敢，腓力六世的勇猛也无人能及，他的马都被射死了，但勇气不能抵消战术低劣。最后，腓力六世不得不下令撤退，留下十一名王子和一千多名骑士继续战斗。

克雷西会战失败后，法兰西王国又寄希望于加莱战役[①]。在接下来的一年中，经历漫长的包围战，法兰西王国最终放弃加莱。加莱成为英格兰海战获得的最珍贵的财富。让·弗鲁瓦萨尔写道："英格兰议员们热爱加莱胜过世界任何一座城市，因为他们说，只要他们控制着加莱，他们就把法兰西的钥匙绑在了腰带上。"

第 3 节 黑死病

克雷西会战中，中世纪各种新式武器悉数登场，夺去了英法许多骑士的生命。现在，另一种夺命方式无关乎种族和信仰，以可怕的流行方式蔓延欧洲各地，深入宫廷和城堡，像无情的"大镰刀"扫过贫民窟和茅舍。它被称为"黑死病"，发源于远东某些地方，向西蔓延。所经之处，村庄甚至城镇悉数覆灭。据说，中国超过一千三百万人死亡，印度的人口也锐减，到了 1347 年，黑死病又席卷欧洲。有些感染者几小时后就毙命，大多数患者五天以内死去。当代作家这样描述，一些满载船员的船离开东方港口，几周后漂到

[①] 史称"加莱之围"，始于 1346 年 9 月 4 日，终于 1347 年 8 月 3 日。——译者注

克雷西会战再次向欧洲人证明旧式战法已经毫无优势。胜利不再属于穿厚重铠甲、行进缓慢的像座炮塔的骑士,而属于目光敏锐、身穿皮衣的弓箭手,或使用刀或矛的快速步兵

克雷西会战失败后,法兰西王国又寄希望于加莱战役。在接下来的一年中,经历漫长的包围战,法兰西王国最终放弃加莱

黑死病以可怕的流行方式蔓延欧洲各地,深入宫廷和城堡,像无情的"大镰刀"扫过贫民窟和茅舍

第17章 百年战争

地中海,被发现时,人都死光了。城里的尸体实在太多,根本无处掩埋,就被扔到乡下的路边。农民认为是动物的死尸,就未在意。

意大利、法兰西和英格兰也有同样骇人听闻的记录。意大利作家薄伽丘在他的著作《十日谈》中描述道,佛罗伦萨的富贵人家从瘟疫肆虐的城镇逃到没有城墙保护的庄园,然后讲述彼此的故事度日。这些故事成就了薄伽丘,他成为欧洲第一位伟大的小说家。实际上,没有多少富人可以逃离疫区。薄伽丘说:"首先放弃别人生命的人,自己也不会得到别人的怜悯。"

所有疾病的根源都一样,黑死病主要在人口密集和环境肮脏的区域传播。勇气、奉献精神与私心都无法对抗这种可怕的灾难。薄伽丘说:"成千上万的人感染这种疾病,因为没人愿意照顾他们,所以大部分病人都死了。"法兰西南部的一位医生说:"死者多于幸存者。"曾经兴旺的马赛港,因为死亡人数多,几乎成为一座空城。法兰西一位作家写道:"男女死亡率都很高,死尸太多,无法掩埋。"英格兰一位作家这样描述自己国家的情形,"瘟疫消灭了一个城市、城镇乃至一所房子内全部或大部分人口。"

黑死病的直接结果就是暂时终止了英法两国之间的战争。军队大幅减员。两国君主忘记了"荣耀""征服"这些词语,陷入了惊恐的沉思中,因为在黑死病面前,任何武器都无能为力。

另一个更持久的影响也随处可见,即城镇和乡村的秩序陷入混乱:地方官员、市政官员、牧师和医生都已死亡,无人可以替代他们;罪犯到处抢劫无人居住的房屋;曾经守法的居民,因为失去了管理,放任自流,只想在寻欢作乐中忘记过去和未来;工作几乎停滞,织布机闲置,船上没有货物,田地没有收获,也不播种;当农民受到谴责时,他们说瘟疫预示着世界末日的来临,劳动就是浪费时间。

"所有的东西都很贵,家具、食品和各种商品的价格都翻了一倍,仆人的薪资也高得离谱。"

在黑死病流行的几年时间里,欧洲的劳动阶级第一次认识到自己的价值,他们是中世纪生活的基础,是封建社会金字塔型阶级的基础。现在他们人口减少,贵族们争相寻求他们的服务,因此他们可以要求更高的工资和更好的工作条件。但当时的政府是为贵族和中产阶级服务的,禁止给劳动阶级涨工资,农奴们只好离开雇主的家,去寻找条件更优厚的地方。现在,被压迫阶级不满足现状,一半人已经觉醒,向往自由和革命。但在中世纪,很少有国王体察民情,比如,爱德华三世在这方面就不是一个合格的政治家。

1355年,爱德华三世与法兰西王国重新开战。他希望通过胜利获得法兰西王国的赎金和战利品,使自己的钱包鼓起来。同时,一场炫目的胜利还可以麻痹英格兰臣民躁动不安的情绪。爱德华三世的长子"黑太子"爱德华率军在波尔多登陆,向吉耶纳挺进。英军和法军一样,都由雇佣军组成。朋友和敌人都害怕他们,因为他们在所经之处,不分青红皂白,践踏谷物和葡萄园,掠夺城镇,烧毁农场和村庄。

第4节 普瓦捷战役

法王腓力六世驾崩,他的儿子"好人"约翰二世继位。约翰二世继承了中世纪的骑士精神,大胆、鲁莽而奢侈。以现代标准来衡量,他绝不是一个好的统治者。让·弗鲁瓦萨尔描述道:"两军在普瓦捷相遇,约翰国王证明了自己是位优秀的骑士。事实上,只要四分之一的法兰西士兵勇猛作战,胜利就会属于法兰西。"

第 17 章 百年战争

令人费解的是，虽然法军人数众多，但从战役伊始就处于劣势。黑太子爱德华天生具有指挥才能。他命英军隐蔽在一个长满茂密葡萄树的斜坡上，娴熟的弓箭手待命出击。为了给主力部队开辟道路，约翰二世的骑兵向唯一的缺口冲去。他们遭到埋伏在附近的炮火袭击。两军陷入混战，英格兰骑士击溃法军侧翼。法军步兵纷纷逃跑。经过激战，法军大败，约翰二世及众臣被俘。黑太子爱德华取得重大胜利。让·弗鲁瓦萨尔说："法兰西俘虏表现得坚贞不渝，至今受到后人尊敬。"当天晚宴上，黑太子爱德华等着他的俘虏——约翰二世，因为约翰二世的表现比所有人都勇猛，所以授予他荣誉和花环。

法兰西悲惨黑暗的日子随之而来。骑士们无力支付法王和贵族的巨额赎金。为了筹措这笔钱，商人们必须日夜操劳，慢慢积攒，农民们必须忍饥挨饿，辛苦劳作，而处于休战期的雇佣军，每天还要消耗大量的粮食。

雇佣军中许多军官都曾经是臭名昭著的强盗，他们抢农民的羊、粮食和葡萄。如果农民拒绝交出他们要求的物品，就会被扔到火堆里，然后他们的妻子和家人受到折磨或杀害。这些可怜的农民得不到政府和领主的任何保护。事实上，领主和强盗一样残忍，他们竭尽所能地剥削农民。在国家遭难时，他们甚至过着比从前更奢侈、更享乐的日子。

法兰西贵族嘲笑农民道："呆扎克①背很宽，只有抽打他们，他们才会快点儿从钱包往外掏钱。"然而，当无法忍受压迫时，用让·

---

① 呆扎克是贵族对农民的蔑称。——译者注

经过激战,法军大败,约翰二世及众臣被黑太子爱德华俘虏

当天晚宴上,黑太子爱德华授予他的俘虏约翰二世荣誉和花环

弗鲁瓦萨尔的话说,农民们就像"疯狗"一样掏出刀子,他们既没有领袖,也没有改革的愿望,只想复仇。在农民暴动"扎克雷"①中,他们以牙还牙,折磨贵族及其家人。贵族们无助地站在那里,看着自己的财产被掠夺。贵族的城堡被烧毁,家具和珍宝被洗劫一空,主人被活活烧死,妻子和女儿被侵害,孩子被折磨和屠杀。

这是法兰西历史上最令人触目惊心的一幕。但更可怕的是,法兰西并未从中汲取任何教训。贵族们很快就战胜了这些无组织的野

贵族镇压"扎雷克"

---

① 1358年9月初,不堪压迫的农民揭竿而起,史称"扎克雷"(Jacquerie)。——译者注

蛮农民，然后进行同样的疯狂报复，给农民套上更沉重的枷锁。他们认为这是对付"疯狗"的唯一办法。但农民和贵族一样是有血有肉的人，也会愤怒。法兰西农民在数个世纪暴政统治下积蓄的愤怒终于在 1789 年的革命中爆发，革命力量非常强大，犹如洪流不可阻挡。

第 5 节 艾顿·马塞

不幸的是，农民付出的努力被巴黎中产阶级商人领袖艾顿·马塞领导的改革摧毁了。艾顿·马塞要求国民议会每年召开两次。这时，约翰二世已被英格兰囚禁，他的长子王太子查理摄政。艾顿·马塞请求王太子查理驱逐小人，罢黜佞臣，设立常务委员会。常务委员会由选举产生的代表组成，提供建议供法王咨询。

王太子查理迫于公众的压力，佯装认可改革要求，但很快就露出真面目，重新任用他挑选的官员。艾顿·马塞非常愤怒，率市民冲进王宫，令武装人员抓住两名最可恨的大臣，然后拖到王太子查理面前。艾顿·马塞说："杀了他们。"两名大臣蜷缩在王太子查理的脚下，紧紧地抓着他的长袍，但武装人员毫不留情地杀了他们。

王太子查理对艾顿·马赛产生了持久的仇恨。也正是从这时起，艾顿·马赛的影响力开始下降。为了确保自己的权力，艾顿·马赛过度纵容农民造反。农民造反震惊了整个法兰西。为了与纳瓦拉国王"恶人"查理[①]结盟，共同对付王太子查理，艾顿·马赛承诺送

[①] 恶人查理（1332—1387），纳瓦拉国王（1349—1387）和埃夫勒伯爵（1343—1378）。曾参加过镇压扎克雷起义的军事行动。百年战争中，与英格兰结盟反对法王查理五世。他被查理五世彻底击败，放弃在法兰西的全部利益。——译者注

给"恶人"查理巴黎城门的钥匙,从而换取他的支持。

艾顿·马赛的承诺是致命的,因为"恶人"查理完全不关心中产阶级的利益,只希望获得一些可以高价出售的机密。当王太子查理付给"恶人"查理足够的钱时,"恶人"查理立刻出卖了艾顿·马赛。他们设了一个陷阱。在为他的盟友打开巴黎城门时,艾顿·马赛被奸诈的盟友杀害了。随着艾顿·马赛的死亡,建立一个更自由、更负责任的政府的努力也彻底失败了。

为盟友打开巴黎城门时,艾顿·马赛被奸诈的盟友杀害了

事实上，整个法兰西经历了一场巨大的消耗。两年后，法兰西与英格兰签署了《布勒塔尼和约》①，承认英格兰在吉耶纳公国、加莱及其西南部大片领土的统治权，并且取消过去一切引起争端的封建义务。作为回报，爱德华三世不再争夺法兰西王位。

第 6 节 《布勒塔尼和约》

法兰西似乎获得了永久和平。但实际上，只要英格兰想重开战端，所有和谈的成果就会化为乌有。王太子查理继承王位后，轻轻扇动着政治风向，获得有利于自己的局面，他从一个胆小、易怒的年轻人，普瓦捷战场上的一个逃兵，成长为一个敏锐的政治家。在他的努力下，法兰西王国夺回了失去的领土。他因此被称为"智者"查理。

英王爱德华三世和他的儿子黑太子爱德华公然藐视新法王，因为他不善于打仗。王太子查理虽然身体虚弱，像个学生，但他知道如何挑选精兵强将在战场上为他效力。其中最著名的一位军官叫贝特朗·杜·盖克兰。据说，贝特朗·杜·盖克兰是那个时代最丑陋的骑士，最优秀的战士。他成了法兰西战场上乃至之后西班牙战场上对英作战的英雄。

随着西班牙战争的爆发，英格兰对法兰西南部的统治第一次动摇，这是由于已经成为吉耶纳公爵的黑太子爱德华听信了流亡的卡斯蒂尔国王佩德罗一世②之言造成的。为了寻求黑太子爱德华的帮

---

① 1360 年 10 月 24 日，英王爱德华三世与法王约翰二世批准《布勒塔尼和约》。——译者注
② 佩德罗一世（1334—1369），卡斯蒂尔国王和莱昂国王（1350—1369），伊瓦里亚家族的最后一位君主。争夺王位的过程中，他被特拉斯塔马尔的亨利所杀。——译者注

助，佩德罗一世来到波尔多。他希望黑太子爱德华帮他夺回失去的王位。篡位的是他的异母兄弟特拉斯塔马尔的亨利①。也许是因为黑太子爱德华的曾祖父爱德华一世娶了普罗旺斯的埃莉诺，英格兰和卡斯蒂尔从而建立了牢固的关系；也许是因为佩德罗一世承诺如果夺回王位，将赠给黑太子爱德华巨额财物；更有可能是因为黑太子爱德华得知特拉斯塔马尔的亨利曾经得到贝特朗·杜·盖克兰的援助才登上王位，所以他马上宣布帮佩德罗一世恢复合法国王身份。

第7节 纳瓦雷特之战

1367年，黑太子爱德华率军翻越比利牛斯山，到达埃布罗河附近的纳瓦雷特②。英格兰弓箭手娴熟的射术和黑太子爱德华的指挥才能再次碾压敌人。尽管西班牙军队人数占优，但他们盲目进攻，很快就被英格兰军队击溃。特拉斯塔马尔的亨利逃跑，贝特朗·杜·盖克兰成为阶下囚，佩德罗一世成功夺回王位。

佩德罗一世现在对与黑太子爱德华的结盟追悔莫及。天气炎热，水土不服，大批英军士兵生病，因病死而减员的数量甚至超过了阵亡。佩德罗一世许诺的钱也落空了。实际上，狡猾的佩德罗一世残杀战俘后，就溜之大吉，当国王去了。黑太子爱德华只靠书信与他联系，几乎没有捞到好处。他郁郁寡欢，疲惫不堪，身体大不如前。

---

① 特拉斯塔马尔的亨利，即亨利二世（1334—1379），特拉斯塔马尔王朝的开国之君。1369年，他打败了同父异母的兄弟佩德罗一世，成为卡斯蒂尔国王和莱昂国王（1369—1379）。后来，他参加费迪南战争和百年战争。——译者注
② 1367年4月3日，纳瓦雷特战役打响。——译者注

在纳瓦雷特之战中,英格兰弓箭手娴熟的射木利黑太子爱德华的指挥才能再次碾压敌人

他率领饥肠辘辘的军队返回波尔多,因为钱财耗尽,不得不解散军队,任由他们蹂躏法兰西南部,而他为了充盈国库,对吉耶纳横征暴敛。

黑太子爱德华尽管具有卓越的军事才能,却不会治国理政。在百年战争早期,吉耶纳公国敌视巴黎,期望在远方的英王的庇护下确保自由。现在,吉耶纳公国饱受掠夺和横征暴敛之苦,很快就视英格兰统治者为外国暴君,因此就向"智者"查理求救。"智者"查理公开撕毁《布勒塔尼和约》,要求黑太子爱德华前往巴黎,解释其遭到指控的行为。黑太子爱德华回答道:"我很想按照你的意愿前去巴黎,但随我前去的还有六万大军。"

黑太子爱德华的话不过是一个垂死之人为挽回颜面所说的狂傲之词罢了,他已没有能力实现他的妄言。他的指挥权已被他的弟弟——毫无军事才能的兰开斯特公爵冈特的约翰[①]接管。1373年,冈特的约翰率军出加莱,沿途焚烧村庄,最后进抵法兰西王国的心脏地带。尽管一再深入,但英军没有遇到一个敌人,攻取城市时也没遭到抵抗。当法兰西王国愤怒的贵族请求作战时,"智者"查理回答道:"由他们去吧!焚烧得不到任何财富。尽管狂风暴雨在法兰西肆虐,但他们也消耗了自己。"

自《布勒塔尼和约》签订以来,"智者"查理一直谋划与他国君主结盟,孤立英格兰。同时他加强城市防御,为抵抗侵略做准备。冬天到了,冈特的约翰和他的军队既找不到食物,也得不到当地贵族的帮助,而且不断遭到流匪的伏击,死的死,伤的伤,最后一匹

[①] 冈特(Gaunt)的约翰(1340—1399),英王爱德华三世第三子,黑太子爱德华之弟,理查二世之叔,封兰开斯特公爵。理查二世登基时年幼,冈特的约翰摄政。——译者注

第 17 章 百年战争

战马都没有了。冈特的约翰率残部艰难地撤退,终于回到波尔多。冈特的约翰输得很惨,葬送了英格兰在法兰西的利益。

1375 年,英法两国休战,百年战争第一阶段结束,爱德华三世和他的继任者们在法兰西只剩下加莱、瑟堡、布雷斯特、巴约纳和波尔多等沿海城镇。

"智者"查理

第 8 节 亨利五世

1415 年，英王亨利五世正式宣布他为法兰西王国国王，但他拿不出任何合法的证据，只能用刀剑来争夺。于是，战端重启了。亨利五世是冈特的约翰之孙，篡位者亨利四世之子。亨利五世想通过一场战争提升兰开斯特家族的声望，盼着像大多数中世纪的君主一样为他的贵族们寻找用武之地。按现代人的说法就是，人类杀戮最好的借口就是"为了正义的事业"，尽管中世纪的人们对此并没有清晰的概念。

"为了战争而战争"可能是中世纪英格兰的座右铭。英格兰发动战争的目的和借口放在现在是完全站不住脚的。然而，中世纪是一个特殊的时代，所以开战无所顾忌。在"智者"查理的统治下，法兰西王国已经开始复苏，但进入他的儿子"疯子"查理六世时代后，陷入了无政府状态。

查理六世登基时只有十一岁，后来患上严重的精神病。宫里充斥着激烈的派系斗争，查理六世注定成为别人利用的工具。他的威胁首先来自"百合花王子"①，其次来自为了各自利益而想控制宫廷和政府的贵族。不过，查理六世最可怕的对手是勃艮第家族和阿玛尼亚克家族。

阿玛尼亚克家族的核心人物是奥尔良公爵查理。他是查理五世的侄子，阿玛尼亚克伯爵的女婿。于是，他将自己的党派命名为"阿玛

---

① "百合花王子"，也称"戴百合花的王子"，是古希腊克里特岛著名的米诺斯壁画，壁画创作的年代约在公元前 1550 年。这里指查理六世的兄弟们。——译者注

第 17 章 百年战争

尼亚克派"。勃艮第家族的核心人物是查理五世的堂弟勃艮第公爵,被称为"无畏"的约翰,他继承了母亲在佛兰德斯的遗产,统治着英法两国之间的省份。"无畏"的约翰这一派被称为"勃艮第派"。

查理六世神志清醒时支持奥尔良公爵和阿玛尼亚克家族。当时,

"无畏"的约翰,勃艮第家族的核心人物

英王亨利五世在诺曼底登陆，围攻阿尔弗勒尔①。此时，控制巴黎的阿玛尼亚克家族派大军北进抵抗侵略。勃艮第公爵"无畏"的约翰只是袖手旁观，因为他一方面不愿帮助阿玛尼亚克家族，另一方面不想卷入与英格兰的战争，因为佛兰德斯非常依赖与英格兰的羊毛贸易。

攻取阿尔弗勒尔后，亨利五世率军向加莱挺进，途经阿金库尔时遇到了法军②。法军在人数上占压倒性优势。接下来的战斗表明，在之前的战役中，法军没有汲取任何教训。法军的指挥官仍然是全副武装、骑在马背上、军纪涣散的贵族。10月的夜晚，法军在泥潭中无助地挣扎，既发动不了冲锋，也脱不了身，很快就沦为俘虏。这时，亨利五世收到虚假军情，说敌人的援军快要到了。因此，他下令杀死全部战俘。当他发现报告有误时，命令已经执行。这场大屠杀非常惨烈。

兵败阿金库尔与大屠杀的消息传到巴黎后，憎恨阿玛尼亚克家族的群众怒气冲天，高喊着"勃艮第与和平"的口号，发动了叛乱。不过，叛乱很快被镇压了。1418年，"无畏"的约翰成功进驻巴黎。当时，亨利五世获胜后回到了英格兰，现在再次返回征服了诺曼底公国。得知诺曼底公国的旧都鲁昂已向英军投降时，法兰西人愤怒至极。

一直不愿与英格兰交战的"无畏"的约翰也认为必须采取一些措施，防止英军进一步侵犯。英格兰人提出许多不合理的要求，导

---

① 史称"阿尔弗勒尔之围"（Siege of Harfleur）。阿尔弗勒尔之围始于1415年8月18日，终于1418年9月22日。——译者注
② 史称"阿金库尔战役"（Battle of Agincourt），于1415年10月25日爆发。——译者注

致"无畏"的约翰看好的和谈破裂。于是,"无畏"的约翰建议与阿玛尼亚克派结盟,这样一来,如果必须参战,至少可以表明法兰西王国众志成城。

这是法兰西王国复兴的时刻。这时,阿玛尼亚克派奉"疯子"查理六世之子查理为尊。王太子查理回应了"无畏"的约翰抛出的橄榄枝,同意在蒙特罗桥会面,修复两派裂痕。为了表示服从和善意,"无畏"的约翰跪下亲吻王子的手。就在这时,一名愤怒的阿玛尼亚克党人冲上前,用匕首刺死了勃艮第公爵。惊恐的勃艮第人抬走"无畏"的约翰的尸体,他们认为这次事件是有预谋的,因此发誓再也不效忠"伪太子"了。

第9节 《特鲁瓦条约》

1420年5月21日,英法签订了《特鲁瓦条约》。条约规定,亨利五世迎娶"疯子"查理之女瓦卢瓦的凯瑟琳[①],法兰西王国王位的继承权归亨利五世。

两年后,亨利五世和查理六世先后驾崩。法兰西王国分裂为两个阵营:其北部和东部承认亨利五世和瓦卢瓦的凯瑟琳之子——年幼的亨利六世为统治者;其南部和西南部则承认瓦卢瓦的查理七世。

《特鲁瓦条约》划分了百年战争第二阶段法兰西王国的权力归属。尽管亨利五世在阿金库尔大获全胜,接着稳步向南推进至阿玛

[①] 瓦卢瓦的凯瑟琳(1401—1437),法王查理六世和伊莎贝拉王后的长女,嫁给英王亨利五世,生亨利六世。——译者注

亨利五世因收到虚假军情下令杀死全部俘虏，酿成了惨烈的大屠杀

在蒙特罗桥与王太子查理会面时,"无畏"的约翰被一名阿玛尼亚克党人刺死

尼亚克，但英格兰的影响力渐渐减弱。阿玛尼亚克家族签订的《特鲁瓦条约》使英格兰获得了法兰西王国王位的继承权，这被法兰西人视为奇耻大辱。法兰西人一方面仇恨阿玛尼亚克家族，另一方面不齿于效忠外国君主。

当王太子查理成为法王查理七世，他不再只是一个因谋杀了勃艮第公爵而名誉扫地的派系领袖，而是成为具有号召性的人物。因

王太子查理加冕成为法王查理七世，他从一个名誉扫地的派系领袖变成了具有号召性的人物

第 17 章 百年战争

为他不敢去巴黎,一直待在法兰西中部的小镇布尔日,所以他的敌人轻蔑地称他为"布尔日国王"。尽管如此,他仍然是国王,是一个法兰西人。如果他勇敢、大公无私,愿意承担风险,发挥才能,而不是与自己的亲信混在一起消磨时光,他完全可以加速英格兰溃败的进程,但他荒废朝政,不关心公事,任用佞臣,而佞臣阻碍了他与勃艮第派的和解,从而推迟了拯救法兰西的进程。

"无畏"的约翰之子"好人"腓力[①]憎恨杀死他父亲的凶手王太子查理,但也不喜欢他的英格兰盟友。通过联姻和外交,现在荷兰的大部分领土都进入他的彀中。"好人"腓力本以为自己能和英王平起平坐,但现在他沮丧地发现,英格兰可能会永久地控制海峡两岸。只要亨利五世之兄贝德福德公爵约翰[②]在法兰西摄政,就还能维持表面上的友谊,但贝德福德公爵约翰很难与他那个在英格兰摄政、好争吵、无责任心的弟弟格洛斯特公爵汉弗莱[③]意见一致。这时,巴黎民怨沸腾。巴黎人因为长期战争而饱受饥饿之苦。他们认为,外国君主是引起所有问题的根源。

只有驻守法兰西北部的英军还在忠心耿耿地履行职务,当时的一位历史学家说:"两百个英格兰人可以驱赶五百个法兰西人。"但拯救法兰西的力量已经从一个意想不到的地方出现了。这位历史

[①] "好人"腓力(1396—1467),勃艮第公爵"无畏"的约翰之子。"无畏"的约翰遇害后,他继承了勃艮第公国。他因政治改革而闻名。通过战争与结盟等手段,他巩固和扩大了勃艮第的势力。他也是杀害圣女贞德的罪魁祸首。——译者注
[②] 贝德福德公爵约翰(1389—1435),英王亨利五世之弟,百年战争期间英军的主要将领,也是亨利六世登基后英格兰在法兰西的摄政。——译者注
[③] 格洛斯特(Gloucester)公爵汉弗莱(1390—1447),亨利四世最小的儿子,亨利五世之弟,亨利六世之叔,担任亨利六世在英格兰的摄政。——译者注

学家可以自豪地加一句:"现在两百个法兰西人可以追赶、暴打四百个英格兰人。"

第10节 圣女贞德

15世纪初,上默兹的多雷米村住着一个叫贞德的少女。根据一位村民的描述,她谦虚、简朴、虔诚,爱去教堂,平时播种、锄地、做家务。十三岁之前,贞德像其他女孩一样无忧无虑,但后来她的生活发生了变化:她似乎听到了召唤的声音,看到了教堂画像中灿烂的云彩之后圣凯瑟琳和圣迈克尔的真身。

第 17 章 百年战争

当被问及圣人的外貌时，贞德说："我清楚地看到了他们。"接着，她承认起初她很害怕，但后来他们安慰她，并带给她神谕。用贞德自己的话说就是，她"必须改变自己的生活，做惊天动地之事，因为天主选择她来帮助法王"。

贞德没有歇斯底里地幻想。她心里很清楚，她只是一个没有受过教育的农村女孩，被召唤去拯救法兰西的想法多么荒谬可笑。有一段时间，她试图忘记那些传递给她的神谕，但最终上帝赋予了她拯救法兰西的使命，而这次她很执着。即使是她愤怒的父亲和胆小的朋友也无法阻挡她完成自己的使命。

简朴、虔诚的贞德看到圣凯瑟琳和圣迈克尔的真身

第 11 节 1429 年的法兰西

十七岁时,历经艰难险阻的贞德终于和法王查理七世站在一起了,因为篇幅有限,就不在这里详述了。贞德坚持战斗的消息已经远播异域。查理七世在灯火辉煌的城堡大厅里召见了她。他衣着朴素,与穿长袍的大臣们站在一起。大家都认为这个农村女孩会手忙脚乱。然而,在几百双眼睛的注视下,这个一直住在安静小村庄,连国王画像都未见过的女孩却表现得非常镇静。她立刻认出了那个与她的使命息息相关的人,然后径直走过去说:"我尊贵的主人,我奉上帝的旨意来帮助你和你的国家。"

贞德的简单、直率与朝廷腐败的氛围形成了鲜明的对比,打动了查理七世。经过主教的询问和批准,贞德获准率法军去解救被英军围困的重镇——奥尔良。贞德全副武装,手握长剑和旗帜。与她同行的人都感到了她必胜的信心,受到了她的勇气和信念的感染。

我们常说骑士精神是中世纪的典范,国王、公爵、骑士是具有骑士精神的英雄,展现出勇气、礼貌和教养。然而,在现代人眼中,这些品质似乎已经"褪色",因为骑士英雄绝不会为自己的残酷、自私或势利而感到羞耻。法王约翰二世宁愿死在外国的监狱,也不愿意违誓逃脱,但他却会骑马轻蔑地踩踏那些因疲惫不堪而战败的弓箭手;黑太子爱德华会像仆人一样等待他的囚犯,但对待其他人却像佩德罗一世一样残暴。譬如,里摩日人反抗他,他就悉数屠杀了城中的老人和小孩。

然而,这个拯救法兰西王国的农村女孩身上没有骑士的恶劣品质。她的行为虽然像黄金一样珍贵,却不夹杂一点儿自命不凡。贞德和普通女孩没有什么不同,所以显得很可爱。受到欺骗时,她很

第 17 章 百年战争

容易生气,也很容易被安抚。她对士兵和国王一样友好,但从未丧失尊严。在我们知道的所有中世纪骑士中,贞德是最勇敢的。她也知道什么是恐惧,经常祈祷不要落入敌人之手,但从不逃避战斗,面

全副武装、手握长剑和旗帜的贞德

对危险镇定自若。她身材苗条，深色短发，目光炯炯有神。哪里战斗艰苦，她就去哪里。她总是很快乐，充满朝气，胜利时欢欣雀跃，对待敌人慷慨仁慈，对待伤者和战犯充满怜悯。

同胞们一看到她，就士气高昂。面对她的"超自然"能量，敌人恐慌不已，称她为"女巫"，发誓要烧死她。

一位当代作家描述了贞德的一次作战场面，"她突然转身。看到前面的英格兰人后，她就带几个人迎上去。英格兰人仓皇逃进防御工事，法兰西人这才返回。"

解了奥尔良之围后，在贞德的鼓励下，查理七世既不太情愿又半信半疑地进攻兰斯，接着在那里加冕，让所有的法兰西人知道谁才是真正的国王。贞德建议，加冕仪式结束后立即进攻巴黎，但查理七世的亲信惧怕她的影响力，不断向查理七世进谗言。查理七世开始迟疑和犹豫了。法军进至塞纳河时，发现所有的桥梁都已被毁，这不是撤退的英格兰人干的，而是背叛的法兰西人干的。

巴黎人已经做好准备。只等着贞德与英格兰驻军交战，就打开巴黎的城门。这时，贝德福德公爵约翰在北方镇压叛乱，但查理七世紧抓断桥的借口，向南撤退，解散了军队，把防御任务交给了贞德。

上帝的声音警告她，她会被俘，然后被处死，但她的使命是拯救法兰西。她听说勃艮第公爵计划进攻重镇贡比涅，就率领少量军队去防守。最后，在城墙下突围时，她被英军俘虏，但她拒绝投降。她说："我已经起誓，并将信仰交给了上帝，我必须遵守自己的誓言。"接下来的几个月，她被关押在鲁昂的一个昏暗城堡里，受尽折磨和侮辱，但她保持忠贞，对敌军的首领说："我的国王是最高贵的基督徒。"

在贞德的鼓励下,查理七世既不太情愿又半信半疑地进攻兰斯

在查理七世的加冕礼上,贞德精神奕奕、充满朝气,展现出勇敢无畏的勇士精神

贞德虽已被关押在昏暗的城堡里,但仍保持忠贞,向敌军首领表达自己对查理七世的忠心

英格兰人与法兰西人——其中一些是主教、教士和巴黎大学的律师——经过滑稽的审判后,以异教徒的罪名将贞德在鲁昂市场烧死。她就义时就像之前一样勇敢,祈求圣徒宽恕她的敌人,原谅他们对她所做的恶事。当代一位作家说:"她没有留给世界遗物。英格兰人把她的骨灰扔进了塞纳河。"

出卖了贞德的法兰西,不需要贞德留下任何遗物来缅怀她。现在人们称她为"圣女",因为她的确带给法兰西王国一个奇迹,那就是法兰西王国多年处于无政府状态,几乎丧失信仰,而她却让民族自豪感回归。她说:"如果要与英格兰人和平共处,唯一可做的就是让他们回到自己的土地上。"在贞德死后不到二十年的时间里,法兰西王国完成了她从多雷米带来的任务——除了加莱还被英格兰控制外,所有的失地都被收复了。

总结百年战争时我们发现,英格兰人从一开始就打了一场失败的战争。财富、兵器、勇气和意志等方面的比较优势使英格兰的征服暂时得逞,但一个民族的自豪感是无法战胜的,因为它是一剂长生不老药。随着"圣女"贞德的到来,形势改变了,英格兰征服者的浪潮迅速退去了。

1435 年,贝德福德公爵约翰去世。同年,查理七世走出了人生的低谷。在阿拉斯与"好人"腓力签订条约后,他进入巴黎。更幸运的是,查理七世的对手——年轻的英王亨利六世没有继承他父亲的勇气和才能,却像他的外祖父[①]一样,是个精神病患者。亨利六世第一次患上忧郁症之前就是个傀儡。为了各自利益、以他的名义

[①] 指法王查理六世。——译者注

英格兰人与法兰西人经过滑稽的审判后，以异教徒的罪名将贞德在鲁昂市场烧死

进行激烈斗争的派系先后丢掉了诺曼底和吉耶纳。最后,矛盾被带回了英格兰。就像因果报应一样,英格兰也因玫瑰战争而陷入混乱。

在查理七世的统治下,法兰西王国逐步摆脱了英格兰的控制,从中世纪开始向现代迈进。查理七世晚年时期,起用才干卓越的贤臣替代那些无所作为的宠信,加强了王权,恢复了财政信用,解散了军纪涣散的雇佣军,建立了由国王招募和指挥的正规军。

这些举措也遭到过反对。布拉格叛乱几乎涉及法兰西王国所有重要贵族,包括王太子路易。王室对他们的控制不断增强,他们试图反击,但最终没有成功,因为整个国家都实行君主集权制,君主集权制虽然不完美,但在当时是保证法兰西王国复兴的唯一手段。

具有重要意义的是,当路易十一继承了查理七世的王位,他也不可避免地继承了父亲的事业。为了实现作为独裁者的统治理想,他抛弃了支持他的各阶级的利益。

第18章

中世纪的西班牙

西班牙为地表起伏最剧烈的国家。西班牙山脉纵横,被切割成不同的区域,形成完全不同的气候状况和土壤条件。西班牙的河流也与欧洲其他地方的河流很不相同。譬如,莱茵河和多瑙河是连接友谊和商业的通道,而西班牙大部分河道是无法航行的。河水在陡峭的山涧倾泻而下,阻碍了各地的交往。

因此,地理因素在中世纪西班牙历史中起着非常重要的作用。尽管罗马人、汪达尔人、西哥特人和摩尔人轮番征服欧洲,但他们的征服都是不完整的,因为西班牙大山中的避难所是他们鞭长莫及的地方,而这也造就了西班牙人的独立精神,就像意大利人一样,他们介绍自己时,首先不会说我是西班牙人,而会说我是布尔戈斯人、安达卢西亚人,或者巴塞罗那人。

在瓜达莱特,打败西哥特王国君主罗德里戈和他的基督徒军队①后,摩尔人发现征服西班牙南部和中部易如反掌。他们轻而易举就攻取了很多富裕城镇。西哥特贵族们本应该奋起抵抗,但内讧削弱了他们的力量。他们纷纷逃向北方的利昂山和阿斯图里亚斯山,

---

① 爆发于710年,史称"瓜达莱特战役"。——译者注

而留下来的底层人民很快就迎来了新主人。

摩尔人的政策规定，只要奴隶公开承认安拉是真主、穆罕默德是先知，就可获得自由，而拒绝放弃信仰的基督徒和犹太人只要缴纳人头税也可以安定地生活，穆斯林则免税。

第1节 科尔多瓦哈里发国

摩尔人的王国的首都或者说哈里发国的首都科尔多瓦，在之前大约三百年的时间里，几乎没有受到任何干扰。攻克科尔多瓦的摩尔人认为他们感受到了真主的激励。在夜色的掩护下，摩尔军队潜到城墙附近。这时，狂风大作，暴雨如注。风雨声遮盖了逼近的马蹄声。一位摩尔军官从背叛的牧羊人口中获知防御工事的薄弱部分。他悄悄爬上一棵无花果树，放下他的长头巾，帮助其他同伴爬上来。他们一同制服了守门的将士，然后打开大门，让主力大军入城。

西班牙人几乎是在睡梦中被击败的，科尔多瓦沦陷了，摩尔人统治了西班牙，这让他们蒙羞了。然而，这些成就了巴格达神话的人，用他们的奢侈和华丽赢得了欧洲基督教世界的羡慕。当读到装饰着黄金和宝石的宫殿，种满石榴和杏的树林，美丽的花园和芳香的喷泉，没有围墙的驿舍，我们仿佛回到了爱恨交织的东方童话故事里。

与欧洲其他国家的无序发展形成鲜明对比的是，摩尔人统治的西班牙发展迅速，理学、植物学、代数和算术等学科的研究促进了工业和农业的发展。被中世纪欧洲忽视的、几乎要成为沙漠的干旱土地，通过运河引水灌溉而成为肥沃的平原，种植着稻米、糖料作物、棉花和橙子。数学广泛应用于日常生活，海上指南针出现了。

第18章 中世纪的西班牙

科学的头脑与灵巧的手艺造就了托莱多和塞维利亚的钢刀、格拉纳达的丝绸以及巴伦西亚的陶器和天鹅绒。

然而,尽管知识应服务于商业,但摩尔人发展科学并不完全以实用为目的,或者认为只有带来物质财富的知识才值得拥有,因此,哲学、文学同科学一样拥有一席之地。他们的图书馆填满了哈里发从希腊和东方搜罗来的手稿。12世纪时,科尔多瓦的教授世界闻名,许多基督教学生慕名前来,拜在他们门下。阿拉伯教授翻译的亚里士多德的著作成为基督学生学习的权威版本。

为了利益而探索知识的过程中,摩尔人宽容地对待其他民族的智者。而在欧洲其他地方,只有钱袋子像海绵一样能挤出钱的富有的犹太人才能得到基督教统治者的保护,但只要十字军到达或瘟疫爆发,犹太人就会受到侮辱、折磨或死亡的威胁,他们的房屋会遭到焚烧或洗劫。

狂热的基督徒几乎切断了犹太人所有的生路,犹太人唯一的出路就是放贷。因为教会法律禁止放高利贷,所以他们的竞争者并不多。但犹太人又被指责为"吸血鬼"。为了稳定自己的经济地位,经常收取高额利息,他们因此被鄙视和憎恨。种种迫害使普通犹太人滋生了一些恶习,即傲慢、排外、报复基督教邻居。

只有在摩尔人的城市,如科尔多瓦,犹太人才可能成为杰出的公众人物。他们在医学内科和外科研究领域取得的成就引人注目。许多在西班牙居住的以色列人成为医生,他们在知识和技能上明显超过普通医生,而基督教国家的统治者们面临健康危险时,也会对犹太医生的医术感激不尽。

乍一看,这个幸福的国度似乎文明、舒适、宽容,其文化的影响一定会远播欧洲。但此时的西班牙也有黑暗的一面。

12世纪时,科尔多瓦的教授世界闻名,许多基督教学生慕名前来,拜在他们门下

第 18 章 中世纪的西班牙

随着摩尔王室的内讧以及各省埃米尔的纷争,摩尔人在西班牙南部和中部长达三个世纪的统治走向衰落。

在北方,西班牙民族的发源地——阿斯图里亚斯,每个农民都认为自己是绅士或贵族;在利昂和纳瓦拉王国的卡斯蒂尔和巴塞罗那,曾经衰败的哥特人的后代发展为战斗民族。

西班牙人尽管虔诚地信仰基督教,认为获得的每次胜利都有超自然力量的帮助,但在被称为第一次"重新征服"的时期,他们并没有表现出对摩尔人的极度厌恶。西班牙人早期的斗争不是因宗教而起,而是为了获得独立。通常西班牙公爵或伯爵会联合一些友好的埃米尔共同对付基督教的敌人。西班牙最伟大的英雄罗德里戈·迪亚兹曾说过,"只要付给我钱,所有的国王都一样"。这也是那个时代人们典型的心声。

第 2 节 熙德

基督徒称罗德里戈·迪亚兹为"坎培多尔"或"挑战者",但更多人称呼他的阿拉伯语头衔——赛义德或熙德,意思是酋长。熙德勇敢、慷慨、自负、叛逆,他是卡斯蒂尔人,效忠利昂国王,有时会因为钱而为国王打一些不道德的仗。但当他被流放时,他对自己效忠的人产生了怀疑。于是,他毫不掩饰地远离了国王,开始为摩尔苏丹——萨拉戈萨打仗。

古老的历史书籍以及民谣可以看出,熙德深受部下爱戴。他派人告诉他的亲戚和朋友他被利昂国王流放了,然后问谁愿意和他一同流放,他的侄子阿尔瓦·芬兹回答道:"熙德,我们都愿意和你一同穿越人迹罕至的沙漠和熙熙攘攘的城镇,永不背叛你。我们的骡子和马、财产和衣物你随时可用,我们永远是你忠实的朋友和奴仆。"大军都附和阿尔瓦·芬兹。

中世纪的西班牙人都很倾慕勇士,这也正是熙德的魅力所在。毫无疑问,当熙德手持提泽纳剑①驰骋战场时,没人能抵挡住他的勇猛进攻,这更加深了熙德与底层人民的友谊。为了实现自己的抱负,他们的英雄可能杀过很多人,但与法兰西王国的贵族不同,他不会鄙视底层人民,因为他是纯正的西班牙人,热爱所有的西班牙人。

当熙德被流放后途经布尔戈斯时,他把阿尔瓦·芬兹叫到身边,说:"侄子,穷人没有像国王一样残害我们,我们也不能沿途骚扰他们。"一位老妇人站在门口说:"做你想做的,祝你走运。"

熙德的"幸运",或者更确切地说是他的谨慎,帮助他赢得了很多战役。有时,他与基督教国王和解,为国王而战;有时,他抛下土地,与摩尔人结盟。最终,熙德到达他的人生顶峰,在摩尔人的巴伦西亚建立公国,成为统治者。他非但没有假装向谁称臣,反倒放出豪言——他这个"罗德里戈"要去解放另一个"罗德里戈"丢掉的阿斯图里亚斯。

熙德的雄心并未实现,因为英雄也会失败。后来,正值他生病之际,摩尔人大举入侵。不久,他病入膏肓,无力再战,很快就死去了。不过,最终他还是取得了胜利。忠心耿耿的追随者把他的尸体做了防腐处理,放在战马上,然后把提泽纳剑绑在他的手上,带他出城迎敌。熙德的遗孀没有悲哀和哭泣。她命令敲响教堂的钟声,吹响战场的号角,迷惑敌人。不知熙德已死的摩尔人惊慌不已,仓皇逃走。

---

① 根据西班牙史诗《熙德之歌》,提泽纳剑是熙德所持的第一把宝剑。——译者注

第18章 中世纪的西班牙

尽管熙德取得了胜利,但巴伦西亚还是落入了摩尔人的手里。不过,巴伦西亚并没有忘记熙德,至今他还被称为"巴伦西亚的熙德"。

西班牙"重新征服"的第二阶段是基督徒的征服。这段时期被称作"十字军时期"。它开始的日期并不确切,一直持续到1492年格拉纳达沦陷。12世纪时,基督教国家逐渐意识到与摩尔人的战争不可避免,这远比它们内斗更重要。这种意识逐渐强化,成为信念。当时,摩尔王国腐朽不堪,四分五裂,数个诸侯国割据。到12世纪末,来自北非强悍的柏柏尔部落的首领穆瓦希德推翻了摩尔人的统治,并暂时统一了各诸侯国。

熙德,他是个勇敢却叛逆的卡斯蒂尔人

格拉纳达于1492年沦陷

第 18 章 中世纪的西班牙

和穆罕默德早期的追随者一样，穆瓦希德对基督徒和犹太人充满敌意，而且这种宗教仇恨与日俱增。战争初期，穆瓦希德取得了一系列的胜利。

十字军出征获得普遍支持。13 世纪初，教皇英诺森三世认为，拯救西班牙的责任和拯救圣地的责任一样重大。他向欧洲所有国家发出募兵的呼吁，圣殿骑士团、医院骑士团和一些年轻勇士积极响应。西班牙也成立了七个军事修会，其中最著名的是圣地亚哥修会，它以圣詹姆斯①的名字命名。圣詹姆斯的陵寝位于北部的孔波斯特拉，是朝圣者最喜欢参观的地方。

第 3 节 纳瓦斯德托洛萨战役

基督教军队穿越崇山峻岭到达纳瓦斯德托洛萨平原，与敌人决一死战。基督教军队的统帅是卡斯蒂尔国王"好人"阿方索八世。他十五岁加冕，曾经与摩尔人交过手。与他同行的盟友是纳瓦拉国王桑乔七世②和阿拉贡国王佩德罗二世③，他们分别指挥军队的右翼和左翼。

战斗持续了一整天，尽管基督国王和骑士都很勇猛，但基督教

---

① 圣詹姆斯也称圣雅各（出生年月不详）。来自北非的穆斯林军队占领西班牙后，伊斯兰教与基督教互争雄长。在基督教军队"重新征服"西班牙的运动中，圣詹姆斯成为代表性人物。他被西班牙人描述成是佩带利剑、身骑白马的勇士。——译者注
② 桑乔七世（1154—1234），纳瓦拉国王（1194—1234）。1198 年到 1200 年，他在非洲战场与穆斯林大军并肩作战，希望对抗卡斯蒂尔人。到了 1212 年，他又与基督教联军结盟，击败了穆斯林大军。——译者注
③ 佩德罗二世（1178—1213），阿拉贡国王（1196—1213）。他在位期间，赶走异教徒，扩张领土。1213 年，他在米雷战役中阵亡。——译者注

军队还是受挫了。阿方索八世痛苦地说:"我们必须战死在这里。"他决心战死沙场,但托莱多的大主教罗德里戈·希梅内斯回答道:"不,这是我们要征服的地方。"大主教手持十字杖,号召痛击敌人。于是,基督徒团结一致,最终把敌人赶出了战场。基督教军队取得了决定性胜利,彻底阻止了穆瓦希德的前进步伐,基督教国家又成了半岛的主导力量。

起初,在基督教国家的争斗中,纳瓦拉王国在法兰西王国的帮助下占据了优势,但后来这个处在比利牛斯山鞍部的山地小国失去了往日的风光。西班牙的注意力从法兰西转移到从摩尔人手中收复的失地上。葡萄牙王国宣布独立;卡斯蒂尔王国摆脱了纳瓦拉的束缚,与利昂联合;阿拉贡王国吞并了加泰罗尼亚省和蓬勃发展的巴塞罗那港。

第 4 节 "征服者"詹姆斯一世

13世纪,阿拉贡王国最著名的英雄是"征服者"詹姆斯一世,他是佩德罗二世的儿子。在阿尔比派十字军战争中,为保护姐夫普罗旺斯伯爵图卢兹,英勇抵抗西蒙·德·蒙福特的进攻,佩德罗二世不幸身亡。当时,詹姆斯只有六岁,被残忍的西蒙·德·蒙福特囚禁,但英诺森三世坚持让詹姆斯回国,并在圣殿骑士团接受教育。深受军事氛围熏陶的詹姆斯自然而然地成长为一名战士,同时他是一位政治家,热爱文学。他用加泰罗尼亚语直白、有力地描述自己统治时期的历史。他鼓励他的臣民创作与普罗旺斯邻居共享的诗歌。

据描述,这位年轻的国王非常英俊,身高近七英尺,身材匀称。但不幸的是,他被彻底宠坏了。他生活放荡,脾气暴躁。尽管他平

利昂国徽

卡斯蒂尔国徽

詹姆斯一世

第 18 章 中世纪的西班牙

时慷慨仁慈,有时连死刑命令都不愿意签署,但一旦生气,情绪失控,甚至可能犯罪。史书曾记载,在一次战役中,詹姆斯一世发现一只燕子在帐篷的圆顶上筑巢,他说:"在燕子与它的孩子一起飞走前,士兵们不得骚扰燕子,让它信任我的保护。"

詹姆斯一世集英俊的外貌、智慧和骑士精神于一身,激发了阿拉贡人无限的想象力,但他的战斗风格归根结底还是西班牙式的。他写道:"我的民族的命运不是在战斗中征服,就是在战斗中死亡。"当他还是一个小孩时,就下定决心成为一名十字军战士。

多年后,詹姆斯一世长大成人可以独立治理国家时,不得不花费大量时间和精力去镇压那些有恃无恐的贵族。他证明了自己的能力,率军打败了摩尔人。随着他的征服,熙德控制的巴伦西亚最终回到基督徒的手中。

这时,摩尔人统治的王国只剩下南部的格拉纳达和穆西亚。虽然"智者"阿方索十世一直要求穆西亚的主权,但没有能力收复。

听到阿拉贡人在穆西亚取得胜利的消息后,"智者"阿方索十世问他的岳父詹姆斯一世能否帮他出兵攻打穆西亚。起初,阿拉贡人听了很生气,因为他们认为自己浴血奋战,而他人坐收渔利。

詹姆斯一世比他的臣民更有远见,他的看法有所不同:摩尔人的实力已经式微,但从前他们就与从北非涌入的大批新战士结盟,现在有可能再次结盟。詹姆斯一世敏锐地看到了事情的要害,说:"如果卡斯蒂尔国王失去土地,我们也不会安全。"1262 年,他帮女婿出兵攻打穆西亚。

1262 年,尽管阿拉贡没有获得新领土,但新纪元开始了。之前,詹姆斯一世和卡斯蒂尔人一样,都把注意力集中在解放西班牙上,但现在光复了穆西亚,他的周围都是基督教邻居,所以十字军需要解决的就只剩卡斯蒂尔了。此外,在詹姆斯一世统治早期,他也终结了阿拉贡的另一段历史:因为他父亲的败亡,他被迫将加泰罗尼亚主张的所有领土都割让给普罗旺斯。从此,祖先们梦寐以求的吞并法兰西的理想变得遥不可及。

那么接下来,阿拉贡胜利的武器应该对准哪里?詹姆斯一世,这位真正的阿拉贡人,已经回答了这个问题。1229年,开始征服巴利阿里群岛时,他就清楚地意识到,他的国家未来发展的方向既不是北方,也不是南方,而是东方。当时,加泰罗尼亚的渔民和巴塞罗那的商人正在与马赛及意大利共和国争夺地中海的商业霸主的地位。阿拉贡国王很快就插手,用外交和武力支持商业发展。

第4节 阿拉贡的彼得三世

"征服者"詹姆斯一世并没有死于战场。正如他预料的那样,他身穿西多会修士长袍,在修道院隐居,为他年轻时的肆无忌惮、放浪形骸赎罪。他的儿子彼得三世遗传了父亲的军事才能。在彼得三世统治期间,阿拉贡王国开始征服意大利。

彼得三世终于找到了征服的借口,借口就是西西里王国霍亨斯陶芬王朝的最后一位合法君主康拉丁被弑。站在绞刑架下平静地等待死亡时,康拉丁将铁手套扔向臣民。这一举动意味着"报仇"。一位目睹了该场景的亲信迅速跪下,拿起铁手套,把它带到西班牙,交给彼得三世。彼得三世的妻子康士坦茨①,是腓特烈二世的一个

---

① 康士坦茨(1249—1302),也称西西里的康士坦茨,西西里国王曼弗雷德的女儿,彼得三世之妻。——译者注

彼得三世,他继承了父亲"征服者"詹姆斯一世的军事才能

康士坦茨,彼得三世的妻子

第 18 章 中世纪的西班牙

私生子的女儿，因此是西西里王国霍亨斯陶芬家族的后裔。

彼得三世没有忘记铁手套及其传递的信息。当西西里人在复活节晚祷愤怒地杀了安茹暴君后，营救他们的正是彼得三世派来的船只，而彼得三世因公然反抗教皇马丁四世和法王腓力三世而被马丁四世废黜。

之后的几年，双方交手互有胜负。西西里和它毗邻的岛屿淹没在阿拉贡和安茹斗争的血雨腥风中，这是意大利的历史，而不是西班牙的历史，但这涉及卡斯蒂尔王国在意大利半岛的利益。

中世纪后期，卡斯蒂尔王国据有西班牙三分之二的领土，从北部的比斯开湾一直延伸到南部摩尔王国的格拉纳达。正如它的名字所示，卡斯蒂尔以城堡建国，但和英王斯蒂芬的城堡不同的是，不是为了盘踞乡下，而是为了抵御穆斯林的进攻。当然，那些住在前哨基地的人，夜晚随时会被唤醒，去突袭边境或者抵抗突袭，所以他们期望获得特殊酬劳。为了鼓励商人、骑士和贵族们在危险的南部边境上定居下来，国王以赠与豁免权和减免税收的形式提供了很多优惠，优惠的力度让欧洲许多君主望尘莫及。

但麻烦也随之而来。十字军一到，前哨就不是前哨。当地居民不明白为什么他们过去拥有的特权和财富被剥夺了。来自摩尔人的危险逐渐减少，现在如果卡斯蒂尔人能利用自己的独立地位，让政府意识到国家的需要和愿望，西班牙也许会成为欧洲的领袖。但不幸的是，普通的卡斯蒂尔人只想自私地享受自由带来的利益，而没有意识到他们需要承担更重的责任，因此，国家陷入了混乱。

对纯正的卡斯蒂尔人来说，战争的氛围是再自然不过了，因为他们的祖先都曾是十字军战士。在征服的土地上，卡斯蒂尔人无力与节俭的穆斯林和犹太人在农业和工业领域竞争。他们认为辛勤劳动是沦为奴隶的标志,这种谬论被广泛接受,成为西班牙最终灭亡的诱因。以辛勤劳动为耻,使西班牙背离了繁荣的道路,阻碍了贵族和市民的沟通。于是,贵族和市民无法在议会中达成一致,采取共同行动。以辛勤劳动为耻的谬论更加深入人心了。随着基督徒失去了穆斯林这个敌人,贵族之间的战争就成了军事狂热分子的宣泄口。

战争期间,卡斯蒂尔国王很难发挥作用。尽管不像阿拉贡国王一样处处受法律的约束(在阿拉贡,未经议会同意,国王不能通过法律,大法官可以质疑国王的最高司法权),但卡斯蒂尔国王在实际中却受大臣们摆布。

英格兰的亨利二世可以焚烧贵族的城堡,绞死城堡主人,从而为王权至上铺平道路,但卡斯蒂尔的国王们几乎不可能采取如此严厉的措施来对付那些通常比自己更富有的臣民。贵族的城堡是国家的要塞,贵族的仆人是基督教军队对抗摩尔人的主力。因此,卡斯蒂尔国王必须赋予贵族新的自由,并不断让他们得到回报,使他们发展成拥有土地和财富的诸侯。

第5节 《法典七章》

卡斯蒂尔国王"智者"阿方索十世夸口道:"如果让我创造世界,我会把世界安排得更好。"然而,实际上,他没有人们想象得那么聪明。"智者"阿方索十世博览群书,钻研科学。他最杰出的贡献是他的巨著《法典七章》。这部书汇编了之前所有的西班牙法律条文,其中既有罗马人的,也有哥特人的,并用同一种文字起草。虽然在学术方面颇具天赋,但在生活中他是一个自负、优柔寡断、肤浅的人。例如,与妻子离婚后,他另娶挪威公主为妻。挪威

第18章 中世纪的西班牙

公主到达西班牙港口时,他又决定把她送走,留下原来的妻子。这种优柔寡断的性格贯穿他之后所有的行动。

在"大空位时期","智者"阿方索十世是神圣罗马帝国皇位的竞争者之一,但没有足够的资金和人气执行这项不明智的计划。于是,他增加了臣民的赋税。他还打算组建十字军,远征非洲,但又不得不把注意力转向对付难以驾驭的儿子们。除了学识渊博,他几乎没有什么成就。

"智者"阿方索十世,他博览群书,钻研科学

"智者"阿方索十世的统治成为卡斯蒂尔王国长达一个半世纪内乱的序曲。其间,再没有国王可以被称作"学者"或"智者"。他们中有四个国王很不幸,幼年就继承了王位,因此贵族们乘虚而入,祸乱王室,从中获利。

　　我们接下来要谈一谈 14 世纪中期的一场斗争。西班牙的"尼禄"——暴君佩德罗,与他同父异母的兄弟——特拉斯塔马尔的亨利的纷争。暴君佩德罗所犯的罪行数不胜数。譬如,他杀害亨利的母亲;平静地看着王室卫队追赶、砍杀同父异母的兄弟,也就是亨利的胞弟;命令他不喜欢的年轻新娘喝毒药。

　　黑太子爱德华很爽快地答应了来自比利牛斯山那边的暴君佩德罗的求助。暴君佩德罗会因为好杀而屠戮囚犯,会因为一位牧师预言他的死亡而烧死牧师,会以极残忍的手段杀害大主教。他被描述为"疯子"。他的很多暴行没有什么意义,而他因为疏远忠臣,加速了他的倒台。当他的末日最终到来时,人们无比喜悦。据说,他被狡猾的贝特朗·杜·盖克兰所困,后被黑太子爱德华解救。

　　暴君佩德罗相信每个人都有价钱。他成为俘虏后,企图贿赂法军统帅贝特朗·杜·盖克兰。贝特朗·杜·盖克兰佯装答应,将他引入军帐中。在那里,他见到了他憎恨的兄弟亨利和朝臣们。有人大声喊道:"看,你的敌人。"暴君佩德罗知道自己被陷害了,愤怒地喊道:"是我,是我!"然后,扑向亨利。他被亨利刺了一剑,接着滚在地上厮打成一团。后来,亨利摸到一支利器,接着重重一击。暴君佩德罗当场毙命。据古老的民谣记载,贝特朗·杜·盖克兰插话道:"我既不扶持国王,也不玷污国王,我只听命于我的主人。"他背对暴君佩德罗,让旁边的人把暴君佩德罗抬出去。如果故事可信,那么贝特朗·杜·盖克兰很忠诚,但他的游戏却不公平。

暴君佩德罗

国王没像骑士一样战死沙场,而是死于非命,所以人们没有表现出半点儿难过。

取得胜利的亨利登上卡斯蒂尔国王的宝座,建立了特拉斯塔马

特拉斯塔马尔的亨利,他是
特拉斯塔马尔王朝的建立者

尔王朝。几年后，阿拉贡王室的子嗣灭绝，王位传给了东部邻邦的斐迪南亲王。斐迪南亲王是一个具有成熟判断力的人，担任他的侄子——卡斯蒂尔王国的约翰二世的摄政时，就赢得了诚实、才干卓越的美名。

这两个国家，尤其是卡斯蒂尔王国，在半个世纪中深陷内战的深渊。约翰二世剥夺了他叔叔斐迪南亲王的监护权，整日沉迷于爱情歌曲的创作，对亲信阿尔瓦罗·德·卢纳①言听计从。据说，未经阿尔瓦罗·卢纳同意，约翰二世都不敢上床。这样的统治只会造成国内无休止的动荡。贵族们痛恨傲慢、权力无边的新贵，因为他们可以随心所欲控制王室，增加自己的收入。然而，约翰二世倒台和死亡后，竟没有一个好的政府来终结他的暴政。

第6节 卡斯蒂尔的亨利四世

在约翰二世之子亨利四世的统治下，卡斯蒂尔王国变得更糟。亨利四世不仅软弱而且邪恶，导致卡斯蒂尔王国丑闻迭出，陷入堕落的泥潭。卡斯蒂尔王国病入膏肓，回天无术。一位卡斯蒂尔人回忆起那时的"噩梦"说："我们的宝剑不是用来保卫领土的，而是用来破坏国家的……国王崇尚暴力，公平和正义都被抛诸脑后。"

臣民们努力从这场灾难中拯救生命，挽回财富。城镇和乡村成立了兄弟联合会——逮捕和惩罚罪犯的武装群体。但兄弟联合会得

---

① 阿尔瓦罗·德·卢纳（生卒年月不详），约翰二世的重臣，精政务，善征战。担任王室总管后，他使约翰二世免受叛乱贵族的威胁。1447年，约翰二世娶葡萄牙的伊莎贝拉为妻。伊莎贝拉与他的矛盾不可调和。1453年，卢纳被杀。——译者注

不到国王的支持，所以没有能力对付罪大恶极的罪犯和有钱的贵族，因为这些人会用巨额贿赂和威胁等手段来掩盖他们的罪行。

第7节 斐迪南和伊莎贝拉

当卡斯蒂尔王国陷入无法自救的深渊时，亨利四世驾崩了，王位传给了他的妹妹伊莎贝拉——一个虽然上了年纪，但谨慎、有远见的政治家。为了维护自己的利益，亨利四世一直给妹妹安排各种各样的婚姻，先后把她许配给法兰西的公爵、葡萄牙国王以及他的一位亲信，但伊莎贝拉都没答应。因此，亨利四世很不喜欢伊莎贝拉。事实上，伊莎贝拉早就秘密与她的堂弟——阿拉贡王储斐迪南结婚了。斐迪南是一位军事能力卓越和学识出众的年轻人。

于是，伊莎贝拉和斐迪南成为卡斯蒂尔王国和阿拉贡王国的联合统治者，很快就控制了西班牙，制服了势力最强大的反叛者，夺回了丢失的土地，组建了"神圣兄弟联盟"，并在以前的司法体系上成立最高法院来审理重要的抢劫和谋杀案件。西班牙人默许了这种威权，并且感到欢欣鼓舞，因为他们厌倦了独立，独立滋生的是放纵而不是自由。

就这样，西班牙成为一个强大的君主制国家。百年战争结束后法王路易十一建立的政体和玫瑰战争结束后英格兰的都铎王朝建立的政体，在西班牙也建立了。在专制统治下，西班牙失去了自由，但国内却实现了和平，而在国外获得的荣誉和功绩也高于预期。十字军与摩尔人无休止的战争一直牵动着欧洲人的心。现在，西班牙占领了格拉纳达，取得了彻底的胜利。这个胜利让中世纪的人们喜出望外。

左：费迪南，他是一位军事能力卓越、学识出众的年轻人
右：伊莎贝拉，她是一个年纪虽大、却深谋远虑的政治家

一位热那亚冒险家传来消息说，斐迪南和伊莎贝拉统治的西班牙王国非常富有，已经超越大西洋沿岸各国。这个奇迹令人难以置信。不久，斐迪南也实现了征服那不勒斯的愿望。

西班牙创造的辉煌属于近代史，不属于中世纪史的范畴，但就像幼年是成年的必经时期一样，西班牙成长为16世纪欧洲的第一强国，与其早期奠定的基础密不可分。最重要的是，正如我们所料，西班牙成为了一个军事强国——傲慢、野心勃勃、虔诚地信奉基督教。西班牙致命的弱点是自负、狭隘，譬如斐迪南和伊莎贝拉创建了残暴的宗教审判所，驱逐了成千上万节俭的犹太人和摩尔人。

西班牙是天生的征服者，但对所征服的国家，既没有给予同情，也不懂治理，因此，通过勇气和蛮力建立的帝国注定不会持久。

第19章

中世纪后期的中欧和北欧

第1节 鲁道夫一世

1273年,哈布斯堡公爵鲁道夫当选为神圣罗马帝国皇帝[①],这成为中世纪德意志历史的转折点。除了少数像腓特烈二世那样故意忽视德意志利益的皇帝,历代皇帝即使有心也无力终结德意志的混乱状态。神圣罗马帝国的分裂、民族矛盾和阶级斗争持续不断。现在,这个魔咒终于被打破了。为了在阿尔卑斯山北部建立一个强大的国家,这位当选的皇帝愿意放弃统治罗马和伦巴底的荣耀。

鲁道夫一世当选本身就是奇迹,因为他的家族不太显赫和富有,只据有阿尔萨斯和瑞士山区的领土。而让现代人感到意外的是,最能影响选民选票,并建立伟大的哈布斯堡王朝的人却是霍亨伦索家族的成员。

鲁道夫一世参选时已到中年,拥有丰富的军事经验,为人谦和,性格直率、果断。他因帮助属民对抗地方权贵不合理的要求而深受

---

① 1273年秋,鲁道夫当选为神圣罗马帝国皇帝,史称"鲁道夫一世"。这标志着"大空位时期"结束。——译者注

爱戴。当时，封建主教或贵族的城堡大多坐落于峭壁之间，他们经常派遣武装家丁伏击过往的商人和旅行者。据记载，一次，鲁道夫一世率领一支看似人数不多的队伍进攻劫匪盘踞的要塞。鲁道夫一世挑衅劫匪。接近他时，劫匪惊恐地发现，每个骑在马上的人后面都藏着一名武装人员。无论在人数上还是智谋上，劫匪都输了，有的被迫投降，有的仓皇逃跑。

鲁道夫一世当选皇帝后，非常有必要展示他的军事能力，因为当时中欧最强大的君主波西米亚国王奥托卡二世[①]拒绝承认他。奥托卡二世对自己没有当选，而来自瑞士山区名不见经传的伯爵[②]竟然成了自己的主人这一事实一直怀恨在心。事实上，奥托卡二世生性傲慢，脾气暴躁，所有选举人都惧怕他。后来，奥托卡二世在维也纳附近与鲁道夫一世交战时被杀。他年仅七岁的儿子瓦茨拉夫继承波西米亚王位。

这次战役的胜利只是哈布斯堡王朝好运的开始。此后，鲁道夫一世没收了对手的领地——奥地利的卡林西亚、施蒂利亚和卡尼奥拉。于是，哈布斯堡家族的领地迅速扩张，成为最有势力的家族。不幸的是，随着成功的来临，鲁道夫一世变得无道。面对土地和财富，他欲壑难填。

为了阻止鲁道夫一世的侵夺，瑞士的封臣们不得不自卫，因为鲁道夫一世不再是他们的保护者。1291年，瑞士成立了一个叫"永久同盟"的自卫组织，几年后，同盟以简化形式起草的盟约，成为

[①] 1278年，奥托卡二世被杀后，瓦茨拉夫继位，称"瓦茨拉夫二世"。——译者注
[②] 即后来的鲁道夫一世。未当选神圣罗马帝国皇帝前，他被称为"鲁道夫伯爵"，是阿尔萨斯南部和瑞士北部的领主。——译者注

奥托卡二世在维也纳附近与鲁道夫一世交战时被杀

瓦茨拉夫,奥托卡二世被杀后,他继承王位,被称为"瓦茨拉夫二世"

鲁道夫一世,他从一个为人谦和的伯爵变成一位欲壑难填的皇帝

瑞士的神圣自由宪章，就像英格兰的大宪章一样。

盟约开头写道："乌里、施维茨和下瓦尔登的全体人民看到现世的罪恶，庄严同意并宣誓，用我们的力量、生命和财富，在疆域内外相互帮助，相互守卫，只要敌人入侵，无论是谁，都要不惜一切代价抵抗。"

这是第一个"瑞士联邦"，由乌里、施维茨和下瓦尔登三个省结成的联盟。同年，鲁道夫一世驾崩。所以，瑞士争取自由的斗争对准了鲁道夫一世之子——奥地利的阿尔伯特[①]。

鲁道夫一世尽管与教皇签订了协议，放弃对教皇领地的主张，但从未去意大利加冕，所以他死时的头衔仅是"罗马国王"。神圣罗马帝国的选民以此为借口，没有让他的儿子阿尔伯特立即继位。

和奥托卡二世一样，阿尔伯特傲慢、专横、野心勃勃，父亲驾崩几年后，他攫取了整个家族的财产，没有留给已故的弟弟[②]的儿子约翰伯爵一点财产。阿尔伯特对自己想要做的事非常执着。第一次失败没能当选神圣罗马帝国皇帝后，他就积极交友结盟。他的策略非常有效。1298年，当皇位再次空缺时，他成功当选。

阿尔伯特的成功使他焕发了新的斗志。他现在是神圣罗马帝国的君主，但在瑞士山区自己的领地上，他的命令经常遭到市民和农民的抵制。瑞士人宣称，帝国已经允许瑞士独立。作为皇帝，阿尔伯特可以轻松撤回前任皇帝授给瑞士的特权，所以就派遣市政官去

---

① 奥地利的阿尔伯特，即阿尔伯特一世（1255—1308），鲁道夫一世的长子，奥地利和施蒂利亚公爵。鲁道夫一世驾崩后，他并未获得皇位继承权。1298年在各城邦支持下，他击败候选志同盟，成功当选德意志国王（1298—1308年）。——译者注
② 指鲁道夫一世的次子哈特曼（1263—1283），溺亡于莱茵河中。——译者注

第 19 章 中世纪后期的中欧和北欧

治理瑞士,使瑞士臣服于他的统治。

接下来发生的事情,无论是虚构的还是真实的,都表现出了中世纪瑞士人的勇敢,揭开了瑞士为独立而斗争的序幕。

据说,在派遣的奥地利官员中,阿尔布雷希特·盖斯勒是最受百姓痛恨的人。阿尔布雷希特·盖斯勒心胸狭隘,憎恶农民建造石头房子,希望他们永远住在泥土房子中。他还利用一切机会羞辱和压榨农民。

阿尔布雷希特·盖斯勒,他心胸狭窄,深受百姓痛恨

第 2 节 威廉·泰尔的故事

一次，阿尔布雷希特·盖斯勒在城镇集市的柱子上放了一顶帽子，让每个行人都向它敬礼。一个叫威廉·泰尔的人不知是故意还是没在意，并没有这样做。知道威廉·泰尔是弓箭手后，阿尔布雷希特·盖斯勒命令他远距离射掉放在儿子头上的苹果作为惩罚。威廉·泰尔怎么哀求都没有用，阿尔布雷希特·盖斯勒只是大笑。看到哀求没有用，威廉·泰尔抓起两支箭，一支直接射穿了苹果。阿尔布雷希特·盖斯勒看到威廉·泰尔成功了，恼羞成怒，疑惑地问，"第二支箭是用来做什么的？"威廉·泰尔犹豫要不要说。最后，他要求阿尔布雷希特·盖斯勒保证不杀他才说。阿尔布雷希特·盖斯勒同意了。威廉·泰尔坦率地回答道："如果第一支箭射伤了我的孩子，第二支就会射穿你的心脏。"人群中响起了赞叹的声音。阿尔布雷希特·盖斯勒非常生气，大声喊道："没错，我是承诺不杀你，但我会把你关进地牢，那里暗无天日。"传说，尽管地牢守卫森严，但这位勇敢的弓箭手还是逃了出去，埋伏在阿尔布雷希特·盖斯勒回城堡的必经之路的树丛后，射中阿尔布雷希特·盖斯勒后马上逃走。阿尔布雷希特·盖斯勒跌落马下，临死时说："这是威廉·泰尔的箭。"威廉·泰尔因为勇敢反抗酷吏，成了瑞士的国民英雄。

对瑞士人来说，幸运的是，阿尔伯特因忙于国事而无暇讨伐反叛的诸侯。后来，阿尔伯特终于有时间回家乡了。到达哈布斯堡时，他被人暗杀了。暗杀他的人不是农民，而是他的侄子约翰伯爵，因为约翰伯爵认为阿尔伯特窃取了自己的遗产。

威廉·泰尔用箭直接射穿了他儿子头顶的苹果

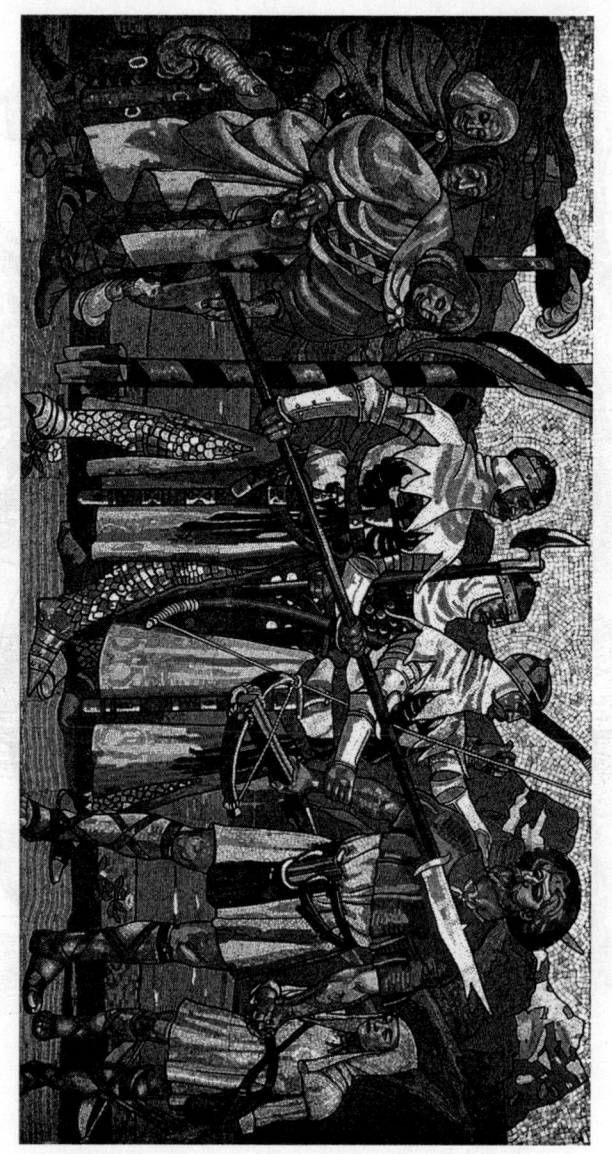

威廉·泰尔因为触怒阿尔布雷希特·盖斯勒,被逮捕押入地牢

漫画：威廉·泰尔勇敢反抗酷吏。其中的魔兽喻指酷吏

制服瑞士的任务就落在了阿尔伯特的儿子利奥波德①公爵身上了。利奥波德公爵非常鄙视家乡的农民，他的军队在瑞士群山中漫不经心地游荡，毫无秩序，乱哄哄的就像热闹的狩猎宴会。士兵把俘虏的叛乱分子当作战利品捆绑在马鞍上。

利奥波德公爵，阿尔伯特的儿子

---

① 即利奥波德一世（1290—1326），阿尔伯特一世第三子，奥地利和施蒂利亚公爵。1307年他的长兄鲁道夫三世驾崩。1308年，他的父亲阿尔伯特一世被暗杀后，他成为哈布斯堡家族的核心人物。——译者注

第19章 中世纪后期的中欧和北欧

利奥波德公爵登上了莫加顿山冰雪覆盖的一侧。途中，他没有遇到任何抵抗。在高高的山脊间行进时，他发现自己进入了死亡陷阱，无数的石头和砖块从琉森山顶上像冰雹一样砸了下来。顿时，马儿惊慌失措，道路变得非常难走了。接着，手握长戟的农民从四面八方冲下来，在冰天雪地中消灭了利奥波德的主力。

利奥波德从战场上逃脱了，但他"神情恍惚，面如土色"。他的失败使瑞士独立前进了一大步。森林共和国[①]的核心地带很快就聚集了更多的人，他们众志成城，捍卫独立和自由。

第3节 "大胆"查理

为了争取彻底独立，瑞士继续战斗。其中，最重要的战役发生在15世纪末。这次战役是为了反抗欧洲军事领袖勃艮第公爵查理。查理是百年战争后期发挥重要作用的"好人"腓力的儿子。

"大胆"查理是一个典型的中世纪战士。幼年时他就爱上了马上格斗。作为公爵继承人，他可以毫发无损地展示自己的骑士精神。即使在真正的比赛中，身披普通盔甲的查理也可以凭借力量和技巧夺冠。他身体健壮，性格勇敢而鲁莽。他非常好战，无惧危险，不怕艰辛。曾经为他效力的法兰西历史学家菲利普·德·科米纳写道："我从未听他因劳累而抱怨，也从未见他流露出害怕的表情。"

"大胆"查理的致命缺点是脾气暴躁，缺乏耐心，总是低估对手的智慧。虽然他聪慧的头脑常常编织计划，但他没有意识到自己

[①] 指独立后的瑞士。——译者注

既没有谋略也没有政治远见,不能很好地把握时机。

像所有的中世纪勃艮第统治者一样,"大胆"查理面临的问题是,他的中部王国有着庞大的商业人口,既要考虑他们的贸易利益,又要实现自己的领土抱负。"大胆"查理统治着许多个省。对法兰西王国和神圣罗马帝国的统治者而言,他们可以挑拨查理的臣民造反,给他添乱,也可以与他联合镇压造反的臣民。

起初,"大胆"查理企图牺牲法王路易十一的利益,向西扩张领土。虽然取得了一些引人注目的胜利,但他逐渐发现,在外交上他不是那个精明的"蜘蛛国王"①的对手,于是就把注意力转向了东部边境。

哈布斯堡家族的提洛尔的西吉斯蒙德②卷入了与瑞士的冲突,最后被迫许诺给瑞士人一大笔无力支付的赔款。如果他愿意将阿尔萨斯和布列斯高抵押,"大胆"查理就借钱给他。西吉斯蒙德别无他法,只得勉强同意。偿还借款看似遥遥无期,"大胆"查理便开始统治阿尔萨斯和布列斯高了,就好像那是自己的领地似的。如果不是"蜘蛛国王"横插一脚,"大胆"查理很可能真的就吞并这片领土了。路易十一不会原谅"大胆"查理抢走法兰西的领土,他现在要编一张网紧紧缠住"大胆"查理,直到最终消灭他。路易十一悄悄地告诉瑞士人,"大胆"查理这个邻居比"身无分文"的提洛尔的西吉斯蒙德更危险,然后建议提洛尔的西吉斯蒙德放弃哈布斯

---

① "蜘蛛国王",法王路易十一以诡诈、机智、老练和出色的外交能力著称,在统一法兰西、建立中央集权的过程中,他喜欢玩弄阴谋手段胜过发动战争。因此,时人称他为"蜘蛛国王"。——译者注
② 提洛尔的西吉斯蒙德(1427—1496),哈布斯堡家族成员,奥地利公爵(1439—1490,1477年升为大公)。他从1446年到1490年统治奥地利和提洛尔。——译者注

"大胆"查理,他是个典型的中世纪战士,却也是一位缺乏政治谋略的统治者

法王路易十一,他因为诡诈、老练的外交手段,被称为"蜘蛛国王"

提洛尔的西吉斯蒙德,他是哈布斯堡家族的成员,曾是奥地利的统治者

堡家族对瑞士领土的统治权,而瑞士人支付给西吉斯蒙德一笔钱。

最终,西吉斯蒙德和瑞士人达成了协议。"大胆"查理非常生气,要求提洛尔的西吉斯蒙德归还那片领土。"大胆"查理向法王路易十一和神圣罗马帝国皇帝示好,取得了成功。因此,为了夺回提洛尔的西吉斯蒙德的领地而大举进攻时,瑞士人发现已经失去盟友的支持。

第3节 格朗松战役和莫拉托战役

一向高估自己能力的"大胆"查理相信现在他可以彻底摧毁这些自以为是的瑞士人。他率领一支约五万人装备精良的军队,携带可以把战场变成地狱的新型重型火炮,跨越汝拉山,向已经被瑞士人占领的格朗松[①]挺进。途中他停了下来,把所有的炮都悬挂在树上,没有上膛,好让叛乱分子明白他将怎么对付他们。听说八千瑞士军队已经在附近集结后,他又继续进军。

在种满葡萄的斜坡上,"大胆"查理可以看到瑞士人的先锋。他们张开双臂跪下,向上帝祈祷。"大胆"查理轻蔑地说:"这些胆小鬼我们包圆了。"然后下令立刻开炮。他原以为这些瑞士人会恳求他宽恕,但他们却跪下祈求上帝的帮助。瑞士人虽然伤亡惨重,但仍坚守阵地。为了引诱他们离开阵地,"大胆"查理命令一部佯装溃退,但这引起了其他各部的误解。该部收到撤退命令时,听到瑞士军队吹响号角,就从所在的高地上快速冲下来。其他各部不知所措,很快"拔腿就跑,消失得无影无踪,像旋风扫过地面一样"。

---

① 格朗松战役爆发于1476年3月2日。——译者注

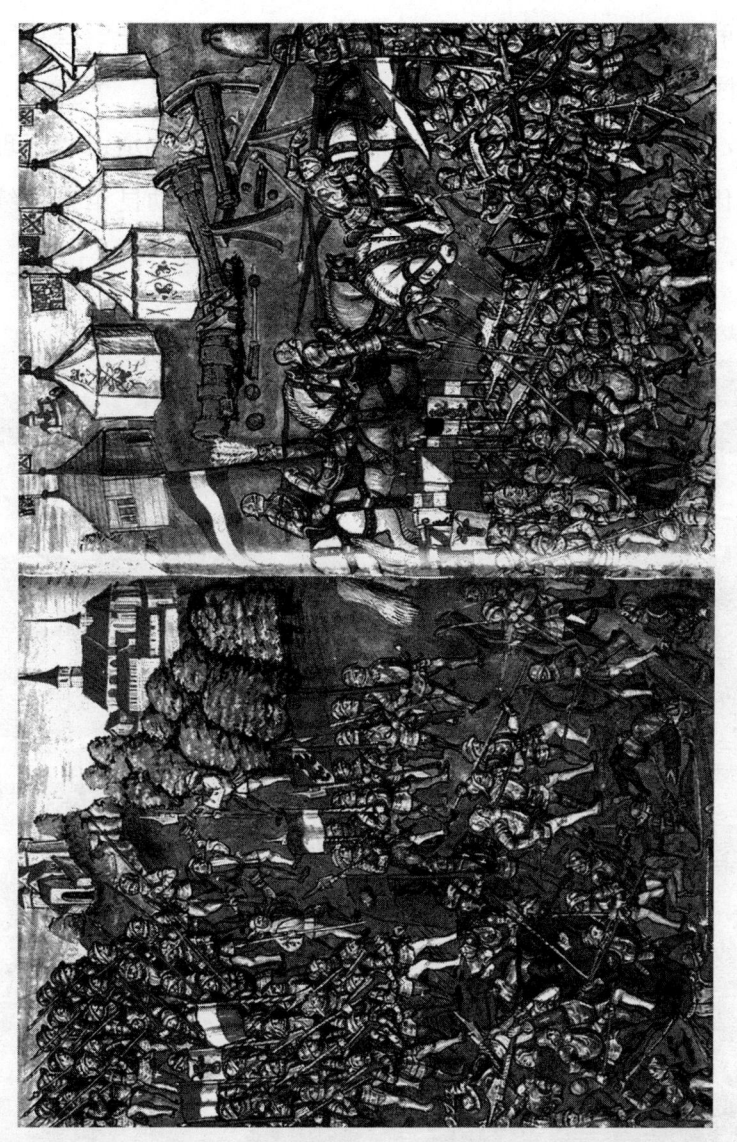

"大胆"查理在格朗松向瑞士人开炮,瑞士人虽伤亡惨重,但仍坚守阵地。最终,"大胆"查理因指挥失误,败给瑞士军队

瑞士人在格朗松战役中取得了意想不到的胜利，缴获了欧洲最富有、最奢侈的君主的丝质帐篷、行李车、地毯、佛兰德斯的蕾丝、精美的亚麻、珠宝、刺绣军旗和雕刻精美的武器。其中一些珍宝现藏于瑞士博物馆。

当时，匈牙利国王马加什一世用骑士的语言评价道："查理被一群乡巴佬打败了，颜面扫地。"这个耻辱坚定了勃艮第人继续战斗的决心，瑞士人也因格朗松大捷而信心倍增。

瑞士人在格朗松战役中取胜后，大肆掠夺勃艮第军营中的丝质帐篷、行李车、地毯和雕刻精美的武器等

第 19 章 中世纪后期的中欧和北欧

在莫拉托战役①前夕,一位瑞士将军说:"敌人的数量是格朗松战役的三倍,但大家不要灰心,在上帝的帮助下,我们会消灭所有的敌人。"在莫拉托战役中,瑞士人徒手搏斗,给了勃艮第步兵致命打击。"大胆"查理和少数骑兵侥幸逃出战场。

第二次仍然战败,如果"大胆"查理是一位明智的君主,就应该考虑与对手和谈,而不是竭力证明自己比对手强,尽管对手是群乡巴佬。但"大胆"查理只是一位勇敢的战士,没有意识到他低劣的指挥才能是造成战败的主要原因。他选择相信一个方便但勉强的借口——失败是因为运气差。他预言,只要坚持下去,运气就会改变。

在莫拉托战役中,瑞士人徒手搏斗,给了勃艮第步兵致命打击

---

① 1476 年 6 月 22 日,莫拉托战役爆发。——译者注

佛兰德斯人开始怀疑他们君主的才能而不是他的运气，所以不愿意再投入新的战斗。于是，他们恳请"大胆"查理与对手和谈。一度被"大胆"查理的声名和财富迷惑的盟友也打算抛弃他，而"大胆"查理对各种暗示和传闻都置若罔闻。

在南锡①，"大胆"查理第三次遇到了瑞士人。乌里和下瓦尔登再次吹响了胜利的号角。勃艮第军队预感不妙，四处逃散。没人知道"大胆"查理怎么样了，直到有报告说，"大胆"查理进行了顽强的抵抗，但力有不逮，最终被杀。后来，"大胆"查理的尸体被找到。他的盔甲已被卸走，半个身子嵌在冰冻的湖水里。

"大胆"查理死了，而他的敌人——瑞士人因此获得"勇士"的称号。在欧洲瑞士士兵至今仍被认为是不可战胜的。

确保瑞士自由的呼声越来越高涨了，欧洲各国不得不承认瑞士独立。其他地方的民主力量也公开活动了。我们前面提到法兰西和意大利的"公社"都具有现代意识，这种意识是超前的。至少在意大利，公社已经结成强大的联盟击败了神圣罗马帝国皇帝，但商业竞争和阶级斗争阻碍了这些联盟发展成联邦。

神圣罗马帝国南部也是如此，像奥格斯堡和纽伦堡这样的城镇，已经成为连接东西欧的商业中心，也是威尼斯、热那亚和阿尔卑斯山以北地区的贸易中心，在经济利益上与地中海沿岸港口形成激烈竞争。在"大空位时期"，神圣罗马帝国无力维护这里的和平与秩序。于是，城镇的年轻人团结起来，与乡村的"害虫"——强盗作战，保护自己的财富。

---

① 1477年1月5日，南锡战役爆发。——译者注

在南锡战役中,"大胆"查理虽进行了顽强的抵抗,但力有不逮,最终被杀。找到他的尸体时,他的盔甲已被卸走,半个身子嵌在冰冻的湖水里

因此，一方面，以防卫为目的形成的联盟成为城镇早期打造的政治武器；另一方面，市民们渐渐意识到永久联盟还有其他优势，例如支持商业发展，维护政府稳定。这种观点虽然是有局限性的，却是中世纪的城镇发展到一定阶段出现的。一些城镇为了从主教的束缚或贵族的高额赋税中解脱出来，不断抗争；一些城镇尽管拥有高度的商业自由，但不得不接受领主派来的行政官统治；另一些城镇拥有特权，完全自治，只向神圣罗马帝国皇帝效忠。一个有头脑的皇帝也许会将这些利益相互冲突的城邦统一为联邦，从而有助于维护所有人的利益，但不幸的是，中世纪人们的思维陷入了谬论的泥潭，认为只有牺牲他人利益，才可确保自己的利益。

一个城镇憎恨和害怕另一个城镇繁荣，深信城墙可以最大限度地限制邻居，保护自己。比如，在对待沉船事件上，中世纪的人们的观点与现代的互助观点完全背道而驰，他们会公开祈求上帝保护残骸，或者为了抢夺残骸，用石头袭击沉船上的水手和商人。这种野蛮行径在神圣罗马帝国北部的城镇就时有发生，但这些城镇还掌握了一件"秘密武器"——合作，这恰恰是富裕的南方邻居缺失的。通过合作，神圣罗马帝国北部形成了闻名世界的政治力量。

第5节 汉萨同盟

一开始，汉萨商业同盟的成员涵盖了波罗的海和北海的主要港口城市——吕贝克、但泽、不来梅和汉堡，后来，随着盟友相互支持、相互履行义务的价值被认可，成员迅速增加到八十多个。

中世纪的法律是个人化而非区域化的，也就是说，当一个人出国旅行，他不会受到目的地国家法律的审判或保护，而遵循的是本

第 19 章 中世纪后期的中欧和北欧

国法律,如果本国不存在相应的法律,例如在神圣罗马帝国"大空位时期",在欧洲其他国家的人们看来,德意志人的信誉尽失,于是,德意志商人几乎既无法自保,也无法保护自己的货物。

当神圣罗马帝国的皇帝和诸侯们感到力有不逮时,汉萨同盟出现了。汉萨同盟成为各个城市[①]货物的海外集散地。同盟的永久成

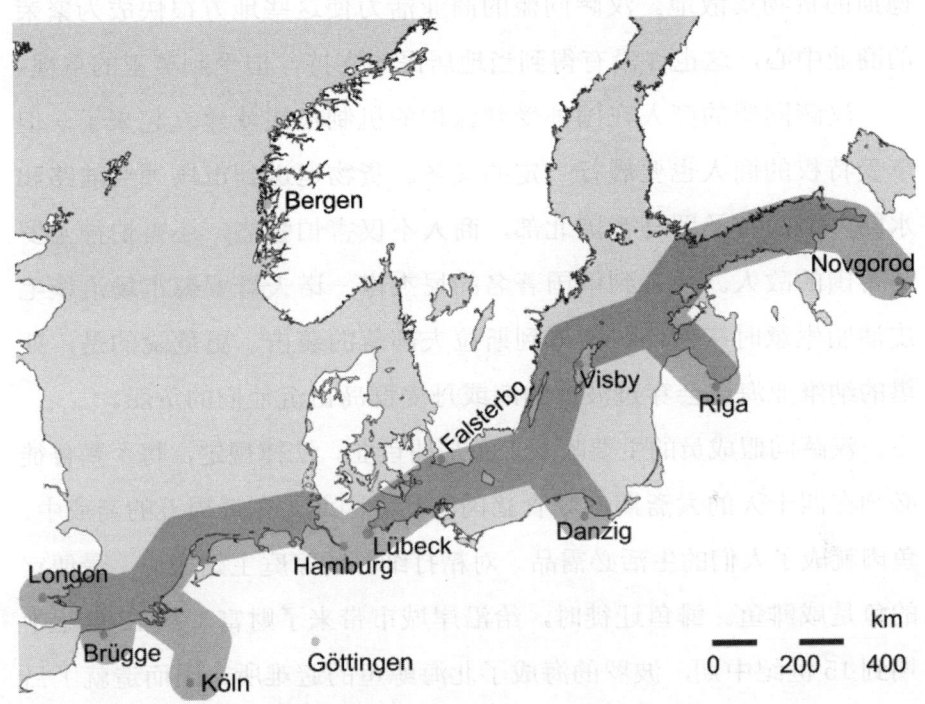

汉萨同盟贸易路线。汉萨同盟成为各个城市货物的海外集散地。这些城市主要包括伦敦、布鲁日、科隆、卑尔根、哥廷根、汉堡、吕贝克、法尔斯特布但泽、维斯比、诺夫哥罗德

---

① 包括同盟成员。——原注

员可以代表曾经遭受过抢劫或暴力的商人向相关政府提出诉讼。

早在 10 世纪，德意志商人就在英格兰市场获得特权，因为"无准备者"埃塞雷德二世[①]颁布的法典中有如下表述："神圣罗马帝国皇帝的臣民可以享受我国法律的保护。"

为了方便神圣罗马帝国的商人进行贸易，英格兰建立了类似佛兰德斯的货物集散地。汉萨同盟的商业活力使这些地方很快成为繁荣的商业中心，这也许没有得到当地居民的支持，但受到英王的重视。

汉萨同盟的商人在国外受到保护的机制很快就建立起来了，但享受特权的商人也要履行一定的义务。货物运送到市场须经陆路和水路，但在神圣罗马帝国北部，商人不仅害怕强盗，还害怕神圣罗马帝国的敌人。往东到俄国著名的尼杰诺－诺夫哥罗德市场洽谈毛皮油脂生意时，他们经常遭到斯拉夫部落的袭击，更危险的是，斯堪的纳维亚海盗会穿过波罗的海或丹麦群岛击沉他们的货船。

汉萨同盟成员的主要收入来源是捕鱼业。法律规定，每个基督徒必须在四十天的大斋期[②]禁食猪肉制品。因此，在每周五的斋戒中，鱼肉就成了人们的生活必需品。对精打细算的家庭主妇来说，最便宜的鱼是咸鲱鱼。鲱鱼迁徙时，给沿岸城市带来了财富。从 12 世纪中期到 15 世纪中期，波罗的海成了北海鲸鱼的避难所，因而造就了吕贝克的繁荣，但当鲸鱼游往荷兰海岸时，吕贝克的繁荣也被带走了。

[①] 埃塞雷德二世（968—1016），英格兰国王（978—1013，1014—1016），他的绰号并非源于现代英语，而是源于古代英语，意思是"邪恶顾问"。在位期间，他大肆屠杀丹麦移民，从而引发丹麦再度入侵英格兰。——译者注

[②] 大斋期又称"预苦期"，因整个斋期需守斋戒四十天，故又称"四旬期"。在西方基督教国家，每年大斋期是基督徒献供与苦修的时期，也是洗涤罪恶、承蒙上帝启示的时期。大斋期一共有六个主日。——译者注

12世纪中期到15世纪中期,波罗的海成了北海鲸鱼的避难所,因而造就了吕贝克的繁荣

每年有两个月，数以百万计的鲸鱼游过斯科纳海岸附近的狭窄海峡①。神圣罗马帝国北部的渔民们会撒网捕鲸，这给汉萨同盟造成了麻烦。因为斯卡尼亚位于现在瑞典最南端，当时是丹麦的一个省，而丹麦人是战士不是商人，他们非常憎恨德意志人。

第 6 节 中世纪的北欧

我们知道，在中世纪早期，斯堪的纳维亚半岛是北欧海盗的家园，诺曼人是世界征服者的始祖。当年，克努特②统治了英格兰、挪威和丹麦。诺曼人从未忘记自己的远大理想。在百年战争中，丹麦国王瓦尔德玛四世就打算通过远征英格兰来帮助他的盟国——法兰西王国，但一方面缺乏资金，另一方面突发的政治事件缠住了他，所以远征计划最终搁浅。

瓦尔德玛四世继承了祖先挪威海盗的无耻、不安分，这使他的臣民疲惫不堪。这种品质有时会带给他胜利，但更多的时候是灾难。心怀不满的丹麦人说："我们没有时间吃饭、休息、睡觉。市政官必须时刻努力工作，否则就可能失去国王的宠信，甚至生命和财产。"因为瓦尔德玛四世固执，所以被戏称为"又一天"，因为他常说："总会有时间完成任务的。"

瓦尔德玛四世最大的野心是使丹麦称霸北欧。为了实现这个目标，他寻求与挪威、瑞典结盟，避免卷入战争。瓦尔德玛四世憎恨、

---

① 即厄勒海峡。——译者注
② 克努特（995—1035），中世纪英格兰、丹麦和挪威国王，1015 年入侵英国，击败英王埃塞雷德二世，征服英格兰，自立为英王。——译者注

第 19 章 中世纪后期的中欧和北欧

鄙视汉萨同盟。1361 年,在敌意的驱使下,瓦尔德玛四世发动了战争。他向将士们保证,带他们去金银遍地的地方,那里的猪槽都是银制的。这个地方就是哥特兰岛①的首府——维斯比。在神圣罗马帝国北部商人的经营下,维斯比成为波罗的海繁荣的渔业中心。因为没有料到瓦尔德玛四世的进攻,所以维斯比的四十八座塔被焚烧和洗劫。

哥特兰岛属于瑞典,所以汉萨同盟无权报复。不过,汉萨同盟认为,瓦尔德玛四世的行动损害了它的商业利益。于是,汉萨同盟派舰队前去支持瑞典和挪威。这造成汉萨同盟有史以来最严重的一次灾难,因为瑞典和挪威没有派兵接应,所以汉萨同盟的兵力处于劣势,舰队很快就被击败、摧毁。

1361 年,在敌意的驱使下,瓦尔德玛四世对波罗的海繁荣的渔业中心——维斯比发动战争

---

① 哥特兰岛属瑞典,是波罗的海最大的岛屿。——译者注

瓦尔德玛四世因为胜利而喜出望外，决心彻底打败神圣罗马帝国北部的德意志人，继续他的扩张政策。不过，他犯了一个政治错误。许多城镇，尤其是非波罗的海沿岸城镇起初对他的入侵无动于衷，置身事外，因为他们既不愿意为庆祝胜利而纳税，也不愿意为失败做经济补偿，但他们很快就意识到，丹麦不断进攻已经威胁到汉萨同盟的生存，于是新的舆论出现了。1367年，反对瓦尔德玛国王的会议在科隆举行。会议要求每个城镇必须为反抗瓦尔德玛做出应有的贡献。

会议宣布："任何拒绝向汉萨同盟提供帮助的城市，其市民和商人不得再与汉萨同盟的成员交往和贸易，同时无权进出任何港口或在港口装卸货物。"

会议制订的联盟政策获得巨大成功，瓦尔德玛四世陷入了尴尬的境地。瓦尔德玛四世凑足钱后到各国王室游说时，国内的老百姓遭受了不幸。因为在他离开时，哥本哈根被洗劫了，丹麦人被迫签订了《斯特拉松条约》。汉萨同盟因此控制斯卡尼亚沿岸各要塞长达十五年。

现在，汉萨同盟已经获得波罗的海霸主的地位，但海上守备和巡逻需要常备陆军和海军。因此，汉萨同盟北部诸城市没有像德意志南部、意大利、法兰西那样，一旦获得临时安全，就迅速消失。各城市在管理自己的事务时，保留了联邦议会，讨论共同税收或外交政策。那些拒绝遵守协议的汉萨同盟成员的特权会被剥夺。

然而，神圣罗马帝国的皇帝们按照霍亨斯陶芬家族的经验，谴责汉萨同盟，讨厌汉萨同盟在德意志北部充当警察角色。查理四世访问吕贝克时，称当地主要官员为"我的主人"！吕贝克官员认为这种称呼言过其实。查理四世回答道："你们的确是主人，因为连

第 19 章 中世纪后期的中欧和北欧

最年老的登记员都知道，吕贝克是帝国议会授予公爵爵位的五个城镇之一。"因此，吕贝克与罗马、威尼斯、佛罗伦萨和比萨齐名。

14 世纪后半期，汉萨同盟的势力发展到巅峰。瓦尔德玛四世之女——玛格丽特一世极具政治天赋，成功地将丹麦、挪威和瑞典联

作为瓦尔德玛四世的女儿，玛格丽特一世极具政治天赋

合起来，组成卡尔玛联盟，逼迫汉萨同盟交出斯卡尼亚沿海各要塞。

然而，即使是这个庞大的斯堪的纳维亚联盟也无法撼动汉萨同盟在波罗的海的霸主地位。后来，在玛格丽特一世的继任者埃里克七世统治时期，因为连年内战、民怨沸腾，卡尔玛联盟很快解体，

埃里克七世是玛格丽特一世的继任者，他在
卡尔玛联盟成员面前由玛格丽特一世加冕

最后成员只剩丹麦了。

到了15世纪,汉萨同盟虽然还是一股强大的政治力量,但已走向衰落,跟不上商业发展的时代步伐了。一个原因可能是神圣罗马帝国经济乏力,无法刺激汉萨同盟的发展。另一个原因可能是城市之间的联系逐渐减少,而本地利益成为人们争夺的焦点。

然而,对汉萨同盟形成真正打击的是,鲱鱼滩涂从波罗的海转移到了阿姆斯特丹附近的海岸。汉萨同盟的商业利益一直集中在波罗的海,但现在却发现已无力与荷兰和英格兰竞争,因为它们才是北海的主人。

更具有冒险精神的竞争对手在非洲海岸和大西洋沿岸开辟了新贸易航线,而汉萨同盟仍然受着严格而狭隘的商业利益观念的束缚,就像保姆仍然牵着那些本来能自立的孩子的手不放一样。汉萨同盟曾经是商人的保护者,现在成了个体企业的监察者,中世纪已渐行渐远,它却仍抓着中世纪精神不放。

第7节 条顿骑士团

另一个注定要衰落并最终消失的中世纪机构是条顿骑士团,它是汉萨同盟的亲密盟友。小亚细亚半岛的拉丁帝国灭亡后,条顿骑士团迁移到波罗的海。他们多以查理曼大帝和法兰克人为榜样,与立陶宛和普鲁士的异教徒展开持久战,建立要塞和殖民地。

当时,教皇极力鼓励骑士消灭异教徒。于是,战场成了欧洲各个国家骑士最喜欢的"度假胜地"。骑士们与巴伦西亚、穆西亚和格拉纳达的异教派展开激烈的领土竞争。

条顿骑士团在家乡附近并不受欢迎。譬如,起初,波兰把条顿骑士团当作抵御北方蛮族的"堡垒",但后来意识到,条顿骑士团虽然保住了利沃尼亚、柯兰和普鲁士,却切断了有利可图的海上贸易。

波兰是中世纪时期欧洲东部的一个国家,名义上效忠神圣罗马帝国。波兰人皈依了天主教,因此成为天主教的一分子。与波兰人不同,东斯拉夫人皈依了东正教。从13世纪中期到15世纪中期,东斯拉夫人的王公都向来自西伯利亚的蒙古君主称臣。

波兰人勇敢,有着强烈的奉献精神和坚持不懈的斗争精神。他们很讨厌德意志骑士,因为德意志骑士的军事天赋和严格纪律常常使他们的野心受挫。虽然矛盾和战争不断,但对波兰形成致命伤害的不是战争,而是联姻。

1387年,波兰和匈牙利的共主路易一世[①]驾崩后,波兰人把王冠送给了立陶宛的雅盖洛大公,条件是雅盖洛大公迎娶路易一世的女儿[②],并且成为基督徒。王冠的诱惑战胜了宗教的顾虑,雅盖洛公爵抛弃了原来的上帝,受洗后加冕为拉斯洛五世,成为雅盖洛王朝的缔造者。雅盖洛王朝对波兰和立陶宛的统治持续了整个中世纪。

在雅盖洛大公的强迫下,无论立陶宛人以前的信仰是什么,现在全部改信基督教。这彻底摧毁了条顿骑士团的立足根基。周围全是基督徒了,他们无事可干了。骑士团团长再也得不到教皇的祝福,

---

① 路易一世(1326—1382),匈牙利与克罗地亚国王(1342—1382)。他的舅舅波兰国王卡西米尔三世驾崩,没有子嗣,1370年他成为波兰国王(1370—1382)。他在位期间讨伐立陶宛,打败鞑靼军队,势力扩张至黑海。——译者注
② 指雅德维加,她是路易一世的小女儿,也是波兰王国的第一位女王。——译者注

路易一世,他曾是波兰和匈牙利的共主

雅德维加,她是路易一世的小女儿,后嫁给雅盖洛大公,成为波兰王国的第一位女王

雅盖洛大公，他受洗后加冕为拉斯洛五世，成为雅盖洛王朝的缔造者

取而代之的是禁止欺压的警告。关于条顿骑士团道德败坏、贪得无厌的报告甚嚣尘上，不绝于耳。

骑士在神圣罗马帝国的影响力也不断下降，因为骑士的誓言都和军事有关。一旦异教徒入侵的恐惧被消除，神圣罗马帝国的殖民者便开始讨厌他们。骑士团奉行禁欲主义，并且受当时波罗的海环境的影响，所以无法在当地培养接班人，但随着他们慢慢变老、死去，培养新人的任务迫在眉睫，于是不得不在离神圣罗马帝国很远的地方招募新人。新人来到神圣罗马帝国后，要学习当地的习俗和传统。

在新环境下，条顿骑士团拯救神圣罗马帝国北部的功绩被遗忘了，势力持续下降，因此不可避免地成为波兰人发泄怨恨的对象。在坦宁堡战役[①]中，团长和许多重要骑士被杀，那些幸存下来的骑士也没享受到胜利的果实。通过1466年签订的《索恩条约》，波兰吞并了普鲁士西部，包括重镇但泽。于是，波兰获得了对维斯瓦河和波罗的海港口梦寐以求的控制权，并对普鲁士东部形成包围之势。

第8节 路易一世

波兰的南方邻居是匈牙利王国。路易一世统治匈牙利时期，两个国家合并。在与土耳其人的战争中，路易一世取得胜利。为了感谢他，教皇推举他为教会领袖。打败土耳其人后，路易一世野心勃勃，意欲统治东欧。他不断进攻塞尔维亚，塞尔维亚似乎是他的主要对

---

① 1410年7月15日，坦宁堡战役爆发。——译者注

1466年,《索恩条约》签订

手。此外，为了争夺达尔马提亚海岸的控制权，他还与威尼斯人作战。他的另一个目标是杀死他的弟弟——乔安娜一世①的丈夫安德鲁②，从而成为那不勒斯国王。

路易一世打败了威尼斯人，取得了巨大的胜利。他不仅得到了达尔马提亚，还获得威尼斯人每年上缴巨额贡品的承诺。这些功绩让他在欧洲声名鹊起，因为威尼斯人一直以难以驯服而著称。此外，路易一世的英明统治也深得民心。他发现他的国家深受民族纷争之害，譬如捷克人和玛格尔人的世仇。他建立了一套公平的法律体系，维护正义，不以牺牲一个民族的利益来维护另一个民族。他还把宫廷打造成文化和知识的中心。贵族们在宫廷里既可习文也可练武。

路易一世发展文化事业得到神圣罗马帝国皇帝查理四世的支持。他们之间的友谊持续了好几年。后来，一些王公贵族开始厌倦查理四世的统治，不断比较两位君主：一个懒懒散散，一个战功赫赫。于是，贵族们阴谋废黜查理四世，支持匈牙利国王路易一世。路易一世愤怒地终结了这个阴谋，但查理四世没有那么宽容大度，不再信任路易一世。盛怒之下，他谩骂路易一世挚爱的母后伊丽莎白③，这导致两人开始相互攻击，最终演变为一场战争。查理四世大败，请求和解。查理四世的儿子卢森堡的西吉斯蒙德娶了路易一世的女儿玛丽。于是，查理四世和路易一世表面上又恢复了友谊。

---

① 乔安娜一世（1328—1382），那不勒斯女王（1343—1382），在她漫长的统治期间，卷入多场内政外交冲突。——译者注
② 安德鲁（1327—1345），卡拉布里亚公爵，乔安娜一世的第一任丈夫，路易一世的弟弟，被谋杀。——译者注
③ 伊丽莎白（1305—1380），匈牙利国王查理一世的妻子，路易一世的母亲，1370年到1376年担任波兰摄政。——译者注

卢森堡的西吉斯蒙德,他娶了路易一世的女儿玛丽

路易一世的女儿玛丽,她嫁给了卢森堡的西吉斯蒙德

第 19 章 中世纪后期的中欧和北欧

路易一世驾崩后，一直不愿死心塌地接受路易一世统治的波兰把王冠送给了立陶宛的雅盖洛大公，而匈牙利在经历多年的混乱后，推选卢森堡的西吉斯蒙德为国王。

卢森堡家族在中世纪后期的主要对手是哈布斯堡家族。卢森堡家族出了好几位有趣的统治者，其中一位就是亨利七世[①]，是查理四世的祖父。亨利七世是一位勇敢、侠义的骑士。除了外交上稍显拙劣外，他算得上一位英明睿智的国王。

意大利最伟大的诗人但丁就与亨利七世同时代。他视亨利七世为英雄，希望亨利七世拯救世界，革除时弊，改良教廷。亨利七世听信了但丁的言论，去完成不可能完成的使命，最终走向毁灭。他越过阿尔卑斯山去解决意大利的纷争，却再也没有回到神圣罗马帝国。亨利七世在罗马加冕不久后就病逝了。据说，他是在做弥撒时，喝了一位牧师献上的毒酒后死亡的。

神圣罗马帝国爆发了内乱。1348 年，卢森堡家族的另一个成员当选为皇帝，神圣罗马帝国才恢复平静。他就是查理四世，一个和他祖父完全不同的人。对查理四世而言，意大利没有一点儿诱惑力。他之所以翻过阿尔卑斯山，只是因为被教皇加冕为皇帝可以增加神圣罗马帝国统治者的声望。虽然没有受到应有的礼遇和尊重，但他毫不介意。加冕仪式一完，他就返回神圣罗马帝国。面对意大利人的抱怨和建议，他完全不理会。

对一位皇帝来说，这次匆忙之旅当然有失尊严。但查理四世这

---

① 亨利七世（约 1275—1313），卢森堡家族的第一位德意志国王（1308—1313），神圣罗马帝国皇帝（1312 年加冕）。他加冕后进攻佛罗伦萨，但没能取得重要战果，准备再次发动进攻时，突然驾崩。——译者注

个从克雷西战场逃跑的年轻人,从来就不是什么英雄人物。他不考虑荣耀、责任等与自己懒散个性不相称的事。但在很多事情上,他还是很有见识的。不管怎样,鲁道夫一世的看法值得分享:

> 我相信,在他的心目中,帝国是第一位的,他比他的祖父更聪明。

第9节 《黄金诏书》

《黄金诏书》是查理四世颁布的法律,因诏书上盖有黄金印玺而得名。《黄金诏书》明确规定了选举皇帝的具体方法。迄今为止,选举中出现的争议大都是因缺乏正确的程序而产生的。因此,落选者常常很失望,认为很多程序不合法,于是不效忠当选者。《黄金诏书》规定,选举人有七位——三位大主教和四位教会以外成员,选举仪式必须在法兰克福举行,遵循少数服从多数的原则。

除了以上主要规则外,《黄金诏书》还赋予七位选举人极大的特权,提高他们的社会和政治地位。他们的地位甚至超过神圣罗马帝国的王公,这些王公只是帝国议会的代表。事实上,七位选举人的影响力超过了皇帝本人。因此,查理四世经常被指责将帝国交给了封建寡头政治。

查理四世可能没有预见到《黄金诏书》的结果及其持久的影响。他只是下定决心,要出台可行方案,防止内乱出现。有种猜测认为,查理四世对波西米亚王国的王位更感兴趣。在他心中,波西米亚王国的王位比神圣罗马帝国的皇位重要,因为波西米亚王国是他的世袭领地。无论真正动机是什么,查理四世都意识到,神圣罗马帝国

查理四世,他是《黄金诏书》的颁布者

的政府体制已如明日黄花。他试图建立一种更有效的政府体制。尽管缺少英王爱德华一世那样的天赋，不具备法王腓力四世那样的机会，但查理四世是中世纪后期欧洲统治者的代表。他们的统治已经开始远离中世纪的一些特征。查理四世比任何一位先王的在位时间都要长，并且没有经历严重的危机。这表明，即使查理四世不是一位天才政治家，也会跟随历史的步伐，进入崭新的时代。

第20章
中世纪后期的意大利

在莱纳诺战场上击败了腓特烈一世的神圣罗马帝国的军队后，伦巴底联军的"敢死队"不仅升起了欧洲民主大旗，还唤醒了民族意识。其他民族纷纷追随这面旗帜，前赴后继：瑞士人摆脱了哈布斯堡的束缚；佛兰德斯人反抗他们的伯爵和法兰西领主；汉萨形成政治和商业联盟①反对斯堪的纳维亚；英格兰和西班牙摆脱内战，发展为具有民族意识的现代国家。

莱纳诺之战

---

① 即汉萨同盟。——译者注

国家和阶级的缓慢进化成为中世纪后期历史的主旋律，但意大利并没有取得相应的进步，相反还倒退了，早期为争取自由而付出的努力都付之东流了。

13世纪，腓特烈二世对伦巴底实施独裁专政，但霍亨斯陶芬家族消失后，韦尔夫家族和魏布林根家族的斗争也已沉淀为德意志人的回忆，而保皇党和教皇党的斗争仍像怪物一样徘徊在阿尔卑斯山南部城镇，在那里，独裁者们奴役公社，把国家变成战场。

最终，在失去希望、充满罪恶的边缘，意大利没有以国家的形式出现，而是出现了五个声名显赫的意大利城邦：米兰、威尼斯、佛罗伦萨、那不勒斯和罗马。几个城邦彼此忌妒、憎恨超过对外国侵略者的忌妒和憎恨，因此经常以最微不足道的借口向法兰西、西班牙、神圣罗马帝国、匈牙利或者东罗马帝国求援。结果，意大利成了欧洲中世纪末期的战场，陌生人相互斗争，攫取财富。造成意大利伤痛的最主要原因就是缺乏政治远见。

米兰的历史首先是作为公社争取自己的自由、摧毁邻邦的自由，接着成为两大家族的决斗场，最后成为胜利者的奴隶。意大利北部很多城市的故事都与此类似，他们的统治者只关心地位和财富，根本不关心当地人民的利益。

第1节 威斯康提家族

14世纪和15世纪早期米兰的领主来自威斯康提家族，是意大利典型的暴君，随时挥舞着长剑，但更多的时候使用匕首和毒药；他们挥霍、奢侈，是文学和艺术资助人，是敌人更是损友；他们虚伪、残忍，"毒蛇"是对他们最好的形容。臣民对他们忠诚只是因

第20章 中世纪后期的意大利

为恐惧，他们故意残忍地加剧人们的恐惧，这成为他们统治的一种手段。

贝尔纳博·威斯康提①只允许他一人享受打猎的乐趣。他饲养了五千条凶残的猎犬，每日喂以大肉。如果农民故意杀死他的猎物或私藏猎物，就会被扔进狗舍。

即使在教皇特使面前，贝尔纳博·威斯康提的恶搞也不会有所收敛。一次，教皇派信使送来令他不快的消息，他手指着桥下湍急的河水问他们要不要吃点或喝点。信使惶恐地看着他手指的方向，回答道："吃！"贝尔纳博·威斯康提严厉地说："那么就吃这个！"然后，他把写在厚厚的羊皮纸上、带有铅印的教皇的信递给他们，直到信使把信吃完，才允许他们离开。

贝尔纳博·威斯康提的哥哥加莱亚佐·威斯康提更残忍。那些被他判死刑的人死之前还要忍受长达四十一天的非人折磨，先是挖去一只眼睛，然后砍掉一只手或脚，接着被暴打，强迫他们吞下恶心的饮料，当痛苦无以复加时，才让他们死去。这些残酷的场景都是在众目睽睽之下进行的，好让米兰人知道惹怒他的后果很严重。

这个臭名昭著的家族最著名的人物是加莱亚佐·威斯康提的儿子吉安·加莱亚佐②，他是个非常胆小的年轻人。只要听到突然的关门声或者屋外街道上的喧闹声，他就会战栗。吉安·加莱亚佐的叔叔认为吉安·加莱亚佐的智商有问题，于是在吉安·加莱亚佐的

---

① 贝尔纳博·威斯康提（1323—1385），意大利政治家，米兰领主。他野心勃勃，善用阴谋，在位期间与教皇乌尔班五世、威尼斯和佛罗伦萨之间的战争不断。——译者注
② 吉安·加莱亚佐（1351—1402），米兰第一位公爵（1395—1402），中世纪末期米兰的统治者。他曾一度占领维罗纳和维琴察，控制整个波河流域，想要统一意大利北部，恢复伦巴底帝国，但最终未果。——译者注

加莱亚佐·威斯康提

吉安·加莱亚佐

父亲死后，愚蠢地接受邀请去看望吉安·加莱亚佐，并想替他处理善后事务，使他彻底屈从自己。然而，这个狡猾的老头失算了。吉安·加莱亚佐率兵到达约会的地点，逮捕了他的叔叔，把他监禁在一个城堡中，并喂以慢性毒药。最后，他的叔叔中毒而亡。

在吉安·加莱亚佐独自统治米兰后，没有任何法律可以约束他的残酷和野心。他用阴谋创造政治机会，损害邻邦的利益。他的领地扩展至伦巴底平原及其以南的托斯卡纳山。在米兰境内，他用武力镇压反抗者；在米兰以外的地方，他用贿赂和欺骗的手段，让一些弱小的城市屈服、效忠，因为这些弱小的城市不惧怕遥远的米兰，更惧怕他们的近邻威尼斯和佛罗伦萨。

吉安·加莱亚佐的目标是在意大利北部建立一个王国。为了实现自己的计划，他非常努力，他的领地一度延伸至维罗纳和维琴察，逼近威尼斯的大门。在意大利南部，他吞并了佛罗伦萨的两个主要"敌人"——比萨和锡耶纳。这些领土是他通过战争、贿赂、谋杀或欺骗获得的。他说服神圣罗马帝国皇帝承认他的公爵爵位，并与欧洲王室联姻。他的女儿瓦伦蒂娜·威斯康提与法王的弟弟——年轻、软弱的奥尔良公爵的婚姻绝称不上金玉良缘，但这对整个意大利都很重要，因为到了15世纪末，瓦伦蒂娜·威斯康提的孙子——奥尔良公爵路易继承了法兰西王位，称"路易十二"，因为路易十二是威斯康提家族的后人，所以对米兰公国也拥有统治权。

乍一看，像威斯康提这样残忍、暴力的家族怎么能持续统治崇尚独立的意大利北部居民这么长时间，这确实让人感到奇怪。当然，如果威斯康提家族只依赖征收赋税延续他们的统治，那么这种统治不会持久。但不幸的是，在战争年代只要钟声响起，每个米兰市民都会出来保卫自己城市的旧传统已经消失，职业军人承担了市民的

瓦伦蒂娜·威斯康提。她与奥尔良公爵的婚姻绝称不上金玉良缘。她神情凄凉,心情痛苦

法王路易十二

这个职责，市民的心理也随之发生了变化，只要他们能得到高工资和更多的战利品，就不再在乎主人是谁，也不在乎去做拿剑杀人或者吓唬人的龌龊工作。

意大利雇佣军制度形成的一个原因是城市居民的惰性。城市居民不愿意为了操练和打仗而放弃生意，因此宁愿付钱让他人替自己服役。另一个原因是暴君不愿意武装和雇用自己的臣民，因为威斯康提家族认为没有爱国心理障碍的陌生人可以更好地执行大屠杀或其他残酷的命令。

大批流氓无赖式的雇佣军在意大利就可以招募到，因为很多曾经独立的小城邦现在被更大的城邦所吞并。被征服者受到肆意欺压，不允许在政府任职，也不允许为自己发声。无数经验表明，这种暴政只会滋生仇恨和不忠，因此，中世纪的意大利一直饱受内战困扰的原因是未能认清这个政治真相。被征服地区的年轻人精力旺盛，没有合法的发泄渠道，所以就会形成抢劫团伙或者为某个王公服务，从而用更体面的方式进行报复。

第2节 雇佣军制度

意大利的雇佣军吸纳了一些德意志士兵，他们是神圣罗马帝国皇帝访问意大利时带来的，之后就留在了意大利。他们把意大利的各个城市当作冒险和抢劫的乐园。雇佣军的另一个来源是法兰西海盗。在百年战争休战期间，他们四处游荡，很快就有人雇用他们掠夺财富。

14世纪，涌向意大利的人潮中有一位叫约翰·霍克伍德的英格兰军官，他是埃塞克斯一个裁缝的儿子。约翰·霍克伍德因在法兰

西战场作战英勇,被爱德华三世赐予爵位。佛罗伦萨的一位历史学家是这样描述霍克伍德的:

> 他在军中服役六十年,无人能及。他深谙被战乱裹挟的意大利的生存之道……居民、公社和各个城市以和平求生存,但约翰·霍克伍德这种人以战争求发财,结果城市遭到破坏,他们也一无所获。他们既没有爱,也没有信仰。

有这样一个故事描述约翰·霍克伍德。一群佛罗伦萨人遇到了约翰·霍克伍德,他们按照习俗打招呼说:"祝你平安!"令人吃惊的是,约翰·霍克伍德回答道:"让上帝收回你的祝愿吧。"人们问他为何如此不领情。他说:"你们希望上帝让我死于饥饿?你

约翰·霍克伍德

第 20 章 中世纪后期的意大利

们不知道我靠战争生存,而和平会毁了我吗?因此我只能这样回应你们。"

约翰·霍克伍德一生的大部分时间都在佛罗伦萨军中度过。无论多么残忍和贪婪,他至少不像同时代的军官那样虚伪。他死后,佛罗伦萨人把他葬在教堂里,感谢他为保卫这座城市所做的贡献。

再回到米兰和它的雇佣军历史。吉安·加莱亚佐虽然胆小怕事,但很精明。他的手下军官虽然惧怕敌人,但对他忠心耿耿。然而,1402 年他死后,很多下级军官试图摆脱威斯康提家族的统治,建立独立的国家。几年后,吉安·加莱亚佐的儿子菲力波·玛利亚[①]重新控制了局面,获得米兰的统治权。

菲力波·玛利亚比他的父亲更胆小,像法王路易十一一样不喜欢进入公众视线。让·德·西斯蒙第[②]把他描述为"一个奇怪、脏兮兮的人,眼球突出,目光鬼鬼祟祟"。菲力波·玛利亚讨厌听到"死亡"这个词,害怕被暗杀。他每晚都要更换睡觉的房间。只要听到战败的消息,他就颤抖不已,担心雇佣军会弃他而去。当信使带着捷报而来,他也不会喜形于色,因为他认为获胜的将军很可能会成为他的对手。

这就是暴君为了获得财富和权力所付出的代价:担心最卑微的雇佣军会被收买,投入敌人的怀抱;担心毒药藏在调味盘里或酒杯里;担心匕首会刺穿铁网。因此,菲力波·玛利亚时刻生活在恐惧

---

① 菲力波·玛利亚(1392—1447),米兰的统治者(1412—1447)。他残忍、偏执、极度敏感,但是位出色的政治家。在他统治时期,米兰雇佣军发展迅速,与以佛罗伦萨共和国为首的意大利联盟之间进行过多次战争。——译者注
② 让·德·西斯蒙第(1773—1842),瑞士著名历史学家、政治经济学家,以其撰写的法国和意大利历史著作及提出的经济观点而闻名。——译者注

意大利雇佣军：步兵

意大利雇佣军：骑兵

中。他的雇佣军强迫热那亚承认他为宗主,使米兰陷入与阿迪杰河沿岸城市威尼斯的敌对状态中。

第3节 威尼斯

威尼斯的历史与意大利其他城市都不相同。威尼斯建于群岛之上,优越的地理位置奠定了它海洋强国的地位。威尼斯从未进行过领土扩张,但为了利益,它不断进行商业扩张,这种方式很好地避免了封建地主的纷争,而教皇党和保皇党的党派之争却使它的邻居们沦为奴隶制度的牺牲品。

在意大利其他地方,城市和国家的名字都与中世纪某个家族的历史联系在一起:在那不勒斯,霍亨斯陶芬家族、安茹家族和阿拉贡家族之间的斗争;在罗马,坎帕尼亚家族、奥尔西尼家族和科隆纳家族之间的斗争;在米兰,威斯康提家族和后起的史佛拉家族之间的斗争;在佛罗伦萨,贵族集团与美第奇家族之间的斗争;但在威尼斯,国家就是一切,它的子民不需要成为优秀的军人,只需要服从、谦卑和努力工作。

总督或者公爵是威尼斯的大执政官,相当于国王。事实上,总督酷似民选总统。为了防止拉帮结派,他受到一套复杂体系的制约。一旦当选,总督必须遵守一套规程,接受一百多条宪法条例的束缚:总督必须按照六名公爵议员的建议行动;总督的任何家庭成员不得担任公职;总督不得因工作繁重而中途辞职;就算从他的办公室到整个威尼斯,傲慢的贵族在他面前都心甘情愿地屈膝,总督仍要清醒地认识到人们对他的尊重不是由于他的个人魅力,而是他的职位。

很久以前,威尼斯所有重要的事务都由公民大会决定,但随着

第20章 中世纪后期的意大利

人口的增长,这个笨重的机构被由主要公民组成的大议会所取代。14世纪早期发生了更重大的变化,大议会被取消。只有一些贵族才可以从政,特权贵族应运而生,大部分普通威尼斯人被排挤出政府,但由于政府不是为任何一个特定家族利益服务,而是为整个国家的利益服务,人们原谅了它的专制。为了维护国家利益,著名的"十人会"有权秘密调查公民,因它秉承公平公正的原则,对总督的儿子、商人和乞丐一视同仁,备受威尼斯人的推崇。一位现代作家说:"威尼斯共和国是整个意大利北部稳定的因素,甚至现代人都对这种政治稳定的状态感到惊奇和赞赏。"

有时,现代人很难欣赏中世纪威尼斯的自私和直白的商业至上主义,它对意大利和基督教皆无忠爱之心,因此即使面对第四次十字军东征,除了坚持保护它在东方贸易中的地位外,没有什么可以影响它的外交政策。

威尼斯的确自私,但我们必须知道"爱国主义"这个词的范畴在现代比中世纪要大得多。威尼斯可能对"意大利"或"基督教"表现冷漠,但它所有的生活和理想都以"威尼斯"为中心。水手和商人是缔造威尼斯的坚实基础。虽然威尼斯没有雇佣军,但人民愿意为它牺牲自己的生命。因此,我们可以说在意大利所有国家中,只有威尼斯真正理解"爱国主义"的含义,因为它的臣民愿意为国家利益牺牲个人生命、家庭理想和阶级利益。

威尼斯的国家利益与航运和世界贸易联系在一起。例如,羊毛加工是英格兰和佛兰德斯的核心利益,它们非常依赖威尼斯商人。威尼斯商人把糖和香料从东方运往英格兰,然后在英格兰装载上羊毛运往佛兰德斯,之后在佛兰德斯装载大包布匹运往意大利市场销售。

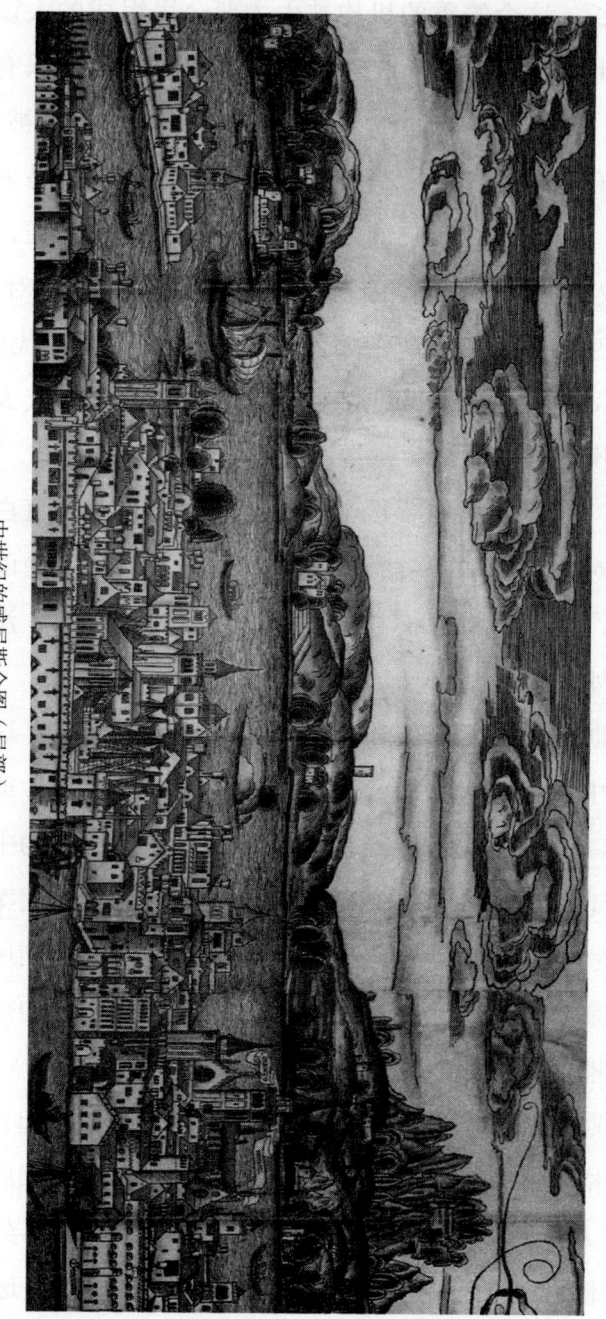

中世纪的威尼斯全图（局部）

"十人会"。它有权秘密调查公民

除了贸易运输依赖邻邦的工业，威尼斯自己也生产丝绸和玻璃。但无论如何，威尼斯的水手和工人都明白控制亚得里亚海才是国家核心利益所在，因为单靠国内生产难以养活不断增长的人口，而且藏匿在达尔马西亚沿岸的敌人和海盗时刻威胁着满载货物的商船的安全。因此，威尼斯很早就开始实施强硬的海上政策，这也使威尼斯与地中海沿岸国家冲突不断，尤其与东部海域的竞争对手热那亚的冲突更激烈。

在第四次十字军战争结束时，威尼斯迫使君士坦丁堡接受拉丁帝国，从而保证了自己在世界市场上的霸主地位；而热那亚则接收了希腊难民，并且帮助希腊将军迈克尔·巴莱欧罗古斯在 1261 年恢复东罗马帝国。

威尼斯和热那亚之间的公开交战几乎没有间断：在君士坦丁堡和巴勒斯坦的海港进行陆战，在意大利和希腊海域进行海战。经过几番较量，谁都无法获得地中海的控制权，却严重削弱了基督教对抗伊斯兰教的力量。

1380 年，决战在威尼斯水城基奥加打响。热那亚舰队在外海取得胜利，决定实施封锁，迫使威尼斯投降。威尼斯将军高喊"让威尼斯每条船上的人都参战！"一位声望素著的领袖维托·皮萨尼之前因肇事入狱，此时也应公众所求获释出狱，成为军队统帅。市民们激动地高喊道："皮萨尼万岁！"他们的领袖具有真正的威尼斯精神，回应道："威尼斯人只高呼'圣马克①万岁！'"

---

① 圣马克（？—336），336 年当选为罗马教皇，在位约一年，他曾授权奥斯蒂亚主教主持教皇登位仪式，支持建造圣马克教堂。——译者注

第 20 章 中世纪后期的意大利

维托·皮萨尼麾下只有几艘船和少量人马。他明白，主动出击取得胜利几乎不可能，但他知道在东地中海有一支威尼斯舰队，如果这支舰队得知他的困境，肯定会掉头全力帮助他，因此，维托·皮萨尼决定被动等待，迷惑敌人。他以极大的勇气和技巧实施该计划，命令战士用石头击沉船只，堵住通往基奥加的航道，接着派舰队把守各主要入口，防止热那亚增兵。现在，封锁者被封锁了。漫长的冬季来临，热那亚人苦苦防御，疲惫不堪，缺衣少食，弹药匮乏。此刻，威尼斯人焦急地瞭望着地平线，终于人群中响起了一声呐喊，远处的地平线上出现了一些船，威尼斯的旗帜骄傲地进入人们的视线。维托·皮萨尼和他的手下高声欢呼，因为威尼斯得救了。它不仅没有成为废墟，还成为"亚得里亚海女皇"，而热那亚被迫投降，承认威尼斯海上霸权的地位。

威尼斯的海上政策是由其地理位置决定的，但几个世纪后，威尼斯提出更具争议的陆地政策：中世纪一些威尼斯人认为既然陆地是政治问题的根源，威尼斯就应该加强对陆地的控制，以防遭受意外袭击；而另一些人则认为这个观点很偏狭，只适用于弱小城邦割据伦巴底的时代，而对付像意大利北部暴君威斯康提这样的人则毫无意义。除非威尼斯有能力保护位于阿尔卑斯山脚下的领土以及东伦巴底的广大地区，否则无法控制与德意志和奥地利进行贸易的山区通道。

威尼斯的陆地霸权政策得到了确认。14 世纪初，维琴察、帕多瓦和特雷维索的统治者玛斯缇诺·德拉斯卡拉警告要对通过其领土的威尼斯商品征税。威尼斯认为这是对它商业霸权地位的侮辱，于是立刻与米兰和佛罗伦萨结成联盟，反对玛斯缇诺·德拉斯卡拉。结果通过战争，威尼斯获得了特雷维索和其他一些城镇。

维托·皮萨尼之前因肇事入狱,此时应公众所求获释出狱。市民们激动地高喊道:"皮萨尼万岁!"

威尼斯舰队与热那亚舰队激战

当然，这次战役只是威尼斯商业政策的外现，是防卫而不是侵略；但在 1423 年，佛罗伦萨人请求威尼斯参战，共同抵抗威斯康提家族，并声称他们不愿独自对抗暴君，如果威尼斯拒绝帮助他们，他们就拥立菲力波·玛利亚为意大利北部的国王。随后，战争的结果是签署了一项增强威尼斯陆上权力的条约。威尼斯在意大利建立陆地帝国迈出了关键一步。

16 世纪，一个叫马基雅维里的政治系学生，写了一本为统治者提供建议的手册《君主论》，这同时是一本关于他的出生地佛罗伦萨历史的书籍。在书中，马基雅维里提到，雄心勃勃地推行陆地霸权政策并吸收意大利其他地方的礼仪和习俗时，威尼斯已经开始走向衰落。这可能是真的。不可否认的是，在威斯康提家族不断敲击威尼斯大门的情况下，威尼斯还能明哲保身吗？

第 4 节 佛罗伦萨

现在我们把目光转向佛罗伦萨。15 世纪，佛罗伦萨从一个小城市发展成托斯卡纳第一大城市。像米兰一样，佛罗伦萨成为保皇党和教皇党争夺的"猎物"，但这场争夺没有发展成统治者家族之间的斗争，而演变为激烈的阶级斗争。

腓特烈二世垮台后，代表富商阶级的教皇党将与之对立的大部分贵族阶级赶出了城，然后基于自己的利益修改了宪法。

佛罗伦萨尽归执政团。执政团由司法行政官、最高执政官、行会律师、医生和布商等组成。贵族必须是行会成员才有资格出任公职。为了防止贵族只在公会挂虚名，后来规定，各公职的候选人必须提供他确实在所属行会工作的证明。

之后，更严厉限制贵族的政策出台了：贵族如果伤害了地位较低的公民，不管是故意还是意外，贵族的房子都要被夷为平地；过去祖先们用来向对手身上泼溅热油、扔石头的高塔，现在依据法律要降低高度；在暴乱中，无论贵族怀有什么意图，都不被允许走向街头；事实上，在政治和司法方面，贵族处于明显的劣势，这样一来，曾经野心勃勃的敌人变成了人畜无害的普通人。

13世纪，教皇党的全面胜利并未给佛罗伦萨带来和平，新的政党不断涌现。为了消除来自家庭和阶级的影响，政府实施了许多复杂的制度，这不仅伤害个人，也无法稳定国家。例如，执政团的成员任期只有两个月；顾问团的成员由十二人缩减到六人；为了实现"人尽其才"的目的，政府的做法是先列出所有适合担任公职的公民的名字，将之放在包里，然后在职位空缺时随意挑选。尽管这些措施防止了任人唯亲，但也影响了效率。紧急情况下召开的议会是非正式集会，广场的钟声响起，人们就在广场集会，决定是否赋予特别委员会修改现存宪法的权力。政客们认为，广场集会是反映民众诉求的最后手段，但广场入口都有武装人员把守，而胆小的民众都受幕后黑手的操控。

佛罗伦萨的权力都被掌握在富有的中产阶级和商人手中，随着时间的推移，他们也分裂为"白党"和"黑党"两派，被世家大族所利用。

第5节 但丁·阿利盖利

意大利最伟大的诗人但丁属于"白党"。1302年，"黑党"获胜，但丁被流放出城。如果但丁肯缴纳一大笔钱就可赦免，虽然他对

在维罗纳的但丁

佛罗伦萨赤胆忠心,但他拒绝交钱,因为这等于公开承认自己有罪。但丁骄傲地写道:"如果能找到不玷污但丁名誉和声望的其他方法,我将毫不犹豫地接受……但以目前的方法,我绝不进入佛罗伦萨。"

但丁思想中的偏见和仇恨具有典型的中世纪特征,但他的思想更清晰、更高贵。作为一名狂热的保皇党员,但丁认为神圣罗马帝国皇帝的首要职责是对意大利施威,但他的想法不像大部分意大利人那样狭隘。大部分意大利人希望通过报复,恢复自己的家园。然而,但丁认为,比个人抱负更重要的是将教廷和国家从腐败与暴政中拯救出来,而这只有赋予神圣罗马帝国皇帝最高权力才能实现。

1294 年,教廷进行了一次改革尝试。红衣主教团憎恨教廷的腐

第 20 章 中世纪后期的意大利

败,推选一位以隐秘和神圣生活而闻名的隐士为教皇,这位教皇就是后来的圣雷定五世[1]。圣雷定五世身材矮小,面容苍白,头发蓬乱,穿着麻布衣服。当穿着华丽的红衣主教团来找他时,他惊恐地逃走了。他几乎是被逼着穿上教皇长袍,然后被红衣主教团带走的。渴望改革的人们急切地等待新教皇下诏,但人们的期望落空了。圣雷定五世没有能力推行改革。他被所处的环境吓坏了,成了那些肆无忌惮和野心勃勃的人的牺牲品。圣雷定五世因不敢拒绝大臣的要求而两次放弃圣俸,而且只要大臣提出更换红衣主教的要求,他就马上答应。最后,他被允许退位,匆匆返回自己的修室。但圣雷定五世被继任者凶悍的博尼费斯八世[2]抓捕,关进城堡,最后死在那里。

但丁讨厌博尼费斯八世利用教会谋求私利的行为,也鄙视圣雷定五世。圣雷定五世被赋予改革基督教会的权力,最终却无所作为。佛罗伦萨人不指望罗马教廷进行改革,但当亨利七世翻越阿尔卑斯山,但丁又重新燃起了希望,认为意大利的救世主终于出现了。诗人可能就是在那时写了他的政治谏言《论世界帝国》,表明自己的观点,但亨利七世不是第二个查理曼大帝或奥托大帝。随着亨利七世驾崩,但丁的希望落空了。

但丁最伟大的作品是长篇诗歌《神曲》,全诗分为三个部分:地狱篇、炼狱篇和天堂篇。神曲讲述了在一千三百年前耶稣受难日,

---

[1] 圣雷定五世(1215—1296),十七岁加入本笃会,二十四岁在摩罗尼山上苦修,1294 年当选为教皇,但不堪各种势力的肆意摆布,当了几个月的教皇后就主动请辞。——译者注
[2] 博尼费斯八世(1235—1303),罗马教皇(1294—1303),主张教皇权力高于世俗君权,颁布"神圣一体敕谕",宣称世俗王权必须服从教皇神权。他与法王腓力四世冲突不断,被腓力四世狠狠教训之后,蒙羞而死。——译者注

诗人遇到了他的精神领袖维吉尔，维吉尔带他穿过接受永恒惩罚的地狱，随后另一位向导出现了，她就是但丁心中的恋人，女性理想的化身贝缇丽彩。贝缇丽彩领但丁穿越"九重天"来到上帝的宝座前。《神曲》既是对中世纪生命永恒论的总结，也是对14世纪政治的思考。《神曲》不但是一座历史宝库，而且是意大利文学的杰作，更重要的是，它揭示了人类灵魂的发展。但丁对氛围和细节拿捏得恰到好处，将想象和现实融为一体。《神曲》显然是但丁的真实表达——一个艰辛努力的灵魂生活在腐败、冷漠的环境中，试图寻找救赎的方法，最后到达"上帝之城"，朝圣之旅最终完成，而这段朝圣之旅展示的美丽和安宁已经超越圣奥古斯丁的预言。

> 现在荣耀归于圣父、圣子和圣灵的钟声
> 响彻天堂
> 随着这首歌
> 我的灵魂飞舞
> 压力消逝
> 我看到的是一片欢喜
> 世界向万物微笑
> 快乐欢喜难以表达
> 宁静和爱永恒
> 财富和幸福无尽。

但丁没能活着实现他的尘世梦想——再回到佛罗伦萨。1321年，但丁在拉文纳去世。他的墓碑上刻着拉丁铭文："生于佛罗伦萨，但他的母亲并不爱他。"而他的肖像下刻着他引以为傲的座右铭"我

贝缇丽彩。她是但丁心中的恋人

不向厄运屈服。"之后的几个世纪里,佛罗伦萨人对否定自己最伟大的儿子感到很羞愧。在但丁死后的几年中,政治偏见蒙蔽了佛罗伦萨人的眼睛。在被但丁称为"世界国王""上帝仆人"的亨利七世的时代,佛罗伦萨视但丁为可恶的敌人,佛罗伦萨甚至愿意放弃自己吹嘘的民主,接受任何一位反对但丁的王子为主人。因此,佛罗伦萨把执政团的最高职位让给了14世纪早期意大利教皇党党首——那不勒斯国王安茹的罗伯特①,他统治佛罗伦萨长达五年。

那不勒斯国王安茹的罗伯特

---

① 安茹的罗伯特(1275—1343),那不勒斯国王(1309—1343),名义上的耶路撒冷国王和西西里国王。查理二世之子,被称为"聪明的罗伯特"。——译者注

第 20 章 中世纪后期的意大利

第 6 节 那不勒斯

那不勒斯国王安茹的罗伯特是查理的孙子、圣路易的哥哥,承袭安茹伯爵爵位。他遵循家族传统,支持教皇,反对神圣罗马帝国对意大利的统治。从表面看,他是意大利最有权力的君主,但实际上,他的宝座坐得并不安稳,因为那不勒斯臣民并不爱戴法兰西统治者,即使在康拉丁死后,那不勒斯人仍对霍亨斯陶芬家族念念不忘,而且非常羡慕西西里岛勇于摆脱法兰西的枷锁,投入西班牙的怀抱。

安茹的罗伯特驾崩后的 1343 年到 1435 年,关于那不勒斯被阿拉贡王朝征服的历史记载很少。在近一个世纪中,相关的历史记录都是和谋杀、诡计有关,而爱国主义和英雄人物鲜有出现。这段历史就像一场死亡之舞,虽然舞伴不断变化,但除了罪恶和暴乱,什么都没发生。

安茹的罗伯特的继承人是他的孙女——乔安娜一世。还在摇篮里时,乔安娜一世就已经成为政治人物。五岁时,她嫁给年长她两岁的表兄——匈牙利国王路易一世的弟弟安德鲁。我们无法确定这对热情、任性的年轻伴侣是否相处和谐,但可以确定的是,在腐败的朝廷里,没人给他们这个机会。一些阴谋家不断在乔安娜一世耳边挑拨道,作为一个女王,让丈夫干涉朝政是有失尊严的;而另一些阴谋家不断提醒年轻的安德鲁王子,他是安茹的罗伯特之弟查理·罗伯特[①]的后裔,有权像他的妻子一样继承王位。敌对

[①] 查理·罗伯特(1288—1342),匈牙利国王(1308—1342),匈牙利安茹王朝的创建者。他统治期间,镇压大封建主叛乱,推行改革措施,匈牙利国力迅速提升。——译者注

双方经常激烈争吵,最终导致悲剧发生。

1345 年,十八岁的乔安娜一世和二十岁的安德鲁一起出发,踏上了一个看似美好的狩猎之旅。一天晚上,两人在一个修道院的客房里休息。安德鲁听到隔壁房间有人叫他。他毫无戒备,起身去看是不是朋友在叫他,结果遭到一群武装分子的袭击。安德鲁转身想回卧室,但身后的门已经被锁。他无计可施,只得与歹徒英勇搏斗,但寡不敌众,两名刺客将绳子套到他的脖子上,将他勒死,并把尸体吊在阳台外面。

乔安娜一世与安德鲁

第 20 章 中世纪后期的意大利

最后,侍从来了,强行打开门,告诉乔安娜一世发生了谋杀案,但乔安娜一世却说,她睡得非常沉,什么都没听到,但她最终却不能圆满地解释王子身后的卧室门为什么会被锁上。当然,大部分欧洲人都认为乔安娜一世是这起凶杀案的幕后主使。于是,匈牙利国王路易一世进军意大利,为他死去的弟弟报仇。路易一世把乔安娜一世赶出那不勒斯,并宣称他是王位继承人,但在那不勒斯他没有得到什么支持,而此时他的匈牙利王位也受到了威胁。于是,他只得匆匆赶回匈牙利,弟妹乔安娜一世的罪行只能交由教皇审判了。

当时,教皇把那不勒斯的安茹家族的统治者当作他的后盾,因此当即宣布乔安娜一世无罪。值得注意的是,之后又有三个王子成为乔安娜一世的丈夫,尽管乔安娜一世有四次婚姻,但她只有一个儿子,而且夭折了。

起初,乔安娜一世非常乐意接受她的外甥、与她侄女结婚的都拉佐的查理[①]为王位继承人。然而,两人很快就发生了激烈争吵。因此,乔安娜一世又把王位给了法兰西王室成员——安茹公爵路易。对历史系的学生而言,这一时期的历史令人困扰,因为第二个干涉意大利政治的安茹王朝亮相了。它与第一个安茹王朝的关系疏远。两个王朝都声称享有那不勒斯的统治权,并为此发动战争,好像他们不属于一个民族似的。

最终,乔安娜一世的反复无常受到了惩罚。在内战中,她落入都拉佐的查理之手,被关进城堡,并丧了命。有史料记载,她是被

---

① 都拉佐的查理(1345—1386),即查理三世,那不勒斯国王(1381—1386),匈牙利国王。乔安娜一世逃亡后,查理成为那不勒斯的安茹家族的唯一继承人,他获得匈牙利路易一世的支持以及教皇乌尔班六世的首肯,进军那不勒斯,推翻并处死了乔安娜一世。——译者注

安德鲁被杀

教皇宣布乔安娜一世无罪

羽绒被捂住窒息而亡的；还有记载说，为了给安德鲁报仇，有人用丝绳勒死了她。

乔安娜一世死后，都拉佐的查理在那不勒斯的统治维持了四年，但不得不把普罗旺斯让给竞争对手。他不满足于对意大利的统治，一听到路易一世的死讯，便立刻前往匈牙利，希望能统治这片"勇士之土"。出乎意料的是，他在匈牙利被暗杀了，其王位由年仅十五岁的儿子拉迪斯拉斯①继承。

都拉佐的查理

① 拉迪斯拉斯（1377—1414），查理三世之子，那不勒斯国王（1386—1414），1414年在匈牙利被暗杀。——译者注

第 20 章 中世纪后期的意大利

拉迪斯拉斯是一位天生的战士，精力充沛，目标明确。他不仅制服了狂傲的贵族，还成为意大利南部的主人，占领了罗马，赶走了教皇。现在，统一意大利的最佳时机出现了。拉迪斯拉斯当然想抓住机会，但他只是军事上的天才，政治上却是典型的暴君——残酷、无耻、追求享乐，与当年的威斯康提一模一样。1414 年，他死时，几乎无人哀悼。

拉迪斯拉斯的妹妹继承了王位，称"乔安娜二世"[①]。乔安娜二世没有继承拉迪斯拉斯的一丝长处，却把他的缺点发挥得淋漓尽致。乔安娜二世和乔安娜一世一样虚伪善变，而且也没有直接继承人。因此，乔安娜二世驾崩后，安茹家族在那不勒斯的统治也就结束了。在乔安娜二世执政后期，关于继承人问题的讨论激烈地展开了。年迈的女王似乎愿意接受第二安茹王朝的代表人物路易三世为继承人，但由于她的善变和愤怒，她又倾向统治阿拉贡和西西里的阿方索五世，不久指定阿方索五世为继承人，但之后又变卦了。阿方索五世佯装并不在意乔安娜二世的反复无常。但这位头脑冷静的西班牙人不会轻易咽下这口气，这不会阻碍他实现称霸地中海的雄心抱负。

乔安娜二世驾崩后，阿方索五世的舰队就出现在了那不勒斯海岸。在战斗中，阿方索五世尽管被俘，成为菲力波·玛利亚的囚犯，被押往米兰，但凭借高超的外交手段，他使这位暴君相信，西班牙人取代法兰西人统治那不勒斯会让米兰更有安全感。米兰和那不勒斯形成坚固联盟的序幕开启了。阿方索五世获释，在那不勒斯建立"王

[①] 乔安娜二世（1373—1435），查理三世之女，那不勒斯女王（1414—1435），安茹家族的最后一位继承人。1420 年，为了应对路易三世的攻势，她向阿拉贡和西西里国王阿方索五世求援，并选他为继承人，但不久就反悔，转立路易三世为继承人。——译者注

乔安娜二世

阿拉贡和西西里的阿方索五世

国"，另建新都。新都城成为与腓特烈二世时代媲美的意大利文化和学识中心。

我们探讨了中世纪末期意大利的四个主要国家，而如果继续探讨罗马的情况，就必须重拾政治主线，回到 1308 年教皇法庭被移至阿维尼翁的时期。

从教皇的角度出发，教皇法庭中大部分都是法兰西人，这让教皇从中获益，他不再担心神圣罗马帝国为了实现统治意大利的理想而入侵意大利，也不再被罗马市民和坎帕尼亚贵族的叛乱所困扰。

阿维尼翁离法兰西非常近，教皇遇到麻烦可以随时申请法王保护，而阿维尼翁又在边界之外，不受法兰西法律的限制。阿维尼翁位于普罗旺斯县，属于那不勒斯安茹王朝。乔安娜一世流亡期间，由于身无分文，加之需要得到教皇的支持，不得不把阿维尼翁卖给教廷，因此，一直到 18 世纪，阿维尼翁都保持着独立教廷。

"巴比伦之囚" 的好处显而易见，但劣势也不可低估：教皇在欧洲人心中的声望下降了。在西方基督教世界，罗马从前是公认的首都，教皇是全世界的教主，继承了圣彼德和恺撒的衣钵，但现在迁居到普罗旺斯，地位降低，就像一个小诸侯。

比如，在百年战争期间，英格兰人就对阿维尼翁做出的裁决表示不满。大家普遍抱怨教皇法庭中有超过一半的人都同情法兰西人及与法兰西政治立场相同的人，因此，一个英格兰人想要在教皇法庭诉讼成功，必须支付比其他国家的人多一倍的钱；更有甚者，英格兰人知道支付给教皇的所有资金，都用来提高他们最憎恨的敌人——法兰西人的战斗力。

早在英诺森四世时期，当教皇向英格兰人征税以便支持讨伐霍亨斯陶芬家族的战争的时候，英格兰人就开始讨厌教皇了。一个世

第 20 章 中世纪后期的意大利

约翰·威克里夫大力宣扬自己的观点

纪后,英格兰怨声载道。英格兰人不仅不满教皇的统治,而且对教皇拥有至高无上权力的教义产生怀疑。因此,英格兰第一位伟大的"异教徒"约翰·威克里夫在爱德华三世统治后期大力宣扬自己的观点。约翰·威克里夫被认为是一位爱国者,他谴责天主教的教义在英格兰被广泛阅读和讨论。

13 世纪,朗格多克发生镇压异教徒的运动;但到了 14 世纪,没有出现像英诺森三世那样具有号召力的教皇可以说服人们为阿维尼翁而战,批评的声音和独立的思想此消彼长;进入 15 世纪,约翰·威克里夫的教义已经传遍欧洲,并在波西米亚建立总部。

第 7 节　罗马

我们以后再讨论异教派在波西米亚发展的历史，但异教派能蓬勃发展，一方面归因于教皇地位的改变，另一方面归因于"巴比伦之囚"对罗马灾难性的影响。

德国历史学家费迪南·格利高沃瑞斯说："教皇不在，让罗马贵族更加无法无天。他们认为，教皇不在了，他们就是罗马的主人。他们的雇佣军在每条道路上安营扎寨，抢劫过往的行人和朝圣者。朝圣之地现在空无一人。城市环境恶化。王公贵族、外国使节的踪迹难觅。牧师充当枢机主教，梵蒂冈代表教皇，并由邻近的奈比、维泰博和奥维多的主教行使教皇的权力。"

教皇法庭创造的财富和盛况原本是罗马财政收入的来源，现在也转移给了普罗旺斯。奥尔西尼和科隆纳两大家族在街头混战，也因教皇不在而无人制止。现在只有教皇的代表留在罗马，主要是为了征收租金和赋税。因此，就像君士坦丁把他的都城迁到博斯普鲁斯一样，罗马再次面临政治灾难的威胁。

第 8 节　黎恩济

罗马长达七十年的黑暗时期出现过短暂的辉煌。一个叫黎恩济的罗马年轻人希望把罗马带回自由而伟大的罗马共和国时期。他的故事被创作成歌剧，成为经典。据记载，黎恩济性格完美，外表俊朗，口才一流，很少有人不被他的言语打动。作为罗马特使，黎恩济获得教皇的许可重振罗马。许多罗马市民成为他的狂热追随者。无论

第 20 章 中世纪后期的意大利

科隆纳家族成员没有受到任何挑衅，只因一时之怒，就杀死了黎恩济的弟弟。黎恩济抱着弟弟，向上帝求助

黎恩济说什么都会赢得掌声，并且追随者愿意用手中的剑帮助黎恩济实现他的抱负。

实现罗马复兴的第一步是要恢复街头秩序。因此，黎恩济决心打倒贵族。罗马贵族及其家臣经常闹事，尤其是骄傲的科隆纳家族。科隆纳家族成员没有受到任何挑衅，只因一时之怒，就杀死了黎恩济的弟弟。

1347 年 5 月，革命爆发了。黎恩济身旁站着教皇的牧师，头上飘扬着代表自由、正义与和平的旗帜。黎恩济宣布编纂公民新宪法，并出任首席行政官。他也被称为"神圣罗马共和国保民官"。

一开始，罗马贵族听到黎恩济的宣言哄堂大笑。科隆纳家族首领史蒂芬·科隆纳说："如果这个蠢货再激怒我，我就把他从这儿扔出去。"但当史蒂芬·科隆纳听说有一支市民组成的军队守卫着桥梁,把贵族们都软禁在家中时,他的嘲笑变成了沮丧。最后,他逃到了乡下的庄园,而家族中的年轻成员则与保民官和解,宣誓效忠新共和国。

黎恩济现在已经取得胜利。他写信给欧洲各国的统治者,宣布罗马已经恢复和平和秩序,同时激励意大利的其他城市摆脱暴君的桎梏,加入"全国兄弟会"。

黎恩济和他的人民似乎已经看到一个统一的意大利的愿景。但不幸的是,黎恩济缺乏实现该愿景的智慧和能力。保民官无疑是伟大的,但没有伟大到可以确保成功。黎恩济本是农民的儿子,却吹嘘说自己其实是亨利七世的儿子。他越来越沉迷于这种幻想,与他最初的使命已渐行渐远。黎恩济身穿镶金边的白色丝绸衣服,在一群装备精良的骑兵的簇拥下穿过街道。为了庆祝他掌权,黎恩济设立了专门节日。黎恩济在用传说治愈了君士坦丁麻风病的斑岩熔浆沐浴后,在奢华的拉特兰教堂,被授予金腰带和马刺,正式封爵。

当号角吹响时,人们开始热烈鼓掌欢呼,争相成为黎恩济的仆人。这时,大家已经忘记保民官承诺的公平,但不久就意识到这简直就是愚蠢的铺张和炫耀,并且对黎恩济为维持政府运转而征收的赋税感到不满。

黎恩济的辉煌是由他的天赋成就的,他的失败是他的胆小怯懦和缺乏平衡能力造成的。一次,当黎恩济得知那些发誓维护新宪法的贵族们要密谋推翻他时,他邀请密谋者的领袖去参加宴会。在宴会上,黎恩济逮捕了他们,将他们关进监狱。次日早晨,监狱的钟声敲响了,贵族们被押了出来,显然是要被执行死刑,得到他们应有的惩罚,但就在最后时刻,当所有罪犯都放弃希望时,黎恩济出

黎恩济

现在刑台上,一番宽恕罪行的布道之后,命令释放所有的罪犯。

如果黎恩济希望通过这种仁慈赢得敌人的忠心,显然他误判了。贵族们从前不喜欢这个农民暴发户,现在就更憎恨他了,因为黎恩济让他们在众目睽睽之下受辱。贵族们并不认为释放他们是对他们的宽恕,而是因为黎恩济害怕他们身后强大的家族。从这一刻起,奥尔西尼家族和科隆纳家族及其支持者唯一的目标就是将黎恩济从保民官的位子上拉下来。贵族们通过行贿和散布谣言等手段,破坏黎恩济的形象,到处宣扬黎恩济铺张、奢侈以及征收重税。最后,1354年,罗马城里爆发了骚乱,一群暴徒聚集在黎恩济居住的宫殿门前,大声喊道:"处死叛徒!"当这位保民官试图逃跑时,房子已经燃起大火,最后坍塌了。

第9节 凯瑟琳·贝宁卡萨

随着黎恩济的垮台,想借助神圣罗马共和国的名号改革意大利的想法也终结了,就像随着亨利七世的驾崩,但丁重建一个新罗马帝国的希望破灭一样。意大利就没有希望了吗?答案是有。意大利的希望来自锡耶纳,一个位于佛罗伦萨南部的山地小镇。主人公是一个叫凯瑟琳·贝宁卡萨[①]的农村女孩。她像贞德一样,看到乡村生活的悲苦,相信自己被上帝召唤,要告诉乡民救赎之路。

后来,凯瑟琳·贝宁卡萨被封为圣徒,称"圣凯瑟琳"。她是锡耶纳一个染匠的二十五个孩子之一。她的父亲起初对她拒绝结婚、

---

① 凯瑟琳·贝宁卡萨(1347—1380),1461年被封为圣徒。——译者注

第20章 中世纪后期的意大利

凯瑟琳·贝宁卡萨

加入多明我第三级修女会很生气。加入多明我第三级修女会的女子可以留在家中,宣誓遵守教会条例就可以了。

随着时间的推移,不只染匠本人,所有的锡耶纳人都意识到凯瑟琳·贝宁卡萨的思想和精神境界远超普通人,因为她在做最简单的家务活时,可以顿悟严肃的生命主题,为前来寻求帮助的人解读他们烦恼的根源,并指出重新获得勇气和希望的途径。

在锡耶纳瘟疫爆发时,凯瑟琳·贝宁卡萨不知疲倦、毫不沮丧地到处看望、守护病人和垂死之人,为疲倦的医生注入新的活力,为遭受病痛折磨而绝望的病人带来希望。

当一个年轻的贵族因批评政府而被严苛的法律判处死刑时,凯瑟琳·贝宁卡萨到狱中探望了他。这个年轻人像被困的野兽一样在牢房里狂跳，拒绝一切安慰，而她的出现和安慰让他安静了下来，甚至最后满怀感恩之情来到刑台上，欣然受死。此时，刑台被他称为"正义的圣地"。凯瑟琳·贝宁卡萨也没有被死亡的场景吓得退缩，而是等着这位年轻的囚犯受刑。当他的头被砍下时，凯瑟琳把它放在膝盖上。后来，她写道："当他安息时，我的灵魂也安息了。"

当其他城市的使者甚至阿维尼翁的教皇使节前来询问凯瑟琳如何解决一些棘手问题时，她也毫不惊慌。她相信自己是上帝的使者，是"耶稣的仆人"。上帝希望复兴意大利的使命不是由神圣罗马帝国皇帝来完成，而是由教皇本人完成，教皇不应该再住在阿维尼翁，而应该返回罗马，着手教会和国家都迫切需要的改革，然后向全世界宣布，由于他的公正和慷慨无私，他是当之无愧的基督教之父。全世界的人们也会欣然效忠。

凯瑟琳·贝宁卡萨崇高的理想触动了人们的心灵。她写信给约翰·霍克伍德，请求他把对准意大利的长剑对准土耳其。据说，读完这封信后，约翰·霍克伍德伯爵发誓说，如果有其他军官参加十字军东征，他也会参加。

凯瑟琳·贝宁卡萨亲自去阿维尼翁拜访教皇格里高利十一世[①]。格里高利十一世是一个胆小怯懦的人，喜欢奢华和安宁，惧怕罗马的动荡。这时，坎帕尼亚的所有贵族和教皇领地的大部分城市都武装起来，然后发出警告，教皇如果不亲自安抚战斗人员，就会失去

[①] 格里高利十一世（1329—1378），最后一位法兰西籍教皇（1376—1378），也是在阿维尼翁执掌教权的最后一位教皇。1377 年，在凯瑟琳·贝宁卡萨的劝说下，格里高利十一世将教廷迁回罗马。——译者注

第 20 章 中世纪后期的意大利

在凯瑟琳·贝宁卡萨的劝说下,教皇回到罗马

所有的世俗财产。当教皇向凯瑟琳·贝宁卡萨咨询此事时,她严肃地说,教皇一定要回到罗马,但不是因为这个缘故。她说:"睁开你智慧的双眼,认真地审视这件事,神圣的教父……你会发现,赢回你的灵魂比夺回你的世俗财产更迫切。"

1377 年 1 月,凯瑟琳·贝宁卡萨获得了标志性的成功。在她的劝说下,教皇回到罗马,夺回自己的居所,从而结束了"巴比伦之囚"。不久,教皇就死了。罗马人对教皇返回感到非常高兴。现在他们担心教皇的继任者如果是法兰西人,又要返回阿维尼翁,因此,罗马人在教皇选举时,聚集在红衣主教团周围,高喊道:"给我们一个罗马人!"红衣主教团认为他们至少要推选一个意大利人,否则就会被撕成碎片。红衣主教团匆忙之中推选了那不勒斯的巴里大主教为教皇，称"乌尔班六世"①。

这是一次非常不明智的选择。乌尔班六世真诚地希望改革教会，但基督教会是慈善机构，如果不做善事，就会一无所有。乌尔班六世傲慢、狂热、易怒，做事不考虑策略，用威胁和侮辱的方式强迫红衣主教们放弃荣华富贵。红衣主教团中的一员听了教皇言辞激烈的谴责后，大声回应道："我告诉你一个事实，你的前任们从未像你今天这样不尊重红衣主教，如果你不尊重我们，我们也不会尊重你。"

罗马再次被阴谋包围。红衣主教团的成员煽动道，他们受到暴徒的恐吓才做出错误的选择，所以对乌尔班六世的选举无效，应另选他人。最后，在一次秘密会议中，红衣主教团推选出另一位教皇，称"克雷芒七世"②。短暂的内战结束后，克雷芒七世从意大利逃往阿维尼翁定居。

第10节 大分裂期

之后的时期被称为"大分裂期"，是教皇权力减弱最严重的时期。罗马和阿维尼翁各有一个教皇，有两套教皇法令。两个教皇都宣布自己是圣彼得的合法继承者，是神圣天主教的教父，昭告基督教世界遵从他们的裁决。

---

① 乌尔班六世（1318—1389），罗马教皇（1378—1389）。格里高利十一世去世后，乌尔班六世当选为教皇。他推行的一系列宗教改革引发不满，红衣主教枢机宣布他的选举无效，推出克雷芒七世为对立教皇，常驻阿维尼翁，从此开启了教廷六十年大分裂的局面。——译者注
② 克雷芒七世，与乌尔班六世对立的教皇，两人相互开除教籍，两个教宗分别在阿维尼翁和罗马聚集了自己的势力，造成天主教分裂。他的名字没有被记录下来，但后世的确有一位罗马正统的教皇克雷芒七世。——译者注

教皇乌尔班六世

教皇克雷芒七世

克雷芒七世站在法兰西及其盟国苏格兰、西班牙和那不勒斯一边；而乌尔班六世则支持神圣罗马帝国、英格兰和北欧大部分国家。当这两个教皇去世后，红衣主教团继续选出两个敌对的教皇，破坏团结，延续分裂。因此，在争取世俗权力的斗争中，教廷已经忘记改革，怀疑和猜忌的种子不断生长发芽。

凯瑟琳·贝宁卡萨实现了教皇返回罗马的夙愿，但她所祈祷和计划的目标却以失败而告终。14世纪的教皇只是普通人，不具备锡耶纳圣徒那样伟大的灵魂，没有能力完成凯瑟琳所期待的任务。凯瑟琳死后，她的理想也消逝了，而另一种思想逐渐在人们心中生根，即"从基督教牧师到基督本人都呼吁建立一个教会共同组织"。

在基督教早期的历史中，基督教曾经在尼西亚和其他地方开过神父会议，确立天主教的教义和法律。现在有人建议，再次召开一个由天主教国家参加的大型世界会议，参会者由红衣主教、大主教、主教、修会和骑士团的领袖，以及神学和法律博士组成，基督教世界赋予会议结束分裂、谴责异教、改革教会的权力。

这次会议的召集人是查理四世的儿子神圣罗马帝国皇帝西吉斯蒙德①，他也是波西米亚国王文策尔②的弟弟和王位继承人。1414年，他在康斯坦茨与参会者见面，西吉斯蒙德通过与路易一世的女儿联姻成为匈牙利国王，但他的臣民并不惧怕他，经常叛乱。在与土耳

---

① 西吉斯蒙德（1368—1437），出自卢森堡家族的神圣罗马帝国皇帝（1433—1437）。1414年至1418年，他组织召开了康斯坦茨宗教会议，最终选出新教皇马丁五世，从而结束了教廷大分裂。——译者注
② 文策尔（1361—1419），波希米亚国王（1378—1419），也称瓦茨拉夫四世，查理四世之子。瓦茨拉夫四世在位时，波希米亚的王权衰落，贵族叛乱，组成反瓦茨拉夫四世的贵族联盟，瓦茨拉夫的弟弟西吉斯蒙德也参加了这一联盟。——译者注

第 20 章 中世纪后期的意大利

康斯坦茨会议

其人的决战中,尽管西吉斯蒙德因缺乏资金而惨败,但他壮心未已,渴望成为改革教会和国家、改变欧洲命运的主导者。

康斯坦茨会议给了西吉斯蒙德机会,这个会议开了四年,有时他亲自主持,有时他会访问教皇法庭,试图说服对立教皇辞职,如果教皇顽固不化,国家政权就拒绝庇护或保护他。为了不受法兰西和英格兰的政治争端的影响,西吉斯蒙德甚至尝试充当百年战争调停者的角色,但以失败告终。

第 11 节 约翰·胡司

不幸的是,西吉斯蒙德参与了康斯坦茨会议的背叛事件。由于文策尔很无能,西吉斯蒙德作为波西米亚王位的继承人,经常参与

西吉斯蒙德来参加康斯坦茨会议

波西米亚的内政事务,西吉斯蒙德觉得有义务在他未来的臣民中,尤其是在布拉格大学传播威克里夫的教义。在布拉格大学,一个叫约翰·胡司的牧师兼教师每天都在阐述异教派的观点。当时,大学信奉正统天主教的人主要是德意志人,他们深受普通的波西米亚人也就是斯拉夫人憎恨,因此,斯拉夫人都赞成约翰·胡司阐述的关于国家和宗教的观点。

　　西吉斯蒙德同意约翰·胡司的观点,希望彻底改革教廷,并用适当的方法实现康斯坦茨会议上提出的目标。同时,他相信基督教代表能和约翰·胡司在宗教观点上达成妥协,并说服约翰·胡司放弃一些非常不正统的观点。基于这个目的,西吉斯蒙德发给约翰·胡

第 20 章 中世纪后期的意大利

司特别许可证,邀请他参加康斯坦茨会议。

当波西米亚的民族英雄为了坚持自己的信仰而前进时,波西米亚人认为约翰·胡司背叛了波西米亚。其中一人说:"愿上帝与你同在,我担心你再也不回来了。"这个预言果然成真了。到达康斯坦茨时,约翰·胡司发现西吉斯蒙德不在。与会者对他所说的一切充满敌意。经过长时间的辩论和审查,约翰·胡司被要求放弃他的学说。他拒绝屈服,被判为异教徒。约翰·胡司被判刑后不久,西吉斯蒙德返回康斯坦茨,与会者威胁西吉斯蒙德必须撤销胡司的特别通行权,否则就解散会议。

西吉斯蒙德被告知,希律王安提帕[①]立下恶誓同意满足希罗底之女的愿望,杀死了施洗约翰[②]。因此,同意异教徒的观点同样是错误的。作为警告,异教徒应该被烧死。因此,为了教廷的利益,必须撤销特别通行权。尽管知道这样做有损名誉,西吉斯蒙德最终还是屈服,因为他更怕历经千辛万苦而召集的会议就此解散,导致任务无法完成,而这正是敌人所希望的。

1415 年 7 月,约翰·胡司被活活烧死。行刑时,他勇敢地喊道:"瞧!我准备死在我所教和所写的福音真理中。"为了防止约翰·胡司被尊为英雄,胡司的骨灰被扔进河里,衣服被销毁。两个世纪前,当布雷西亚的阿诺德向少数人布道时,教廷对付异教徒的措施是可行的,但当约翰·胡司为信仰而死时,教廷的做法就不可行。西吉斯蒙德没有让会议解散,但他为食言付出了代价。1419 年,西吉斯

[①] 希律王安提帕(公元前 4—39),传说他杀死了施洗约翰。——译者注
[②] 施洗约翰,撒迦利亚和以利沙伯的儿子,因他宣讲悔改的洗礼,而且在约旦河为众人施洗,也为耶稣施洗,故得此名。——译者注

约翰·胡司阐述异教派的观点

约翰·胡司在康斯坦茨会议上辩论

蒙德登上王位，激怒了波西米亚人，战争持续了整整十七年。这场战争也被称为"胡司战争"。

康斯坦茨会议谴责异教派，成功废黜三名对立教皇，并通过联合选举推选出新教皇马丁五世，结束了教廷长期分裂的局面。教廷改革是会议讨论问题的核心。由于争论不休，没有结论，只好推迟到五年后新教皇再次召集会议进行讨论。

这是教廷第一次真正尝试解决中世纪的问题，但教廷改革不是某个人可以决定的，不论是教皇还是神圣罗马帝国皇帝，而是由广大基督徒决定的。如果改革遇到的困难太多，失败就不可避免。

从某种意义上说，会议程序是很现代的，一项决议需要很多人表决，避免了独断。但会议的实际操作和运行还是很中世纪的，因为不断增长的民族意识让与会者带有偏见和误解。英格兰人、法兰西人、德意志人、波西米亚人、意大利人相互猜疑，认为自己的观点是绝对正确的，都不愿意牺牲个人和国家利益而屈服于传统权威。正如中世纪的政治家解读的那样，教廷制定世界规则的日子已经远去，康斯坦茨会议是最好的证据。

第21章

东罗马帝国的灭亡

为了使东欧免受异教的影响,基督教与异教进行了长期斗争。基督教的最后一次失败可以追溯到13世纪的第四次十字军东征。当时,威尼斯因为自私自利,赶走了君士坦丁堡的东罗马帝国的统治者,然后建立了拉丁帝国。这个帝国存在了五十七年,但它的根基脆弱,就像一栋地基薄弱的房子,只要遇上一次暴风雨就会坍塌。表面上看,新帝国似乎继承了旧帝国的所有领土,但新任命的封建领主对领地并没有真正的统治权。这些领地仍归希腊和保加利亚贵族所有。在小亚细亚流亡的东罗马帝国皇帝统治着尼西亚,一直在等待机会穿越博斯普鲁斯海峡,光复故国。

迈克尔·巴莱欧罗古斯的机会来了,他是一位不择手段的冒险家。他具有杰出的军事才能,所以被任命为年仅八岁的东罗马帝国皇帝约翰·杜卡斯①的监护人。迈克尔·巴莱欧罗古斯利用这种身份打击异己,宣布他与儿皇帝约翰·杜卡斯为共主。这让事态变得更糟糕了。郁郁寡欢的儿皇帝一直被蒙在鼓里,后来又被监禁,于是,巴莱欧罗古斯家族成为东罗马帝国的统治者。

---

① 约翰·杜卡斯,即尼西亚皇帝约翰四世(1250—1305),杜卡斯王朝的后裔,登基时年仅八岁,后被摄政迈克尔·巴莱欧罗古斯废黜监禁。——译者注

第 1 节 东罗马帝国

对基督教而言，这是一段罪恶的时期。许多贵族不满迈克尔·巴莱欧罗古斯篡位，纷纷起来反抗。尽管巴莱欧罗古斯镇压了所有反抗，并成功返回君士坦丁堡，但他和他的后代都不是能守住江山的人。巴莱欧罗古斯家族成员既软弱又虚伪。比如，迈克尔狡猾善变，连他的朋友都不信任他。迈克尔是以欺骗和杀戮的手段获得王位的，所以他像意大利暴君一样怀疑一切，唯恐哪位将军会背叛或超越他。迈克尔·巴莱欧罗古斯本应在小亚细亚的帝国边境派驻一支强大的军队，但他非常害怕军队背叛，所以一进入君士坦丁堡，就解散了军队，流放了最优秀的军官。事实上，他处心积虑所做的一切只是为了确保他的安全或优势，并未考虑帝国未来的发展。因此，迈克尔·巴莱欧罗古斯驾崩后，东罗马帝国很容易就成为外敌的囊中之物。

第 2 节 中世纪时期的近东

除去迈克尔·巴莱欧罗古斯的错误统治外，还有其他因素也在破坏重建东罗马帝国的希望。在拉丁人统治君士坦丁堡时期，获得独立的希腊和保加利亚并不愿意重新效忠东罗马帝国。拉丁人建立的许多附庸国现在由希腊和保加利亚贵族统治。比如雅典公国，尽管法王是其宗主，但法兰西人早已消失得无影无踪。爱琴海上的大部分岛屿都在威尼斯人的手中。威尼斯人知道东罗马帝国的舰队曾经在 13 世纪横扫地中海，所以不希望再出现一个强大的东罗马帝国，

第 21 章 东罗马帝国的灭亡

威胁其在希腊的商业和军事基地。同时，君士坦丁堡现在无法从中转贸易中获利，因为地中海沿岸城市更愿意与叙利亚和埃及商人直接交易，不愿意向中间市场付费。

综上所述，新的东罗马帝国比脆弱的、不稳定的旧帝国的情况更糟。正如法王腓力四世发现查理曼大帝的经济制度无法适用一样，当时巴莱欧罗古斯家族制定的一系列的法律和严苛的税收制度在外国入侵的压力下已经完全崩溃，同时没有能力提出任何可行的应对方案。事实上，当时这些篡位的"暴发户"认为解决问题的唯一办法就是像阿历克塞·科穆宁一样，向西方寻求军事和经济援助。但他们没有得到任何援助。

威尼斯人和热那亚人都曾经是狂热的十字军战士，现在他们忙着争夺地中海霸权，因此不会在东部海域结盟。而教皇也因为拉丁帝国被推翻，东正教被恢复而大为恼火，教皇此时更希望诱使东罗马帝国重新皈依天主教。即使天主教国家同情东罗马帝国，但后者自身的政治麻烦太多，无法兑现对天主教国家的承诺。事实上，此时，天主教国家更关注内政，不会再去响应十字军的号召。它们狭隘的利己主义和对希腊人的偏见使自己无法意识到，君士坦丁堡一旦沦陷，几个世纪以来一直以君士坦丁堡为屏障的西欧国家也会深陷危险之中。

第 3 节 土耳其入侵欧洲

迈克尔·巴莱欧罗古斯的儿子、王位合法继承人安德罗尼克斯二世①同样是一个残忍而虚伪的人,而且更胆小、懦弱。他看到了被入侵的危险,但既害怕土耳其人,又害怕本国臣民,因此雇用了一支曾经在"西西里晚祷"时期来到西西里,并帮助阿拉贡人战胜安茹家族的加泰罗尼亚雇佣军。雇佣军首领罗杰·弗洛尔曾是圣殿骑士团的战士,因为一些野蛮行径被逐出圣殿骑士团。他希望在新的战场上重建辉煌,掠夺更多的财富。因此,当收到财富和友谊的承诺后,罗杰·弗洛尔和他的军队愉快地起程,向东方进发了。

然而,加泰罗尼亚雇佣军在君士坦丁堡胡作非为,有恃无恐,希腊人抱怨说他们太过邪恶。后来,罗杰·弗洛尔和安德罗尼克斯二世发生了激烈的争吵。在争吵过程中,一位西班牙雇佣军将军被

罗杰·弗洛尔和他的军队进入君士坦丁堡

---

① 安德罗尼克斯二世(1260—1332),东罗马帝国皇帝(1282—1328),迈克尔八世的幼子。他的孙子安德罗尼克斯(与其祖父同名,登基后称"安德洛尼克斯三世")发动叛乱,企图篡位夺权,1328年,安德罗尼克斯二世被孙子击败并遭废黜。——译者注

第 21 章 东罗马帝国的灭亡

杀。这一过激行为,再加上对安德罗尼克斯二世给予的薪酬不满,加泰罗尼亚雇佣军被彻底激怒了。他们从伪装的盟友变成了愤怒的敌人。加泰罗尼亚雇佣军被赶出君士坦丁堡,一路烧杀抢劫,最后来到雅典。他们攻下雅典,杀死拉丁公爵,建立了独立共和国。

加泰罗尼亚人安定下来后也就不那么危险了,但他们野蛮的游荡还是给东罗马帝国带来不可估量的损失。安德罗尼克斯二世既无力阻挡加泰罗尼亚人,也无力抵抗土耳其人入侵小亚细亚,因为其东部边界的防守太薄弱了。土耳其人大兵压境。不久,东罗马帝国在博斯普鲁斯海峡对岸的领土就只剩达尔丹莱斯以北的沿海地带,但最终还是被土耳其人占领。土耳其人越过海峡,占领了加利波利。加利波利成为土耳其人未来在欧洲进行军事行动的基地。

征服东罗马帝国的君主是奥尔汗[①],他是奥斯曼[②]的儿子。奥尔汗和巴莱欧罗古斯一样残忍、无耻,但有政治家的胆识。他在征服希腊和其他埃米尔的过程中,通过建立公正、高效的政府巩固自己的统治,并逐步将各处领土统一了起来。

当安德罗尼克斯二世的孙子约翰五世[③]和其监护人兼联合统治

[①] 奥尔汗(1285—1359),奥斯曼土耳其帝国皇帝(1326—1359),帮助约翰六世推翻约翰五世成为东罗马帝国皇帝。在他统治期间,奥斯曼土耳其帝国不但在亚洲开疆拓土,而且开始进攻欧洲。——译者注

[②] 奥斯曼(1258—1326),奥斯曼土耳其帝国苏丹(1300—1326),奥斯曼土耳其帝国的创立者。奥斯曼是杰出的军事家、政治家。他开疆拓土,为奥斯曼土耳其帝国的发展壮大奠定了基础。他的名字成为帝国的国号。——译者注

[③] 约翰五世(1332—1391),东罗马帝国皇帝。他继位时年仅九岁,由约翰·坎塔库真努斯摄政。1346年,他与约翰·坎塔库真努斯共治。1354年,成为唯一皇帝后,他请求欧洲各国援助抵抗奥斯曼土耳其,均遭拒绝,无果而终。——译者注

奥斯曼

奥尔汗

者约翰·坎塔库真努斯①之间爆发内战后，约翰·坎塔库真努斯完全丧失了爱国精神，居然向奥尔汗求救，甚至提出把女儿嫁给他。奥尔汗热情地答应了约翰·坎塔库真努斯的要求，并派了一支庞大的军队带着奢侈品到色雷斯，向未来的岳父示好。奥尔汗让送礼的军队留在当地。后来，基督徒们发现很难把这支誓死效忠奥尔汗的土耳其军队赶走。

埃米尔的征服传统是不压迫被征服者，而是要求被征服者纳贡或送来小孩。在奥尔汗统治的每个村庄，士兵都要带走一定数量健康而又四肢健壮的男孩，这些男孩被安置在营房里，接受教育，忘记过去的生活，成为战士。他们学习射箭和搏斗，成为一群狂热、高度自律的战士，被灌输的唯一理想就是在战场上获胜。

这些男孩非常忠诚，埃米尔会从中挑选出一部分人担任维其尔②和其他重要官职，而大部分人则会进入禁卫军步兵团。维其尔勇猛善战、耐力过人，防守水平卓越，威慑整个欧洲。用现代历史学家的话说，"土耳其人用他们的聪明才智，让伊斯兰教战胜了基督教，被土耳其人驯化的基督教男孩摧毁了自己国家和教会的独立和权威。"

在奥尔汗驾崩几年之后，土耳其占领了阿德里安堡。除东罗马帝国外，土耳其人还与塞尔维亚、匈牙利等其他基督教国家发生过冲突。

塞尔维亚人是巴尔干半岛上的主要斯拉夫民族。在伟大的君主

---

① 约翰·坎塔库真努斯（1292—1383），即约翰六世，东罗马帝国皇帝。他是约翰五世的摄政。为了称帝，他与土耳其结盟，把女儿嫁给奥尔汗。在土耳其人的帮助下，他与约翰五世共治，1354 年被迫退位。——译者注
② 维其尔是信奉伊斯兰教的国家的高级官员的称谓。——译者注

第 21 章 东罗马帝国的灭亡

史蒂芬·杜尚①的领导下，塞尔维亚成为东欧的主导力量。保加利亚和波斯尼亚的国王向塞尔维亚称臣。塞尔维亚人想同时征服阿尔巴尼亚和东罗马帝国，从而为进军亚得里亚海和爱琴海开辟道路。如果精力充沛的塞尔维亚人能够穿过博斯普鲁斯海峡，征服弱小的希腊人，与强大的土耳其人交手，对基督教来说，无疑是天大的好事。但不幸的是，史蒂芬·杜尚在土耳其人入侵前就驾崩了，把王位传给了年少的儿子，历史学家把他描述成一位安静、和蔼、缺乏政治经验的年轻人。

史蒂芬·杜尚登基大典

---

① 史蒂芬·杜尚（1308—1355），塞尔维亚国王（1331—1355）。他在位期间开疆拓土，编纂《史蒂芬·杜尚法典》，巩固封建统治，加强中央集权，使塞尔维亚成为东欧强国。——译者注

只有拥有丰富的经验和坚强的意志才可以让塞尔维亚在艰难时期团结起来。塞尔维亚分裂为数个小公国，这给匈牙利路易一世的崛起提供了机遇，因为他实现宏图大志的障碍消除了。

在其他的章节中，我们讨论过路易一世的成就。他让威尼斯人低头；把乔安娜一世赶出那不勒斯；夺取了波兰王位；与土耳其人和神圣罗马帝国皇帝查理四世作战。除建立文明的宫廷生活外，路易一世把精力都花在政治、军事上。因为他对东南欧造成巨大的破坏，所以东南欧最终彻底被土耳其人征服。如果路易一世没有实施入侵塞尔维亚的政策，允许塞尔维亚的各个公国建立联盟共同对抗土耳其人的入侵，或者路易一世的实力足够强大，能够建立一个囊括塞尔维亚和君士坦丁堡的匈牙利帝国，有力地抵抗土耳其人的入侵，那么中世纪的历史发展将会是另一番景象。然而，事实正好相反，路易一世虽然因为战胜土耳其而享誉基督教世界，但同时削弱了本应是他盟友的其他基督教国家，因此对土耳其作战取得的胜利就变得毫无价值了。

第4节 哥数伏战役

塞尔维亚遭到匈牙利的入侵，丧失近一半的领土，实力大大削弱了。1389年，塞尔维亚人与土耳其人在哥数伏遭遇，双方都记录了这场战役的激烈程度，土耳其人说："天上的神仙被可怕的噪声惊扰，忘记吟唱赞美真主的圣诗。"塞尔维亚人写道："战场到处都是裹着红色头巾的头颅，像郁金香花床，他们中没几个能回到自己的国家。"

夜幕降临，战斗结束，塞尔维亚国王拉扎尔和土耳其苏丹穆拉

第 21 章 东罗马帝国的灭亡

哥数伏战役

德一世双双阵亡。就真实战况而言，双方都没有取得胜利，但土耳其还有数量众多、装备精良的后备军可以补充，而塞尔维亚已经倾其所有，因此战斗的果实完全落入土耳其人的手中。

一位当地塞尔维亚人说："作为基督教的捍卫者，塞尔维亚人永远不会忘记与异教徒进行的最后一场殊死搏斗。哥数伏战役后，塞尔维亚举步维艰，失去了统治东南欧的时机。"

这里安息着塞尔维亚的骄傲①

啊！只要有一个婴儿出生，
一个灵魂在这片土地就得到安息。
只要有一片玉米叶，

---

① 一首古老的歌谣。——原注

也会被双手收割，
只要有青草——
生长在哥数伏平原，
只要，只要……
战死的亡魂
就永垂不朽！

穆罕默德二世继苏丹位

哥数伏战役结束之后，土耳其人对东南欧的征服已成定势，但由于一些苏丹缺乏野心，而且土耳其在小亚细亚又与鞑靼部落展开生死搏斗，所以最终征服东欧的时机一直拖延到15世纪中叶。"征服者"穆罕默德二世决心要统治君士坦丁堡。

在中世纪历史上，穆罕默德二世赫赫有名。他是一位塞尔维亚公主的儿子。穆罕默德二世长着圆润饱满的脸颊、鹰钩鼻、坚毅的嘴巴，更有奉承者说他的胡子像两片玫瑰花蕾下的叶子，每根胡须都是金黄色的。在性格方面，穆罕默德二世从一个任性不羁的男孩成长为一个以自我为中心、坚定实现自己野心和欲望的人。他粗通阿拉伯语、希腊语、波斯语、希伯来语和拉丁语。历史学家说，因为穆罕默德二世阅读了亚历山大和恺撒大帝的人物传记，所以生发了他成为一个伟大将军的想法。

穆罕默德二世的对手君士坦丁十一世是巴莱欧罗古斯家族最后一位成员，也是一位杰出的皇帝。君士坦丁十一世与土耳其人不

第 21 章 东罗马帝国的灭亡

同,与自己的祖先也不相同。他勇敢、简朴、慷慨,一心致力于复兴基督教,振兴东罗马帝国。当第一次识破穆罕默德二世的侵略意图时,君士坦丁十一世就试图通过释放土耳其战俘破解困境。他派人带话给穆罕默德二世说:"上帝会因你的心软而感到高兴,我也会很高兴,但无论如何,我都会誓死捍卫我的人民和宗教。"君士坦丁十一世的话经受了考验。1452 年秋,穆罕默德二世开始围攻君士坦丁堡。

第 5 节 君士坦丁堡陷落

约翰五世对天主教国家的援助望眼欲穿。为了与西方交好,约翰五世多次出访罗马,并与教皇妥协,正式摒弃东正教与天主教所有不一致的观点。两派争论的焦点主要有两点:一是天主教的弥撒圣餐使用未发酵面包;二是《尼西亚信经》称圣灵来自圣子和圣父。

在所有涉及信仰和教会审判的事务中,约翰五世以及后来的君士坦丁十一世都公开承认罗马教廷至高无上的权力,但他们的服从没能在危急时刻换来天主教国家的帮助。事实上,约翰五世的做法非但没有获得天主教国家军事上的任何帮助,反倒引发国内强烈不满。很多希腊人认为向教皇妥协就是背叛国家。一些人公开宣称,伊斯兰教的胜利就是对皇帝的惩罚,皇帝背弃了父辈的信仰,因此,在圣索菲亚教堂看到异教徒的红头巾比看到红衣主教的红帽子要好得多。

穆罕默德二世下令用十四门大炮轰击曾经坚不可摧的君士坦丁堡城墙。城墙遭到严重破坏,攻克君士坦丁堡只是一个时间问题。

据说，穆罕默德二世渴望迅速攻下城市，提出如果希腊人愿意投降，就确保东罗马帝国皇帝和军队的自由。君士坦丁十一世回应道："我要么选择皇位，要么选择坟墓。"他非常清楚，这两者之一必是他的宿命。

除四千臣民外，君士坦丁十一世可指挥的就只有教皇派来的几百雇佣军、三百热那亚人、威尼斯人和少数西欧人。他率领这支薄弱的军队严防死守，修葺被重炮破坏的城墙。

双方实力悬殊，穆罕默德二世麾下有二十五万八千大军。1453年5月双方展开了最后决战。因为没有多余劳力修复城墙，所以一波波穆斯林战士高喊胜利的口号爬上城墙。在穆斯林战士连续攻击下，城墙很快失守。接着，两军进行巷战。最终君士坦丁十一世战死。通过鞋上绣的金鹰标志，他的尸体被辨认出来。

因为东罗马帝国皇帝向天主教屈服，所以很多希腊人在危机时刻不愿出手相助。土耳其人将在圣索菲亚教堂避难的希腊人拉出来，然后卖往塞尔维亚为奴。

第二个基督教城被攻陷，这标志着数个世纪以来恢复旧罗马帝国的中世纪美梦永远破灭了。

根据正义的规律，报应往往滞后，但在君士坦丁堡沦陷事件中，战争罪犯们的自私和冷漠马上就得到了惩罚。穆罕默德二世的野心不断膨胀，打算削弱基督教势力。因此，他宣布在圣彼得教堂的祭坛上饲养他的战马。他率领一支庞大的军队穿过塞尔维亚，包围了贝尔格莱德。但在贝尔格莱德他遭到基督教国王约翰·匈雅提的顽强抵抗。土耳其人称他为"邪恶的人"。约翰·匈雅提的抵抗换来"匈牙利和神圣罗马帝国东部八十年的和平"。

巴尔干半岛国家却是另一番景象。它们彼此忌妒，不能团结抗

穆罕默德二世准备用巨炮轰击君士坦丁堡

君士坦丁堡陷落,穆罕默德二世率军入城

贝尔格莱德之围

敌，但仅靠一个国家又无法制敌，因此一个一个倒在入侵者的铁蹄之下。希腊被土耳其帝国统治了，因贸易利益而被威尼斯抛弃的爱琴海岛屿也被土耳其帝国夺走了，威尼斯的商业面临着灭顶之灾。

第22章

大航海时代

第1节 马可·波罗

在整个中世纪,地中海沿岸的城市成为欧洲与东方交流以及了解东方奇迹的媒介,首先是阿玛尔菲和比萨,然后是马赛、巴塞罗那、热那亚和威尼斯。13世纪,威尼斯商人马可·波罗和他的父亲、叔叔来到中国,二十年后马可·波罗返回意大利,不仅带回来许多令人惊讶的元朝宫廷故事,还带回来各种红宝石、蓝宝石、钻石和翡翠,因为数量实在太多,所以朋友们都称他为"百万富翁马可"。

在马可·波罗受邀参加的宴会上,他向宾客们描述了一个神奇的地方:那里商人云集,堆金叠玉,富庶得难以想象;他们及其家眷们什么都不用做,过着帝王般的生活;更让这些中世纪的人吃惊的是,在中国南方的天堂般的城市有许多公共澡堂,其中最大、最漂亮的澡堂可以容纳四千人。

大汗设的宴会胜过任何欧洲宴会。宴会的宾客成千上万。大汗坐在台上,重要贵族坐在台下。他们每人嘴上都缠着毛巾,以免口气污染皇室餐具。宾客送的礼物珍贵稀有,大汗收到披金戴银的五千头骆驼或五千头大象都是稀松平常的事。大汗的行政系统是自罗马帝国灭亡以来的欧洲难以想象的。例如元朝的邮政系统，徒步的信使和飞奔的骏马把大都和数千里之外的地方连接在一起。收成欠佳时，为了表现皇恩浩荡，大汗不仅免税，还给受灾地区发放救济粮。

马可·波罗描述道，煤在中国免费使用。煤是从山中挖出的黑色石头，可以燃烧，比木头好用。整个中国都在使用这种燃料。

除了详细描述东方的繁荣和富足，马可·波罗还记述了日本、孟加拉、锡兰等地。他称锡兰是"世界上最美丽的岛屿"，爪哇岛宽"超过三千英里"。

其他旅行者也证实了马可·波罗的许多说法，但无人能像马可·波罗那样简单、真实而生动地讲述他们的故事。比如，14世纪英格兰的约翰·曼德维尔创作了大量小说，但他阐述的真相可能会让读者感到乏味。不管马可·波罗讲述的是事实还是故事，可以看出，中世纪的人们对"中国"或"日本"这样的名字非常感兴趣。西方人普遍相信东方的财富取之不竭，所以决心要分一杯羹。

塞尔柱王朝对基督教充满敌意，像一道屏障阻碍了东西方的交流。因此，西方与阿拉伯和小亚细亚贸易的危险和成本都增加了。威尼斯和热那亚商人仍然为西方市场带回大量丝绸、香料和香水，但这些商品的价格却大幅飙升，因为货物在土耳其中转，需要付给土耳其苏丹和埃米尔相应的费用。君士坦丁堡陷落后，威尼斯与土耳其人签订了一项条约，条约似乎保障了威尼斯人的贸易特权。然而，穆罕默德二世随时可以违背他的承诺，因为他在欧洲已经建立起稳固的政权。穆罕默德二世征收的贸易费用越来越高，对基督徒商人在贸易上的限制也越来越多，结果威尼斯商人的货品价格上涨了两倍到三倍。

马可·波罗

有两种方法可以避开变本加厉的剥削政策：要么彻底打败土耳其人，迫使他们重新开放通往东方的古老商旅路线；要么发现新航线，不走土耳其的领土。但地中海沿岸城市愚昧、自私，尤其是威尼斯，帮助东罗马帝国战胜土耳其的大好时机已经永远消失，因此，第一种方法显然不可行，只能仰仗第二种方法。中世纪的探索之旅迫在眉睫。

第 2 节 "航海家"亨利

葡萄牙王子亨利生于 14 世纪末，是约翰一世[①]的第三子，是兰开斯特公爵冈特的约翰的外孙。孩提时，亨利王子就因帮助攻克位

约翰一世（居中而坐者）与冈特的约翰交谈

---

① 约翰一世（1357—1433），葡萄牙和阿尔维加国王（1385—1433），葡萄牙阿维什王朝的开创者。他在位期间，葡萄牙确立了海上扩张政策，成为大航海时代的先锋。葡萄牙由此跻身强国之列。——译者注

第 22 章 大航海时代

"航海家"亨利

于直布罗陀海峡对岸,北非沿海的摩尔小镇卡西塔而出名。这一胜利让普通的葡萄牙人对征服地中海南岸的城市充满信心,如果征服了黎凡特,就可以与威尼斯和热那亚竞争了。不过,亨利王子比普通葡萄牙人看得更长远,他在思考谁能提供解决问题的方案,是阿拉伯人还是欧洲人?如果不经地中海,葡萄牙的船向南航行,那会怎样?被称为非洲的未知大陆会有多大?地理学家在非洲的地图上标记了各种标签来掩藏他们的无知,例如"这里存在有翅怪兽!那里有双头怪物!"有没有可能让船先向南航行,然后向东绕过非洲,到达声名远扬的中国,从而避免穿越叙利亚和高加索南侧的贸易航线?

幸运的是,亨利王子本身就是一位数学家和地理学家。回答亨利王子的疑问时,很多人告诉他非洲最南端是南角,离丹吉尔不远;

而另外一些人告诉他,如果白人敢于越过某个点航行,皮肤就会因太阳的照射变黑,而且风会吹起海平面的火焰,让海水沸腾。

亨利王子不相信这些传说。他不能亲自航行,因为他经常要在非洲与摩尔人作战。一年年过去了,最后亨利王子自己出资组建船队,挑选最勇敢的水手,并向他们承诺如果在未知的非洲海岸航行,就会获得爵位和财富。亨利王子还在葡萄牙的最南部萨格里什建立了海军军火库。他在空闲时,会来到萨格里什,研究天象,制作图表,并焦急地注视着大海,等待勇敢的冒险者们归来。

在亨利王子的一生中,他资助葡萄牙人和意大利人发现了马德拉——因森林茂盛亦称"木岛";还发现了卡纳利群岛、佛得角群岛、冈比亚和塞拉利昂。很快,亨利王子就不需要再花重金雇用水手冒险了,因为首批探险的航海家带回来黑人和黄金,证明他们去过的地方不仅可以住人,还有无限的财富。因此,探险工作继续愉快地进行。

1471年,在亨利王子薨逝几年之后,葡萄牙的航海家穿过了赤道,迷信随之被打破了,因为航海家们既没被太阳晒黑,海水也没有燃起大火。下一个重要步骤是开辟去亚洲的新航线。巴塞洛缪·迪亚兹[①]向南航行,冒着暴风雪绕过好望角和桌山[②],然后向东航行,在阿尔戈亚湾的圣克鲁兹登陆,并立了一个十字架。他本来想继续深入大陆探险,但卡菲尔人用巨石攻击他们,他们只得退回。

巴塞洛缪·迪亚兹打算继续远航,但随行船员厌倦了冒险。面

---

① 巴塞洛缪·迪亚兹(1450—1500),葡萄牙航海家。他的父亲、祖父追随亨利王子。1488年,他探险至非洲最南端好望角,为瓦斯科·达伽马开辟通往印度的新航线奠定了基础。——译者注
② 桌山位于南非开普敦。——译者注

对船员的威胁，巴塞洛缪·迪亚兹被迫屈服。他含着懊恼的泪水，掉头回家。他在里斯本描述航行旅程时，因在非洲最南端遭遇到危险，就把那里称为"风暴角"。但葡萄牙国王听说那里是大陆的末端，前面有可能就是亚洲，因此不同意取这样一个寓意不好的名字，改名为"好望角"，这个名字一直延用至今。

第3节 瓦斯科·达伽马

巴塞洛缪·迪亚兹未竟的探险事业在1498年由另一位著名的航海家瓦斯科·达伽马完成。葡萄牙获取财富的希望都寄托于达伽马的这次航海任务上。当他的船队起航时，很多人手拿蜡烛来到岸边，吟唱庄严的祷文为达伽马送行。很快，这支由四艘船组成的船队消失在地平线上。两年八个月过去了，当人们正沉浸在痛苦的绝望中时，英雄们回来了，带回了葡萄牙人难以想象的、更美好、更辉煌的消息。

由于篇幅有限，关于达伽马描述给国王和宫廷的冒险故事就不再赘述。达伽马和他的船员在无边的大海中，在广袤的天空下，航

瓦斯科·达伽马离开里斯本

中世纪欧洲

瓦斯科·达伽马觐见卡利切特港的王公

行了好几个星期。他们与霍屯督人发生过冲突，然后绕过好望角，遭遇暴风雨，导致船体破裂渗水，此时，绝望和疾病击垮了所有的人。但达伽马即使是生病、沮丧到极点，也绝不改变自己的目标，继续向东、向北航行。但由于遭到其他船员的威胁和恳求，只得在圣诞节时在著名的纳塔尔港登陆。

因为在海上长期食用腌制的肉制品，所以船员们一直受坏血病的折磨。在纳塔尔港一上岸，他们就寻找新鲜的水和食物，但遭到了当地部落的攻击，幸好最后在一位阿拉伯领航员的指引下，达伽马一行到达印度的卡利切特港，那里的王公信仰基督教。于是，到亚洲的新航线被发现了。"一趟幸运的旅程，带回这么多翡翠。感谢上帝，让你给国家带回这么多财富。"葡萄牙人为国家美好的愿景而大声欢呼起来。

欧洲其他地方不可能不关注瓦斯科·达伽马远航的影响。很快，威尼斯商人就悲哀地说："在里斯本购买商品比在威尼斯便宜得多。"威尼斯繁荣的商业丧钟敲响了。

第4节 克里斯多弗·哥伦布

与此同时，在达伽马航行获得巨大成功的几年前，还有一个更重大的发现，这个发现注定会改变全世界的商业格局。这个重大发现的主人公就是热那亚水手克里斯多弗·哥伦布。据说，他向北最远航行至冰岛，向南到达波尔图桑托岛。哥伦布在业余时间总是伏案研究地图、图表，用数学推断水手遇难的原因。之后，哥伦布向一些船员说了一个让他们无比震惊的航行计划，要找到中国，既不往南走，也不往东走，而是向西穿越大西洋。

下面是14世纪的人们对大西洋的描述，这个令人沮丧的描述在15世纪得到普遍认可："面对一望无际的大海，船不敢冒险远离陆地。即使水手们知道风向，也不知道风会把他们带往何方。前方没有人居住的国家。船在迷雾和水汽中冒着巨大的风险前行。西方的边界就是大西洋。"

许多人仍然相信世界是平的，而要穿越大西洋，就得冒着被风从地球边缘吹到太空的风险。因此，当哥伦布决定冒险时，遭到很多人的指责和嘲笑，但哥伦布对自己的认识深信不疑，而且由于遭到反对而变得更加坚定不移。

如果没有王室的赞助，哥伦布不可能远航。于是，哥伦布把计划摆在葡萄牙国王面前，希望他能赞助。但不幸的是，非洲海岸的发现给葡萄牙带来了巨额的财富和繁荣的贸易，葡萄牙的统治者不愿意再投资其他冒险行为,因为投入的资金不能保证有回报。

"后来我去葡萄牙避难,因为葡萄牙国王比其他任何国家的国王都懂得航海发现的意义,然而……在十四年里,我无法让他明白我所说的话。"在最后一次被葡萄牙国王拒绝后,哥伦布动身去了西班牙。他让弟弟巴塞洛缪带上一封信去向英王亨利七世解释他的计划。有趣的是,计划摆在聪明的亨利七世面前时,亨利七世说即刻研究计划,很快同意予以支持。但巴塞洛缪在返航途中遇险,延误了行程,而此时,哥伦布已经得到西班牙国王的赞助,在巴塞洛缪带回消息前已经启航出发。

西班牙国王阿拉贡的费迪南对哥伦布的计划犹豫不决,是他的妻子卡斯蒂尔的伊莎贝拉女王不顾议员和主教的反对,力排众议,

哥伦布觐见费迪南国王和伊莎贝拉女王

第 22 章 大航海时代

决定资助哥伦布。伊莎贝拉女王甚至认为必要时可以卖掉自己的珠宝首饰。这个计划的吸引人之处在于它激发了伊莎贝拉女王的想象，因为她曾经在加利西亚的城门上被一望无垠的灰色海洋深深吸引。当然，比航海发现更有驱动力的是传播天主教的愿望。哥伦布一直被这个愿望所激励，他认为此次航海的本质是十字军东征，他认为自己被上帝召唤，要向居住在中国的数千万异教徒传播福音。

随哥伦布远航的船员都是"在押人员"。他们犯错惹怒了王室，所以要通过这种方式赎罪，但他们对船长的疯狂冒险旅程丝毫没有热情。从陆地消失在视野之时起，船员们就抱怨不断，甚至企图暴动。一次，罗盘发生异常，船员们惊恐万分，不断抱怨。还有一次，从西往东吹的风持续不停，船员们觉得风向不会改变，可以回家了，但最终却搁浅在马尾藻海。他们觉得，如果一直这样漂流，可能会死于饥渴。每次有人建议向东航行，哥伦布都充耳不闻。他人无数次威胁、劝诱、争辩，哥伦布都不为所动。无数次热切盼望能看到前方的地平线，但结果看到的只不过是低沉的云朵。

终于有消息传来说，在黑暗中看到移动的光芒，哥伦布在他的日记中写道："像蜡烛一样上下闪烁。"所有人都急切地等待黎明的到来，这片被发现的土地后来被称为"巴哈马群岛"，当时被认为是亚洲大陆的一部分。哥伦布穿着盔甲，手持西班牙王室旗帜，这位伟大的发现者登陆上岸，然后谦恭地跪下，和船员们一起跪拜上帝，表达感激和喜悦之情。

哥伦布总共向西航行五次，后来几次航行都相对容易，他不再需要强迫他人加入航海事业，相反还要防范不受欢迎的偷渡者溜进来。哥伦布带回棕色皮肤的印第安人、色彩绚丽的鹦鹉、闪闪发光的金块和奇异的植物，这标志着他首次航行的成功，足以点燃西班牙人追逐财富的热情。最后，几乎所有的西班牙人都要求加入远航的队伍。

瓦斯科·达伽马因为航行成功到达印度而获得巨额养老金，并且获封赐尊号"多姆"①，最后颐养天年。据说，哥伦布第一次凯旋返航后，西班牙人非但没有将荣耀和赞美授予这位英雄，反倒指责和反对他，因为他带回的黄金不够多，而且他带回的新居民与当地人经常争吵，发生争执；还因为尽管哥伦布是一名伟大的航海家，却不善于与人交往，大家都忌妒他的天赋，决心打击他。

哥伦布第三次远航时，被他的敌人戴上铁链送回来了。他受到了侮辱。伊莎贝拉女王听说后，下令马上释放他，并试图平息他的怒气。过了不久，伊莎贝拉女王驾崩了，而阿拉贡的费迪南的野心在地中海，对他而言，征服那不勒斯比开辟到中国的航线更重要。因此，哥伦布的抱怨并未得到重视，他最终死于贫困，几乎被遗忘。"历经二十多年的艰辛和危险，在他结束最后一次航行登陆上岸后，他痛苦地喊道，我在西班牙连个屋顶都没有。"

哥伦布到达了新世界的入口，而另外一个叫亚美利哥·维斯普奇的佛罗伦萨人，远涉重洋，穿过西印度群岛，到达新大陆。

哥伦布的发现对欧洲的生活产生了巨大的影响，大西洋不再是欧洲人和未知世界的灰色阻隔，成为不是通往中国，而是通往更广阔西部的"高速路"，那里的财富超越了人们的想象，那里成为通过进取和勤奋就会有收获的乐土。

通往中世纪商业中心的"高速路"是地中海，而通往现代商业

---

① 相当于总督。——译者注

哥伦布登陆,这标志着发现了新大陆

哥伦布航行归来,向斐迪南国王和伊莎贝拉女王汇报

哥伦布死于贫困

中心的"高速路"是大西洋。欧洲商业的未来不是南部的城市共和国，而是北部和西部的国家，包括葡萄牙和西班牙、佛兰德斯和英格兰，它们位于旧世界的边缘，但处于新世界的中心。

第23章

文艺复兴

历史记录着社会的变化：要么是社会的进步，要么是社会的倒退。但这种变化是缓慢、循序渐进的，就像从黑夜到黎明，从中午到夜晚过渡一样，我们往往觉察不到变化开始或终止的点。只有变化足够明显我们才能注意到，这时才会回头梳理变化过程的种种线索，把它们串联起来，获悉变化的过程。

很多时候，我们无法在短期内看到历史变化所带来的影响，但这种影响经过时间的"磨砺"就会显现出来，比如罗马帝国的解体，"黑暗时代"的文明融合。15世纪末到16世纪，欧洲出现了"文艺复兴"，或称"新生"，因为从这时起，中世纪旧的观念和生活方式消失了，取而代之的是更熟悉、更易于理解的观念和生活方式：现代世界应运而生。

文艺复兴时期最显著的变革，是以教皇或神圣罗马帝国皇帝的名义统治世界的中世纪理想已经崩溃。神圣罗马帝国虽仍自命不凡，但其明智的统治者，如鲁道夫一世和查理四世已经意识到，成功要仰仗帝国的君权而非帝国的影响力。教皇已返回罗马，但议会拥有废黜教皇和改革教廷的权力，严重威胁着教皇至高无上的权力。梵蒂冈意识到无法阻挡社会变革的浪潮，因此，英诺森三世的理想只能屈从于意大利世俗统治者的意志。15世纪后期历史发展的趋势很显然是小国脱离大国，纷纷独立。到15世纪末，英格兰、法兰西、西班牙已经成为独立的国家，德意志和意大利也响应这一感召，即使没有建立统一国家，也发展出拥有强烈民族感的省或城邦。

文艺复兴时期的第二个重大变革是人类作为个体的观念发展。在整个中世纪，除了统治者，人只代表一个数字，而不被看作对周围环境系统产生影响的独立个体。在早期，部落要接受其成员的任何行为，无论好与坏，要么支持他，要么替他报仇，这是一种公共义务。这在家族事务中表现得更明显，如数不胜数的家族仇杀，像魏布林根和韦尔夫两大家族之间的斗争，佛罗伦萨的"黑党"和"白党"的斗争。

从民族关系转向社会关系，我们发现中世纪的个人被各种关系束缚，自主选择和决策无法进行。个人行为由其依附的群体决定。在实际生活中，因为封建制度不完善，所以良好的制约体系并没有形成，但从理论上讲，从直属封臣到社会底层的地主，封建制度确定了每个阶层相应的生活准则，规定了领主和附庸封臣的责任和义务。更重要的是，这种具有约束力的规则被中世纪的修道院所遵循，要求信徒毁灭自我，绝对服从。我们还记得，圣伯纳个性如此宽容，却无法容忍阿伯拉的观点，因为圣伯纳把自己的判断作为他人的生活准则。而阿伯拉就像布雷西亚的阿诺德一样，播种了文艺复兴的独立的现代精神的种子，动摇了中世纪世界的基础。

除了修道主义，人还受其他社会关系的束缚——大学、阶级组织、商会（如德意志北部的汉萨同盟）、小规模的城市商会（如佛罗伦萨的"肥人"和"瘦人"商会）、律师行会、鱼商行会……这些机构最后都制定了统一标准，与现代工会酷似，不但规范了工作时间、

第 23 章 文艺复兴

工资、工作性质、能力业绩等，而且干涉每位成员的生活，规定公众场合应当如何着装，如何进行日常开支。这是一种仁慈的"奴役行为"，是个人因为无知或面对传统的重压，独立思想被无助感湮没而形成的。

传统的重压自然导致文艺复兴酝酿的第三个变革——黑暗思想的天幕被瓦解为团团云雾，虽然仍充满迷信，但不断追求真理的精神降低了它的浓度。中世纪的人们都期望回归到罗马帝国时期的辉煌，就像胆小的骑手，害怕骏马失去控制，把他们引入未知的歧途，因此不相信社会的进步。

中世纪最早的知识守护者是教会，教会按照自己对使命的理解，尽心尽力地向世界传播知识，教会的座右铭是"尊重过去"，但当教会在传统的祭坛前低头膜拜时，却忽略了另一个伟大的格言"相信未来"，这是现代社会的指路明星。教会对信仰的解读，对知识和艺术的限制，是中世纪早期学校的"必修课"。然而，由于教会对人们思想的教化，人们的推理和理解能力不断增强。于是，学校的种种限制就变成了思想发展的牢笼。中世纪的教会曾经是思想的开拓者，但由于失去对现实世界的掌控，横流的物欲遮盖了基督教的精神内涵，削弱了信仰的基础。最后，教会对自己的教义是否为完全真理都产生了怀疑，就像一位商人拒绝睁开眼睛接受新观念，但内心却在偷偷担忧自己经商的方法已经过时。

当哥伦布在主教委员会和西班牙大学的主要成员面前陈述横渡大西洋的计划时，这些人引用《旧约》、圣奥古斯丁和其他圣徒的主张嘲笑哥伦布的假设。他们认为，世界上根本没有对跖点[①]，因

[①] 对跖点是指地球同一直径上相对的两个地方。——译者注

为地球上只居住着挪亚①的后裔,而诺亚的后裔又怎能横渡大西洋呢?主教们提出很多类似的反对意见攻击哥伦布的计划,就像罗杰·培根在两百年前因为他从事的科学调查而被判为异教徒一样。罗杰·培根在监狱里耗尽最后的光阴,阿伯拉从演讲厅被赶到修道院,而哥伦布却得到了公众的支持,证实了自己的设想,从而打开了一个新世界,这是一次重要的变革。

  文艺复兴最大的秘密就是放飞人类不安于现状、探寻真理的灵魂。人类的思想就像一只鸟,冲破樊笼的大门,在空气和阳光中自由飞翔,虽然可能危险重重,但可以享受无拘无束的快乐。有时,人们的这种热情可能是愚蠢而多余的,因为他们太专注追求自由带来的乐趣和荣耀,所以义无反顾地要摆脱牢笼的束缚,尽管牢笼至少曾经是躲避现代世界暴风骤雨的避难所。

  查理曼大帝认为,"没有知识,工作不可能出色"。文艺复兴早期的人们并不像他们的祖先那样注重善行或救赎,但非常赞同这样的说法:没有知识,就无法真正理解人类的生活。

  在知识的传播方面,如果文艺复兴还像中世纪那样限制重重,只是少数有学识的人的一场运动,而广大人民对此一无所知,那么很有可能变成膜拜,最终就会像一棵无根的植物很快凋亡。随着印刷术的出现,伟大的思想从修道院的图书馆来到外面的世界。修道士们曾经只能辛苦地收集、手抄、整理知识,知识传播速度缓慢。后来,知识传播的速度越来越快,辐射整个欧洲。人们的大脑和胃一样,对各种知识都充满渴望。

---

① 依据《创世纪》,上帝看到地球上充满各种邪恶,想要用洪水消灭恶人,但他发现地球上还有好人挪亚,于是指示挪亚建造一艘方舟,让挪亚与他的家人以及各种陆上生物躲避他制造的洪水灾难。——译者注

第23章 文艺复兴

一个叫约翰·古登堡①的德意志人发明了西方活字印刷术,但没有足够的资金实现自己的设计,只能向美因茨的一位富商约翰·福斯特借钱。约翰·福斯特并没有善待约翰·古登堡,一认清这项发明的价值,就要求约翰·古登堡马上还钱。约翰·古登堡没有能力还钱,只能把工厂抵押给他。然后,约翰·福斯特开始自己印

约翰·古登堡

---

① 约翰·古登堡(1400—1468),德意志发明家,是西方活字印刷术的发明人,印刷了著名的《古登堡圣经》。他的发明是欧洲文艺复兴和宗教改革的先声,推动了西方科学和社会的迅速发展。——译者注

刷。当美因茨的百姓看到约翰·福斯特印刷的《圣经》，发现每个字都是第一本的复制品时，无比惊讶，认为约翰·福斯特把自己卖给了魔鬼，正在练习魔法。据说，浮士德博士的传奇故事激发了很多诗人、音乐家和剧作家的创作灵感[1]。

英格兰的第一位印刷商是肯特人威廉·卡克斯顿[2]。当时，英王爱德华四世和宫廷的人充满好奇、饶有兴趣地看他印刷，完全没有意识到小小的机器会带来怎样的精神革命。

英王爱德华四世和宫廷的人充满好奇、饶有兴趣地看威廉·卡克斯顿印刷

[1] 比如《浮士德博士的悲剧》，它是英格兰作家马洛创作于1588年的剧本。浮士德是一位伟大的学者，对中世纪的学科深感厌恶，于是与魔鬼签订了协议，将自己的灵魂卖给魔鬼，魔鬼则要在此后的二十四年中满足浮士德所有求知的愿望。这里指人们将约翰·福斯特比作浮士德，将灵魂卖给了魔鬼。——译者注

[2] 威廉·卡克斯顿（1422—1491），英格兰首个印刷商，懂多种文字，出版了约一百本书，包括《坎特伯雷故事集》《亚瑟王之死》等。其中有二十四本是他自己的译作。——译者注

第 23 章 文艺复兴

意大利最伟大的印刷商是威尼斯人。威尼斯著名的阿尔丁出版社出版了大量书籍,至今仍备受赞赏,成为收藏家趋之若鹜的收藏珍品。在现代社会,获取知识或信息的方式非常丰富,印刷术退化为一门产业。而在 15、16 世纪,印刷术被认为是一门艺术。罗马人阿尔杜斯·马努提乌斯①是一位伟大的学者,可以模仿意大利诗人彼特拉克的笔迹。当时,他身边聚集了一批最聪明、最有进取心的人。他们辅佐、帮助他。阿尔杜斯·马努提乌斯在威尼斯成立了阿尔丁出版社,希望出版当时希腊所有著名作家的作品。荷兰文艺复兴领袖的好几本著作也是阿尔丁出版社出版的。威尼斯成为文艺复兴时期的文化中心,欧洲新思想的聚集地。

15 世纪的意大利与 14 世纪的意大利完全不同:五强鼎立的局面早在上个世纪就已经形成,其中米兰、佛罗伦萨和那不勒斯建立了联盟,以维持半岛的权力平衡,阻止威尼斯扩张的野心,但威尼斯的势力在大陆仍不断壮大。在那不勒斯,费兰特一世②,也就是阿方索五世的私生子,取代了暴君父亲的统治;在米兰,中世纪最著名的雇佣军领袖弗朗西斯科·斯弗扎③围攻他的雇主菲利普·玛利亚·威斯康提,最后两大家族合成一个新家族,1441 年,菲利普·玛利亚·威斯康提被迫把自己唯一的女儿安卡嫁给斯弗扎,随后承认斯弗扎是王位继承人。

---

① 阿尔杜斯·马努提乌斯(1450—1515),意大利出版家,创办了著名的阿尔丁出版社,出版了《柏拉图全集》《亚里士多德全集》等。——译者注
② 费兰特一世(1423—1494),那不勒斯国王(1458—1494)。他继位后,安茹公爵约翰为夺回那不勒斯发动了战争。1460 年,费兰特一世击败安茹家族,巩固了王位,并与教皇西克斯图斯四世和佛罗伦萨执政洛伦佐·美第奇结盟。——译者注
③ 即弗朗西斯科·斯弗扎一世(1401—1466),意大利雇佣军首领、米兰公爵,斯弗扎家族在米兰统治的开创者。——译者注

弗朗西斯科·斯弗扎

安卡。她是菲利普·玛利亚·威斯康提的独女

第1节 莫罗

这个新家族继续传承威斯康提的恐怖传统。据说弗朗西斯科的儿子加莱亚佐·玛利亚·斯弗扎非常残忍,毒死自己的母亲,活埋他的臣民。加莱亚佐·玛利亚被暗杀后,他的弟弟卢多维科·斯弗扎[①]独揽大权。卢多维科·斯弗扎把侄子吉安·加莱亚佐·斯弗扎软禁在帕维亚,并对外宣称吉安身体欠佳,由他代表吉安行使权力。卢多维科·斯弗扎肤色黝黑,所以被称为"莫罗"或"摩尔人"。

加莱亚佐·玛利亚·斯弗扎

卢多维科·斯弗扎

[①] 卢多维科·斯弗扎(1452—1502),弗朗西斯科·斯弗扎的次子,绰号"摩尔人",是意大利文艺复兴时期最杰出的统治者之一。他开凿运河,修筑城防,庇护艺术家和科学家,使米兰宫廷成为欧洲的文化中心。——译者注

第23章 文艺复兴

菲利普·德·科米纳这样描述卢多维科·斯弗扎："他很聪明，但很胆小，有些神经质。他没有什么信仰，可以为了自己的利益随时违背誓言。"表面上看，他极具文艺复兴时期王者的风范，举止和蔼可亲，以热情、智慧、有学识而闻名，吸引了许多画家、雕塑家、作家、学者、军事人才和时尚人士。

不难发现，意大利正在张开双臂，拥抱新的人文和艺术精神。在吸引和奖励人才方面，威尼斯、那不勒斯和米兰竞争激烈，甚至中世纪传统的守护者、抵制任何思想自由的罗马的教皇们，现在也深受周围环境的影响。教皇尼古拉五世①建立了梵蒂冈图书馆。

最后，我们转向"鲜花之城"佛罗伦萨。之前，我们只注意到佛罗伦萨的"黑""白"党之争，以及与菲利普·玛利亚·威斯康提的战争，但在世纪之交，佛罗伦萨发生了巨大变化，逐渐失去了追求自由的旧理想，而愿意接受一个表面上伪装成自由选举的政府的家族统治。

美第奇家族没有王族血统，不像斯弗扎那样好炫耀，是一个银行家族，依靠辛勤劳动和智慧，在佛罗伦萨乃至整个欧洲建立起自己的势力。他们的贷款稳固了许多王室的统治，否则它们就有可能会因为资金缺乏而导致统治崩溃。因此，美第奇家族可以通过获得外部影响力来垄断政治大权。

在佛罗伦萨，美第奇家族的人是普通商人、谦逊的公民、易于接近的朋友。他们声誉日隆，逐渐成为一个高呼自由口号的集团。美第奇家族甚至愿意选举对手在政府中担任职务。

---

① 尼古拉五世（1397—1455），文艺复兴时期第一位教皇。他反对教皇独揽教廷大权，加强立法，禁止神职买卖。他重视学习古典文化、艺术，兴建了梵蒂冈图书馆，罗马教廷因此成为欧洲文艺复兴运动的启蒙中心。——译者注

第 2 节 科西莫·德·美第奇

科西莫·德·美第奇是美第奇家族获得王权的奠基者，与许多在政府中担任要职的贵族关系亲密，虽然赢得了贵族的支持，但还是保持低调，以免公众担心出现暴君统治。科西莫·德·美第奇经常不带随从，身着便装走在大街上，与遇到的商人友好交谈。商人兴趣相同，对放贷感兴趣。他还会像乡村绅士一样，与托斯卡纳的农民讨论农业问题，也会为劳动者提供资金帮助，还会向乞丐散发钱财。

科西莫·德·美第奇死后，伤心的国民在他的墓碑上刻着"国父"两个字。他们感受到了美第奇政府给予他们的好处，但没有意识到或不关心捆绑在他们身上的枷锁。科西莫·德·美第奇对待仇敌的手段高明，一方面彻底清除顽固不化的仇敌，另一方面用各种方法削减潜在仇敌的财富，为政府买单，之后他还因此获得赞誉。同时，他通过贿赂和威胁的手段拉拢仇敌的朋友和支持者。最后，他的仇敌们因为众叛亲离而被迫离开城市，但他并没有就此罢手，即使仇敌跑到国外避难，他也会利用自己的影响力到处追捕，直到仇敌灭亡。因此，任何一位对现状不满的公民，因为顾忌美第奇家族的势力而不敢轻举妄动，反抗自由政府。

据说，税收是美第奇政府统治的一把利剑，所以贪污腐败现象严重。科西莫·德·美第奇曾说："城市受到伤害比被毁灭要强得多。管理政府比坐着祷告付出得多。"

科西莫·德·美第奇和他的后代都不属于查理曼大帝或阿尔弗雷德大帝一类的伟大君主。他们的治国理想比较低级，只为满足自

科西莫·德·美第奇

己的利益,但他们的真实想法被巧妙地隐藏了。一旦他们的想法暴露,不要忘了,他们没有威斯康提那样的雇佣军队。佛罗伦萨愿意被腐化,因为它没有得到向往的自由,因此心甘情愿地接受美第奇家族仁慈的专制统治,享受前所未有的物质上和政治上的繁荣。马基雅维里说:"如果不施恩惠,美第奇家族不会在佛罗伦萨和整个基督教世界拥有赫赫权势。"

第3节 新学

正是在美第奇家族的"呵护"下,佛罗伦萨而不是意大利的其他地方,成为思想复兴的发源地。从这里,新学辐射到全欧洲。新学体现在两个方面。第一个方面是它仍然深受中世纪的影响,从过去寻找灵感,倡导古典复兴。在这个时期,希腊和拉丁作家的手稿,男神和女神的雕像,几乎和早期圣人的遗物一样受人尊敬。富人们为了从受宠若惊的希腊人手中购买被烧得面目全非的文学作品而匆忙赶往东方;而在意大利的演讲大厅里,如饥似渴的学生们沐浴在古代哲学和历史的新曙光中。大家学习的热情如此高涨,以至于一位著名的学者在听说运送古典书籍的海船沉没后,难过得一夜白了头。

科西莫·德·美第奇是"饱学之士的朋友和资助人"。到他孙子"华丽者"洛伦佐·德·美第奇[①]统治时期,佛罗伦萨的文艺复兴

[①] 洛伦佐·德·美第奇(1449—1492),意大利政治家、艺术家,文艺复兴时期佛罗伦萨的实际统治者。他用收买、政治联姻、外交等手段,加强国内统治,维护意大利各城邦之间的和平。他统治期间,意大利文艺复兴达到高潮,他被称为"伟大的洛伦佐"。——译者注

第23章 文艺复兴

达到顶峰。洛伦佐·德·美第奇模仿古希腊的学术机构，建立了"柏拉图学院"，成为当时最睿智、最聪慧的智者的角斗场。这里有激烈的文字竞赛，柏拉图和亚里士多德观点的捍卫者展开激烈的辩论。这里欢迎被迫逃亡的希腊饱学之士，只要他们愿意为他们民族的文学瑰宝做演讲，随时会被热情的听众围得水泄不通。这种热情让人回想起阿伯拉在巴黎阐述他的神学理论时的盛况。

这群学者中最有名的是13世纪方济各会修士邓斯·司各脱[①]。邓斯·司各脱把逻辑推理的过程提升为一门艺术。有人说："他的经院哲学到达人类的极限。"普通的神学家根本无法与邓斯·司各脱辩论，因为他们即使快速转动脑子，也跟不上邓斯·司各脱推理的节奏，最后只能打着响指，喊道："哦！邓斯，邓斯。"因为邓斯·司各脱在知识悖论推理方面富有技巧，所以他和他的命题成为荒谬的代名词，后人常用"邓斯"来形容缺乏逻辑的愚蠢之人。

对文艺复兴时期的人来说，中世纪演讲厅的辉煌既不震撼，也无魅力。亚里士多德仍备受推崇。人们努力使亚里士多德的观点和柏拉图的观点与当前的宗教信仰相匹配，但这种尝试与中世纪思想努力的方向完全不同。

"救赎""上帝之城"等词汇，是从圣奥古斯丁到圣多米尼克再到圣托马斯·阿奎纳时期的关键词汇，但在文艺复兴时期，只有一个主题词——"人文"。

这些苦苦追寻人文主义的古典哲学家，一千年后能传递出什么

---

① 邓斯·司各脱（1265—1308），文艺复兴早期英格兰经院哲学家、神学家。他沿袭方济各会传统，反对托马斯·阿奎纳的神学观点，尊崇圣奥古斯丁，强调神的终极性体现在意志上。著有《巴黎论著》《牛津论著》《问题论丛》等。——译者注

洛伦佐·德·美第奇

邓斯·司各脱

样的信息？文艺复兴时期的人们希望他们找到的答案与教会传播的信仰一致，但即使不一致也无关紧要，不会因此被定为异端邪说。人们对生命的短暂和灵魂的不朽同样感兴趣，因为这就是今生的美丽和魅力所在，也是来世的荣耀。

在追求美的过程中，人们不再遵守严格的学院传统，而更注重文学灵感的迸发，受文艺复兴思想影响的诗人和作家，渐渐地使用表达更自然的本族语言，而不是希腊语或拉丁语进行创作。

"新学"第二个方面是人们不再认为文学作品只能由希腊语或拉丁语书写。随着学术的发展，人们发现生动的民族语言才是表达国家理想和抱负的最好方式。使用民族语言的倡导者早在文艺复兴之前就出现了。中世纪最伟大的诗人但丁，就是使用本民族的意大利语创作了他的著作《神曲》，尽管作品立意只是模仿古典作品，并非独创。黎恩济的朋友——崇尚自由的诗人彼特拉克，对自己用意大利语创作的十四行诗感到羞愧，但他的意大利语诗仍然比他的拉丁语诗更有魅力，诙谐流畅，与薄伽丘的诗风格相似。

这些都是文学界不朽的名字。我们会惊奇地发现，进入"新学"时期，"柏拉图学院"成员发表的大部分作品已如一潭死水，就像经院哲学一样。如果我们现在翻开这些书籍，还是很难相信那些华丽的句子、冗长的论述曾让人热血沸腾、激情澎湃。出现这种现象的原因是获得新生、自由的文艺复兴，在文学方面的魅力不在于创造，而在于质疑和批评。文艺复兴的领袖们忙着清除旧传统，为新思想收集素材，建立文学的基础，拓宽新的视野。现代世界的文学"巨匠"得以在前辈困顿、停止或失败的基础上创作出传世佳作。

在洛伦佐·德·美第奇创作的十四行诗中，我们可以清楚地看到，他热爱自然和诗歌。但他在世界历史上留下不朽的声名，不在于他的文学成就，而在于他对学者和艺术家慷慨的资助和欣赏。卓越的政治智慧使他成为当时最杰出的政治家。

第4节 乔托

如果说文艺复兴时期的文学还带有实验性质，那么绘画已经大放异彩——文艺复兴时期的绘画作品与中世纪大不相同，贴近自然和人类生活，例如魔鬼设下陷阱，捕获来自天堂的灵魂。文艺复兴时期的绘画也体现在两个方面。第一个方面是艺术家们用对过去的追寻和对未来的向往来指引他们的画笔。正是圣弗朗西斯的生活让新艺术的伟大先驱乔托找到了理想化的人文意识，激励他摆脱拜占庭的僵硬、粉饰和非人性的传统模式，再现他在田野、街道看到的普通生活。

著名的佛罗伦萨画家契马布埃①发现乔托时，乔托还是个牧羊少年。他身旁放着许多用石头压着的羊图案剪纸图。契马布埃把乔托带走收作学徒。乔托很快就超过老师，脱颖而出，佛罗伦萨乃至整个意大利都听说了乔托在色彩应用和设计上的才能。莱昂纳多·达·芬奇称"他以自然为向导"。民间流传着许多关于这个农民天才的故事。乔托身材矮小，面貌丑陋，而他所描绘的世界却充满欢乐和幽默。一次，那不勒斯国王罗伯特要求乔托为自己动荡不安的王国设计一个象征。于是，乔托画了一头佩戴马鞍的驴，嗅着放在地上

---

① 契马布埃（约1240—1302），意大利画家，乔托的老师。他的艺术承袭中世纪拜占庭风格而又有所创新。他是文艺复兴新艺术开始从中世纪旧艺术转化的先锋。现存主要作品是《圣特里尼塔的圣母像》。——译者注

让乔托声名鹊起的是他在阿西西教堂和佛罗伦萨圣十字教堂的墙壁上创作的反映圣弗朗西斯生活的壁画。此为其中一幅,表现了圣弗朗西斯去世时的情景

的马鞍。乔托说:"这就是你的臣民,每天都在寻找新主人。"没有哪位政治家真正了解中世纪的那不勒斯。

　　让乔托声名鹊起的是他在阿西西教堂和佛罗伦萨圣十字教堂的墙壁上创作的反映圣弗朗西斯生活的壁画,其中只有少量作品保存较好,可以看到画家清晰、细致的着色和大胆的轮廓,而大部分作品受时间和天气的影响,破坏严重,并且很难修复。对普通的观光者而言,这些只是一些传奇图画,设计多少有些粗糙,但当观众屏声息气欣赏画作的时候,我们看到的是最亲切的圣徒传说——他行走在翁布里亚群山之中,他的行为和思想比活生生的话语更生动。

　　要了解乔托的天赋对那个时代意味着什么,我们就必须知道乔托所处时代之前的绘画艺术是僵硬、不真实的,就如我们如果脱离哥伦布所处的时代,以现代航海技术评价他发现美洲大陆的意义,

第23章 文艺复兴

我们就无从知晓哥伦布的伟大。乔托和哥伦布一样,有许多模仿者和追随者,其中一些也扬名立万,但人们仍然铭记乔托是文艺复兴时期的绘画先驱,并遵照洛伦佐·德·美第奇的命令,将拉丁文墓志铭刻在他的墓碑上,上面写道:"我就是让僵死的艺术复活的人……我使自然与艺术融为一体。"

乔托和他的"流派"促进了绘画艺术的快速发展,出现了许多描绘历史的画家,没有哪个时代能在这么短的时间内涌现出这么多的天才画家,所以用几个简短的段落不可能浓缩文艺复兴时期的绘画历史,但有一个非常引人注目的人物我们必须要讲述,他比任何人都更能体现文艺复兴的精神,他就是莱昂纳多·达·芬奇,世界上最伟大的画家之一。

第5节 达·芬奇

达·芬奇出生于比萨和佛罗伦萨之间的一个叫芬奇的村庄。他喜欢称自己是佛罗伦萨人。他是一个私生子,显然不可能获得多少遗产。不过,他从小就显得与众不同。

瓦萨里说:"天堂最富有的礼物有时会赐予同一个人,让他同时获得漂亮、优雅和天赋,世间少有。因此,无论达·芬奇做什么,每个行为都那么神圣,把其他人远远地甩在了后面。"这段话听起来有些夸张,但如果我们了解达·芬奇,就知道他的确像瓦萨里描述的那样,无论在体格还是智慧方面都出类拔萃。达·芬奇体格强壮,可以徒手扳直马掌。他对生活中的一切都充满兴趣和热情。他只要在场,就可以立刻驱散人们的悲伤。在大街上,达·芬奇可以驯服狂暴的烈马。令人难以想象的是,达·芬奇身上没有一点儿中世纪的痕迹。虽然生活充满苦难和艰辛，但他依然充满热情和力量。据说，达·芬奇和圣弗朗西斯一样，看到大街上出售关在笼子里唱歌的小鸟，会把它们买下来，然后放飞。

达·芬奇的画本中净是马的图画。依据当时的观点和现存的设计草图判断，达·芬奇最伟大的作品应该是著名的雇佣军首领弗朗西斯科·斯弗扎之子卢多维科·斯弗扎骑在马背上的雕塑。不幸的是，几年后，法兰西士兵把卢多维科赶走，并毁了他的雕像。

达·芬奇被称为"意大利油画真正的奠基人"。他比较重要的油画作品是《最后的晚餐》。他首次使用油画颜料，在米兰附近修道院的墙上作画。因为气候潮湿，所以在他去世前，颜色就开始脱落了。经过反复修改，画面简洁，人物安排合理，是名副其实的大师之作，足以证明达·芬奇的天赋。在达·芬奇所有作品中，最著名的是《蒙娜丽莎》和《岩间圣母》。这两幅油画作品都收藏在卢浮宫。

达·芬奇在工程学、解剖学和物理学方面超前于他的时代。他擅长发明，猜想到蒸汽的力量，苦苦钻研飞机模型。时人认为他的想法不可理喻，一笑而过。多才多艺的达·芬奇能找到乐趣。他的艺术让他人羡慕不已，却使自己陷入忧郁。有人这样描述达·芬奇，"当他坐下开始作画时，充满恐惧"。他反复修改、破坏，画作难以达到他要的理想状态，但周围的人认为已经很完美。虽然这位不知疲倦的大师的画作成品并不多，但对当时及后世的影响却是无与伦比的。

达·芬奇是文艺复兴杰出的代表——热切追求真理，渴望活力，热衷实验，最重要的是充满同情心。没有人比达·芬奇更能代表文艺复兴的精神，他完美地阐释了这句格言——"我是一个人，任何

《岩间圣母》

与人类无关的东西都不属于我的本质。"

意大利是文艺复兴的发源地。这位"老师"在黑暗时期储存旧知识，却注定向全世界传播"新学"。"智者"洛伦佐和"华丽者"洛伦佐统治时期的佛罗伦萨阳光明媚，虽然当时五国鼎立，但由于洛伦佐杰出的政治才干，半岛力量均衡，局势稳定，意大利美好的未来似乎在预期之中。但到了 1492 年，也就是哥伦布发现美洲大陆的那一年，洛伦佐去世了。一位有深刻洞察力的政治家听到消息后，预言"意大利的和平也结束了"。事态的发展的确如此，洛伦佐·德·美第奇和他的家族所代表的稳定、和平很快就受到了威胁。

洛伦佐·德·美第奇的儿子皮耶罗·德·美第奇①上台后，佛罗伦萨的政治智慧被统治错误所取代。皮耶罗·德·美第奇完全遗传了母亲家族的基因，和其他罗马贵族一样傲慢、倔强。他在货摊林立的大街上踢足球，傲慢无礼地对待商人，对谏言置若罔闻。他很快意识到美第奇家族的专制统治不是依靠军队的实力，而是依靠公众的善意，只要逆风刮来，国家就会灭亡。而这吹向意大利的旋风来自法兰西。但事实上，这是卢多维科·斯弗扎，而不是皮耶罗·德·美第奇播下的种子。

菲利普·德·科米纳曾经将卢多维科描述为一个"敏感而胆小的人"，卢多维科·斯弗扎对侄子吉安·加莱亚佐·斯弗扎的处置使自己处于猜忌和恐惧之中。吉安·加莱亚佐不学无术，身体羸弱，没有胆量反对他的叔叔，但他迎娶了那不勒斯的公主。她就是费兰

---

① 皮耶罗·德·美第奇（1472—1503），佛罗伦萨的统治者（1492—1494），洛伦佐·德·美第奇的长子。1492 年当选佛罗伦萨正义旗手。1494 年法王查理八世入侵意大利，他迅速投降，之后被流放。1503 年在加里亚诺河溺亡。——译者注

第 23 章 文艺复兴

特一世的孙女。当公主向她的家族不断抱怨时,她的家族强烈谴责卢多维科·斯弗扎,卢多维科·斯弗扎的麻烦就开始了。

卢多维科·斯弗扎本想与米兰最害怕的敌人威尼斯结盟,共同对付那不勒斯,或者与佛罗伦萨、罗马结盟,维护自己的政权。因此,卢多维科·斯弗扎必须放弃洛伦佐提倡的维护半岛势力平衡的政治观点,向阿尔卑斯山北侧寻求支持和帮助。中世纪的历史告诉我们,许多教皇和米兰的统治者都采取过这样不爱国的措施。现在米兰找到一个请求法兰西王国援助的借口,因为法兰西安茹第二王室的国王——费兰特一世的父亲阿方索五世被驱逐出那不勒斯。

为了个人利益而不顾国家利益,卢多维科·斯弗扎说服以重振安茹第二王室而闻名的法王查理八世[①]攻打那不勒斯。1494年,法兰西远征军吹响号角,声势浩大地翻越阿尔卑斯山。卢多维科·斯弗扎吹嘘道:"我会帮助你成为比查理曼大帝更伟大的国王。"卢多维科·斯弗扎把诱饵在查理八世眼前晃来晃去。但结果超出了卢多维科·斯弗扎的预期,给他带来新的恐惧。教皇亚历山大六世嘲讽道:"法兰西人只用削尖的木棍和粉笔标记过夜的住所。"

第6节 法兰西入侵意大利

法兰西几乎没有遇到任何抵抗,就取得了胜利。法军从北向南穿越意大利,进入佛罗伦萨,流放了皮耶罗·德·美第奇和他的兄

[①] 查理八世(1470—1498),法兰西瓦卢瓦王朝的最后一位君主(1483—1498)。他野心勃勃,企图控制意大利。1495年加冕为那不勒斯国王。后来,法军战败,他被迫于1495年底退出意大利。——译者注

弟,迫使罗马臣服,横扫那不勒斯的阿拉贡人。那不勒斯的臣民兴高采烈地跑出来迎接新的征服者。

当然,年轻的法王查理八世不是取得胜利的原因。他身体笨拙,脑袋很大,野心膨胀,头脑简单,行为放荡,声名狼藉。法兰西人科米纳深知自己的国王才疏学浅,认为远征军取得胜利一定是受到了上帝的指引,因为国王的智慧不值一提。但意大利历史学家认为意大利人受辱的原因是意大利的政治和军事衰落了。

14世纪的雇佣军在意大利处于被奴役的地位。雇佣军曾经是严肃的职业,随着时间的发展,后来成为各方势力角逐的一颗棋子。15世纪的雇佣军和约翰·霍克伍德一样是战争狂徒,但现在受到文艺复兴的洗礼,已经失去中世纪的血腥味。他们一方面为了获得报酬,希望有战争发生,但另一方面又不希望经受战争的危险和艰辛。以下是马基雅维里具有讽刺性的评论:

> 雇佣军首领不遗余力地减轻自己和士兵的疲劳与危险,不鼓励在战场厮杀,而是等着束手就擒,成为战俘……他们不会夜袭任何城镇,也不会主动攻击敌人。他们的营地没有堡垒和壕沟。他们冬季不打仗。

在法军入侵之前,雇佣军首领不通晓战略战术,只会速战速决,取得胜利。现在,意大利军队不是像被割草一样消灭,就是仓皇逃跑。因此,两军对阵的形势是一方是真实的,另一方完全是虚假的。查理八世入侵意大利的1494年被视为中世纪和现代的分水岭,就像罗慕路斯·奥古斯都在476年放弃王位,被认为是中世纪的开端

法军远征那不勒斯

一样。这种划分不是以特定的事件为依据，这些事件只不过是旧秩序终结、新秩序开始的标志。

第7节 中世纪的终结

土耳其人攻陷君士坦丁堡，哥伦布发现美洲大陆，约翰·古登堡发明活字印刷术，达伽马完成他的印度之旅，这些都见证了世界的"新生"，见证了现代世界的萌芽，但也见证了旧世界——中世纪的灭亡。

被法兰西征服者的压迫和傲慢刺痛后，意大利军队把他们暂时逐出了那不勒斯。但查理八世入侵造成的影响很难抹去。意大利在罗马帝国时期是欧洲的中心，所有的法律和秩序都散发着光芒，到中世纪时期，意大利仍抱有这样的幻想，但现在这个"骗局"暴露了。意大利至高无上的权威彻底崩溃。世界政治重心已经发生变化，于是，意大利的传统和理想也随之改变。

专有名词

中外对照

St. Paul	圣保罗
Virgil	维吉尔
Mesopotamia	美索不达米亚
Romulus	罗慕路斯
Carthage	迦太基
Ceylon	锡兰
Alexandria	亚历山大港
Nîmes	尼姆
Picts	皮克特人
Border Country	哈德良长城
Rhine	莱茵河
Danube	多瑙河
Dacia	达契亚
Caesar Augustus	恺撒·奥古斯都
Tacitus	塔西佗
Gaul	高卢
Asia Minor	小亚细亚
Teuton	日耳曼人
Octavius	屋大维
Seven Hills	罗马七丘
Pontius Pilate	本丢·彼拉多
Tiberius	提比略
Nero	尼禄
House of Julius	尤利乌斯·克劳狄王朝
Vespasian	维斯帕先

Germania	《日耳曼尼西亚日志》
Corsican	科西嘉人
Spartan	斯巴达人
Flanders	佛兰德斯
Franks	法兰克人
Alemanni	阿勒曼尼人
Saxons	撒克逊人
York	约克
Chester	切斯特
Goths	哥特人
Alps	阿尔卑斯山
Huns	匈奴人
Vandals	汪达尔人
Jehovah	耶和华
Juppiter	朱庇特
Zeus	宙斯
Juno	朱诺
Hera	赫拉
Ulysses	尤利西斯
Mercury	墨丘利
Epicurus	伊比鸠鲁
Zeno	芝诺
Stoics	斯多葛派
Brutus	布鲁特斯
Portia	波西娅
Daphne	达芙妮女神
Trajan	图拉真
Marcus Aurelius	马库斯·奥勒利乌斯
Constantine the Great	君士坦丁大帝
Constantius Chlorus	君士坦提乌斯一世
Maxentius	马克森提乌斯
Sicilians	西西里人
Moors	摩尔人
Pontifex Maximus	大祭司长
Helena	海伦娜
Edict of Milan	米兰赦令

专有名词中外对照

Apostles' Creed	使徒信经
Arius	阿里乌
Nicea	尼西亚
Athanasius	亚大纳西
Arianism	阿里乌教派
Ulfilas	乌尔斐拉斯
Upsala	乌普萨拉
Simon Stylites	坐柱者西门
St. Gregory	圣格里高利
St. Basil	圣巴西尔
St. Ambrose	圣安布罗斯
Theodosius	狄奥多西
St. Jerome	圣杰罗姆
Assisi	阿西西
St. Francis	圣弗朗西斯
Byzantium	拜占庭
Golden Horn	金角湾
Hellespont	达达尼尔海峡
Black Sea	黑海
Balkans	巴尔干半岛
Valentian	瓦伦特
Valens	瓦伦斯
Visigoths	西哥特人
Tartar	鞑靼人
Dacia	达契亚
Thrace	色雷斯
Athanaric	阿森纳瑞克
Arcadius	阿卡迪乌斯
Honorius	霍诺留
Adriatic	亚得里亚海
Alaric	阿拉里克
Illyricum	伊利里库姆
Bethlehem	伯利恒
Hippo	希波
Confessions	《忏悔录》
Civitas Dei	《上帝之城》

中世纪欧洲

Titus	提图斯
Aurelius Symmachus	奥里利乌斯·西玛克
Marseilles	马赛
Pyrenees	比利牛斯山
Strait of Gibraltar	直布罗陀海峡
Andalusia	安达卢西亚
Genseric	金塞里克
Attila	阿提拉
Chalons	沙隆
Aquileia	阿奎利亚人
Venice	威尼斯
Leo I	利奥一世
Tiber	台伯河
Odoacer	奥多亚赛
Theodoric	狄奥多里克
Boethius	波依提乌
Nicene Creed	《尼西亚信经》
Consolations of Philosophy	《哲学的慰藉》
Justinian	查士丁尼
Saint Sophia	圣索菲亚大教堂
Corpus Juris Civilis	《罗马民法大全》
Canon law	教会法
Persia	波斯
Belisarius	贝利萨留
Narses	纳西斯
Lombards	伦巴底人
Elbe	易北河
Alboin	阿尔博因
Pavia	帕维亚
Athaulf	阿萨尔夫
Honorius	霍诺里乌斯
Bay of Biscay	比斯开湾
Aquitania	阿基塔尼亚
Toulouse	图卢兹
Burgundians	勃艮第人
Rhone	罗纳河

专有名词中外对照

Salian Franks	萨利安-法兰克人
Woden	沃登神
House of Meroveus	墨洛温王朝
Clovis	克洛维
Soissons	苏瓦松
Reims	兰斯
St. Remi	圣雷米
Clotilda	克洛蒂尔达
Ripuarians	里普利安人
Chloderic	克洛德里克
Gregory of Tours	图尔的格里高利
Poitiers	普瓦捷
Aquitaine	阿基坦
Dagobert	达戈贝尔
Frisian	弗里斯兰人
Bohemia	波西米亚
Duke of Brittany	布瑞坦尼公爵
Carolingians	加洛林王朝
Meuse	默兹河
Charles Martel	查理·马特
Slavs	斯拉夫人
Spaniards	西班牙人
Saracens	撒拉逊人
Caliph	哈里发
Rodrigo	罗德里戈
Moors	摩尔人
Pepin	丕平
Childeric	希尔德里克
Stephen II	斯蒂芬二世
Mecca	麦加
Ka'bah	卡巴神殿
Abu Talib	阿布·泰利布
Khadijah	赫蒂杰
Abu Bakr	阿布·伯克尔
Gabriel	加百利
Vienna	维也纳

Abyssinia	阿比西尼亚国王
Yathrib	叶斯里卜
Medinah	麦地那
Badr	白德尔
Copts	科普特
Khosrau II	霍斯劳
Heraclius	赫拉克利乌斯
Nineveh	尼尼微
Syria	叙利亚
Yermuk	耶尔穆克河
Othman	奥斯曼
Bulgar	保加利亚人
Syracuse	锡拉库扎
Constantine Pogonatus	君士坦丁四世
Justinian II	查士丁尼二世
Crimea	克里米亚
Leo the Isaurian	利奥三世
Berbers	柏柏尔人
Julian	朱利安
Lex Visigothorum	西哥特罗马法
Asturias	阿斯图里亚斯
Carloman	卡洛曼
Charlemagne	查理曼大帝
Chanson de Roland	《罗兰之歌》
Emirs	埃米尔
Cordova	哥多华
Gascon	加斯科涅
Roncevaux Pass	隆塞斯瓦列斯山口
Durenda	杜朗达尔
Alcuin	阿尔昆
Didier	迪迪尔
Duchy of Spoletum	斯波莱托公国
Mayfield	梅菲尔德
Otger	奥特哥
Bagdad	巴格达
Haroun al-Raschid	哈伦·拉希德

专有名词中外对照

Wessex	韦塞克斯
Northumberland	诺森伯兰
Irminsul	伊尔明苏尔
St.Winifrith	圣温尼福瑞斯
St.Boniface	圣博尼费斯
Duchy of Bavaria	巴伐利亚公国
Mainz	美因茨
Friesland	弗里斯兰
Eginhard	艾因哈德
Witikind	威肯特
Aquitaine	阿奎尼
Aachen	亚琛
Judea	朱迪亚
Istria	伊斯特里亚
Johannes	约翰尼斯
Dalmatian	达尔马提亚
Louis	路易
Bernard	伯纳德
Lothar	洛塔尔
Strasbourg	斯特拉斯堡
Treaty of Verdun	《凡尔登条约》
Lotharingian	洛塔林王朝
Lorraine	洛林省
Lake Constance	康斯坦茨湖
Scandinavia	斯堪的纳维亚半岛
Vikings	维京人
Odin	奥丁
Thor	托尔
Valhalla	瓦尔哈拉神殿
North Sea	北海
Iceland	冰岛
Greenland	格陵兰岛
Alfred the Great	阿尔弗雷德大帝
River Thames	泰晤士河
Berkshire	伯克郡
Commines	科米纳

中世纪欧洲

Wantage	旺塔奇
Somerset	萨默赛特
Athelney	阿塞尔内
Guthrum	古瑟罗姆
Treaty of Wedmore	《韦德莫尔和约》
Danelaw	丹麦法区
Mercia	麦西亚
Northumbria	诺森布里亚
Forth	福斯河
Ethelred	埃塞雷斯
Massacre of St. Brice's Day	圣布里斯节大屠杀
Cnut	克努特
Humber	亨伯河
Somme	索姆河
Loire	卢瓦尔河
Charles 'the Bald'	"秃头"查理
Odo Capet	厄德·卡佩
Hugh Capet	雨果·卡佩
Rollo 'the Ganger'	"步行者"罗洛
Charles 'the Simple'	"憨直者"查理
Robert	罗伯特
Edward 'the Confessor'	"忏悔者"爱德华
Harold	哈罗德
Godwin	戈德温
Morkere	莫克利
Stamford Bridge	斯坦福德桥
Gregory VII	格里高利七世
Archbishop of Canterbury	坎特伯雷大主教
Tennyson	坦尼森
Tees	蒂斯河
Domesday Book	《末日审判书》
William Rufus	威廉·鲁弗斯
George Maniakes	乔治·马尼科斯
Apulia	阿普利亚省
Melfi	梅尔菲
William I of Hauteville	欧特维尔的威廉

专有名词中外对照

Civitate	奇维塔特
Hildebrand	希尔德布兰德
Nicholas II	尼古拉二世
Naples	那不勒斯
Roger II	罗杰二世
Euphrates	幼发拉底河
Henry the Fowler	"捕禽者"亨利
Salisbury	索尔兹伯里
Matilda	玛蒂尔达
Mont St. Michael	蒙圣迈克尔修道院
Palm Sunday	圣枝主日
Provençe	普罗旺斯
Castile	卡斯提尔
Lent	基督降临节
Crusades	十字军东征
St. Benedict	圣本笃
Cluni	克吕尼
Carthusians	加尔都西会
Cistercians	熙笃会
Chartreux	查尔特勒
Clairvaux	克莱尔沃
St. Bernard	圣伯纳德
Franconians	法兰克尼亚人
Prussia	普鲁士
Brandenburg	勃兰登堡
Schleswig	石勒苏益格
Conrad I	康拉德一世
Otto I	奥托大帝
Augsburg	奥格斯堡
Lotharingia	洛萨林尼亚
Lothair	洛泰尔
Adelaide	阿德莱德
Tuscany	托斯卡纳
Campagna	坎波尼亚
Crescentii	克雷申蒂
Synod of Sutri	苏特里宗教会议

中世纪欧洲

Henry III	亨利三世
Bruno	布鲁诺
Leo IX	利奥九世
Calabria	卡拉布里亚
College of Cardinals	枢机主教团
Agnes	艾格尼丝
Cologne	科隆
Anno	安诺
Bremen	不来梅
Adalbert	阿达尔贝特
Henry IV	亨利四世
Worms	沃尔姆斯
Canossa	卡诺萨城堡
St.Angelo	圣安吉洛要塞
Robert Guiscard	罗伯特·吉斯卡德
Anselm	安塞姆
Alexius Commenus	阿历克塞·科穆宁
Athanaric	阿塔纳里克
Leo III	利奥三世
Bohemund	博希蒙德
Durazzo	都拉佐
Macedonia	马其顿
Pisa	比萨
Genoa	热那亚
Urban II	乌尔班二世
Aegean	爱琴海
Haroun al-Raschid	哈伦·拉希德
Clermont	克莱蒙特
Godfrey of Bouillon	布林的戈弗雷
Anna Commena	安娜·科穆纳
Antioch	安提拉
Mount of Olives	橄榄山
Edessa	埃德萨
Hospitallers	医院骑士团
Templars	圣殿骑士团
Lithuanians	立陶宛

专有名词中外对照

Luther	路德教
Seljuk	塞尔柱王朝
Louis VII	路易七世
Eleanor	埃利诺
Conrad III	康拉德三世
Damascus	大马士革
Guy of Lusignan	吕西尼昂的盖伊
Saladin	萨拉丁
Tiberias	提比利亚湖
Hattin	哈丁
Frederick Barbarossa	腓特烈一世
Philip II	腓力二世
Richard the 'Lion-Heart'	"狮心王"理查一世
Tithe	十一税
Navarre	纳瓦拉
Sancho	桑乔
Berengaria	贝莲加
Tancred	坦克雷德
Acre	阿克
Leopold	利奥波德
Jaffa	雅法
Tyre	提尔港
Anjou	安茹
Maine	曼恩
Touraine	都兰
Thomas Becket	托马斯·贝克特
Scutage	兵役免除税制度
Itinerant Justices	巡回法官制度
Pleas of Crown	王室诉讼条例
Innocent III	英诺森三世
Runymede	兰米尼德
Magna Charta	《大宪章》
Ferrand	费朗德
Otto IV	奥托四世
Bouvines	布维涅
Charles VIII	查理八世

中世纪欧洲

Te Deums	《赞美颂》
Loire	卢瓦尔
Ingeborg	英格博特
Languedoc	朗格多克
Suabia	施瓦本
Hohenstaufen	霍亨斯陶芬
Welf	韦尔夫家族
Waiblingen	魏布林根家族
Ghibelline	保皇党
Guelf	教皇党
Henry the Lion	"狮子"亨利
Bologna	博洛尼亚
Crema	克丽玛
Alexander III	亚历山大三世
Legnano	莱尼亚诺
Brunswick	布伦瑞克
Henry VI	亨利六世
Queen Constance	康士坦茨皇后
Dalmatian coast	达尔玛西亚海岸
Frederick II	腓烈特二世
Palermo	巴勒莫
Rhineland	莱茵兰
Lateran Palace	拉特兰宫
Lucera	卢切拉
Honorius III	洪诺留三世
Brindisi	布林迪西
Gregory IX	格里高利九世
San Germano	圣热内罗
Eccelin de Romano	易斯林·德·罗马诺
Verona	维罗纳
Vicenza	维琴察
Alberigo	阿尔贝里戈
Treviso	特雷维索人
Cortenuova	科特努奥瓦
Romagna	罗马涅
Lyons	里昂

专有名词中外对照

Parma	帕尔马
Conradin	康拉丁
Siena	锡耶纳
Albi	阿尔比
Chartres	沙尔特
Victor Hugo	维克多·雨果
Divina Commediathan	《神曲》
Dante	但丁
Ebro	埃布罗河
Chevy Chase	《切维·切斯》
Latin Quarter	拉丁区
Lombard League	伦巴底联盟
Gratian	格拉提安
Matthew Paris	马修·帕里斯
Grosstete	格罗斯特
Reformation	宗教改革
Peter Abelard	彼得·阿伯拉
Yes and No	《是与非》
Peter Lombard	彼得·伦巴都
Thomas Aquinas	托马斯·阿奎纳
Dominicans	多明我会
Raymond	雷蒙德
Albigenses	阿比尔教派
Waldensians	韦尔多教派
Peter Waldo	彼得·韦尔多
Dominic de Guzman	多米尼克·德·古斯曼
Simon de Montfort	西蒙·德·蒙福特
Avignon	阿维尼翁
Blanche of Castile	卡斯提尔的布兰奇
St. Francis	圣方济各
Umbrian	翁布里亚
Bernadone	贝尔纳
Franciscan Order	方济各会
Norwich	诺里奇
Benedictine Order	本笃会
Piero di Lorenzo de Medici	皮耶罗·德·美第奇

Guienne	吉耶纳
Louis IX	路易九世
Philip IV 'the Fair'	"美男子"腓力四世
Habsburg	哈布斯堡
Rudolf	鲁道夫
Sicilian Vespers	西西里晚祷
Aragon	阿拉贡
Peter III	佩德罗三世
Martin IV	马丁四世
Boniface VIII	博尼费斯八世
Clericis Laicos	《教士不纳俗税》
Nogaret	诺加雷
Anagni	阿纳尼
Benedict XI	本笃十一世
Clement V	克雷芒五世
Babylonish Captivity	巴比伦之囚
Model Parliament	模范议会
Battle of Golden Spurs	库特赖战役
Salic Law	《萨利克继承法》
Isabel	伊莎贝拉
Bruges	布鲁日
Ghent	根特
Solent	索伦特
Southampton	南安普敦
Sluys	斯鲁伊斯
Calais	加莱
Battle of Crécy	克雷西会战
Jean Froissart	让·弗鲁瓦萨尔
Black Death	黑死病
Boccaccio	薄伽丘
Decameron	《十日谈》
Étienne Marcel	艾顿·马塞
Treaty of Brétigny	《布勒塔尼和约》
Bertrand du Guesclin	贝特朗·杜·盖克兰
Pedro	佩德罗
Trastamara	特拉斯塔马尔

专有名词中外对照

Edward the Black Prince	黑太子爱德华
Navarette	纳瓦雷特
Gaunt	冈特
Cherbourg	瑟堡
Brest	布雷斯特
Bayonne	巴约纳
Bordeaux	波尔多
Henry V	亨利五世
Armagnac	阿玛尼亚克
Harfleur	阿尔弗勒尔
Agincourt	阿金库尔
Charles 'the Mad'	"疯子"查理
Montereau	蒙特罗桥
Traité de Troyes	《特鲁瓦条约》
Catherine of Valois	瓦卢瓦的凯瑟琳
Philip 'the Good'	"好人"腓力
Bedford	贝德福德
Gloucester	格洛斯特
Humphrey	汉弗莱
Jeanne d'Arc	圣女贞德
Upper Meuse	上默兹
Domremy	多雷米
Orleans	奥尔良
Pedro the Cruel	暴君佩德罗一世
Limoges	里摩日人
Compiègne	贡比涅
Arras	阿拉斯
Guadalete	瓜达莱特
Asturias	阿斯图里亚斯山
Cordova	科尔多瓦
Toledo	托莱多
Seville	塞维利亚
Granada	格拉纳达
Valencia	巴伦西亚
Cid	熙德
Saragossa	萨拉戈萨

中世纪欧洲

Alvar Fañez	阿尔瓦·芬兹
Tizona	提泽纳剑
Burgos	布尔戈斯
Almohades	穆瓦希德
Order of Santiago	圣地亚哥修会
Compostella	孔波斯特拉
Las Navas de Tolosa	纳瓦斯德托洛萨
Alfonso VIII	阿方索八世
Rodrigo Ximenez	罗德里戈·希梅内斯
Catalonia	加泰罗尼亚
James I	詹姆斯一世
Murcia	穆西亚
Balearic Islands	巴利阿里群岛
Alfonso X	阿方索十世
Siete Partidas	《法典七章》
Alvaro de Luna	阿尔瓦罗·德·卢纳
Alsace	阿尔萨斯
Ottokar II	奥托卡二世
Wenceslaus	瓦茨拉夫
Carinthia	卡林西亚
Styria	施蒂利亚
Carniola	卡尼奥拉
Uri	乌里
Schwyz	施维茨
Unter Walden	下瓦尔登
Albert	阿尔伯特
Gessler	盖斯勒
William Tell	威廉·泰尔
Morgarten	莫加顿山
Philip de Commines	菲利普·德·科米纳
Breisgau	布列斯高
Louis XI	路易十一
Granson	格朗松
Matthias I	马加什一世
Battle of Morat	莫拉托战役
Nanci	南锡

专有名词中外对照

Lübeck	吕贝克
Danzig	但泽
Hansa	汉萨同盟
Nijni-Novgorod	尼杰诺－诺夫哥罗德
Skaania	斯卡尼亚
Valdemar III	瓦尔德玛三世
Gothland	哥特兰岛
Wisby	维斯比
Treaty of Stralsund	《斯特拉松条约》
Queen Margaret	玛格丽特一世
Amsterdam	阿姆斯特丹
Livonia	利沃尼亚
Curland	柯兰
Louis 'the Great'	路易一世
Siberia	西伯利亚
Duke Jagello	雅盖洛大公
Ladislas V	拉斯洛五世
Battle of Tannenberg	坦宁堡战役
Order of Teutonic Knights	条顿骑士团
Treaty of Thorn	《索恩条约》
Vistula	维斯瓦河
Joanna I	乔安娜一世
Andrew	安德鲁
Magyars	玛格尔人
Elizabeth	伊丽莎白
Henry VII	亨利七世
Golden Bull	黄金诏书
Charles IV	查理四世
Legnano	莱纳诺
Bernabò Visconti	贝尔纳博·威斯康提
Galeazzo Visconti	加莱亚佐·威斯康提
Gian Galeazzo	吉安·加莱亚佐
Valentina Visconti	瓦伦蒂娜·威斯康提
John Hawkwood	约翰·霍克伍德
Essex	埃塞克斯
Herodias	希罗底

中世纪欧洲

Filippo Maria	菲力波·玛利亚
Jean de Sismondi	让·德·西斯蒙第
Orsini	奥尔西尼
Colonna	科隆纳
Sforza	史佛拉
Council of Ten	十人会
Michael Paleologus	迈克·巴莱欧罗古斯
Chioggia	基奥加
Vettor Pisani	维托·皮萨尼
Mastino della Scala	玛斯缇诺·德拉斯卡拉
Machiavelli	马基雅维里
The Prince	《君主论》
Celestine V	圣雷定五世
Boniface VIII	博尼费斯八世
De Monarchia	《论世界帝国》
Ladislas	拉迪斯拉斯
Joanna II	乔安娜二世
Alfonso V	阿方索五世
Babylonish Captivity	巴比伦之囚
John Wycliffe	约翰·威克里夫
Nepi	奈比
Viterbo	维泰博
Orvieto	奥维多
Cola di Rienzi	黎恩济
Stephen Colonna	史蒂芬·科隆纳
Catherine Benincasa	凯瑟琳·贝宁卡萨
St. Catherine	圣凯瑟琳
Gregory XI	格里高利十一世
Urban VI	乌尔班六世
Clement VII	克雷芒七世
Great Schism	大分裂期
Wenzel	文策尔
John Huss	约翰·胡司
Herod	希律王